Eine Arbeitsgemeinschaft der Verlage

Böhlau Verlag · Wien · Köln · Weimar
Verlag Barbara Budrich · Opladen · Toronto
facultas.wuv · Wien
Wilhelm Fink · München
A. Francke Verlag · Tübingen und Basel
Haupt Verlag · Bern
Verlag Julius Klinkhardt · Bad Heilbrunn
Mohr Siebeck · Tübingen
Nomos Verlagsgesellschaft · Baden-Baden
Ernst Reinhardt Verlag · München · Basel
Ferdinand Schöningh · Paderborn · München · Wien · Zürich
Eugen Ulmer Verlag · Stuttgart
UVK Verlagsgesellschaft · Konstanz, mit UVK / Lucius · München
Vandenhoeck & Ruprecht · Göttingen · Bristol
vdf Hochschulverlag AG an der ETH Zürich

Uni Tipps

herausgegeben von Helga Esselborn-Krumbiegel

In der Reihe sind bisher erschienen:

H. Esselborn-Krumbiegel:	*Richtig wissenschaftlich schreiben*
M. Herrmann u.a.:	*Schlüsselkompetenz Argumentation*
A. Limburg/S. Otten:	*Schreiben in den Wirtschaftswissenschaften*
C. Mix:	*Schreiben im Jurastudium*
E. Püschel:	*Selbstmanagement und Zeitplanung*
K. Schindler:	*Klausur, Protokoll, Essay*
J. Theuerkauf:	*Schreiben im Ingenieurstudium*

Eva Müller

Schreiben in Naturwissenschaften und Medizin

Ferdinand Schöningh

Die Autorin:
Eva Müller ist promovierte Biologin mit vielen Jahren praktischer Erfahrung in der naturwissenschaftlichen Forschung und im wissenschaftlichen Schreiben. Während ihrer langjährigen Tätigkeit als Wissenschaftlerin verfasste und publizierte sie zahlreiche eigene Fachartikel. Heute arbeitet sie freiberuflich als wissenschaftliche Autorin und schreibt Fachartikel, Forschungs- und Projektberichte u. v. m. für biotechnologische und pharmazeutische Unternehmen, Forschungseinrichtungen und Kliniken. Außerdem unterrichtet sie das Schreiben in Naturwissenschaften und Medizin an nationalen und internationalen Universitäten, Forschungszentren und Kliniken und unterstützt Wissenschaftlerinnen und Wissenschaftler durch individuelles Coaching bei der Erstellung ihrer Texte. Kontakt: www.lifescience-texte.de

Online-Angebote oder elektronische Ausgaben sind erhältlich unter **www.utb-shop.de**

Bibliografische Information der Deutschen Nationalbibliothek

Die Deutsche Nationalbibliothek verzeichnet diese Publikation in der Deutschen Nationalbibliografie; detaillierte bibliografische Daten sind im Internet über http://dnb.d-nb.de abrufbar.

© 2013 Ferdinand Schöningh, Paderborn
(Verlag Ferdinand Schöningh GmbH & Co. KG, Jühenplatz 1, D-33098 Paderborn)

Internet: www.schoeningh.de

Printed in Germany.
Herstellung: Ferdinand Schöningh, Paderborn
Einbandgestaltung: Atelier Reichert, Stuttgart

UTB-Band-Nr: 3859
ISBN 978-3-8252-3859-9

Inhalt

1 Textarten – welche, warum und für wen? 7

1.1 Studienarbeiten: Bachelor-, Master-, Diplom- und Doktorarbeit 8
1.2 Wissenschaftlicher Artikel in einer Fachzeitschrift – das „Paper" 9
1.3 Kleine Gebrauchsanweisung für das vorliegende Buch 10

2 Vor dem Schreiben 13

2.1 Brainstorming – Auswahl der Daten und Ideensammlung 15
2.2 Der rote Faden – Entwicklung einer ersten Struktur 27

3 Das Schreiben an und für sich 37

3.1 Wie schreibe ich einen schlüssigen Text? 37
3.2 Umgang mit Schreibblockaden 48

4 Was ist vor dem Schreiben noch zu tun? 53

4.1 Ohne Lesen kein Schreiben – zielgerichtete Literaturrecherche 53
4.2 Das richtige Journal (nur für Papers) 59
4.3 Wo im Manuskript anfangen? 65

5 Ergebnisse 71

5.1 Tabellen und Abbildungen plus Legenden 72
5.2 Text im Ergebnisteil 93

6 Material und Methoden 105

6.1 Grundlagenforschung 108
6.2 Klinische Forschung 117

7 Diskussion 131

7.1 Was versteht man unter „diskutieren"? 132
7.2 Wie wird meine Diskussion schlüssig und überzeugend? 138

8 Einleitung 151

9   Abstract 169

10   Titel, Autorinnen/Autoren, Schlüsselwörter, Danksagung,
Referenzen 181

10.1   Titel, Autorinnen/Autoren, Schlüsselwörter (*Key words*) 181
10.2   Danksagung (*Acknowledgements*) 186
10.3   Referenzliste 187

11   Zahlen, Abkürzungen und geschlechtergerechtes Formulieren
im naturwissenschaftlichen Manuskript 193

11.1   Zahlen 193
11.2   Abkürzungen 194
11.3   Geschlechtergerechtes Formulieren 195

12   Zusammenfassung – die wichtigsten Punkte 197

13   Sekundärliteratur 199

14   Quellenverzeichnis 201

15   Danksagung 205

16   Register 206

1 Textarten – welche, warum und für wen?

1.1 Studienarbeiten: Bachelor-, Master-, Diplom- und Doktorarbeit
1.2 Wissenschaftlicher Artikel in einer Fachzeitschrift – das „Paper"
1.3 Kleine Gebrauchsanweisung für das vorliegende Buch

Wissenschaftliches Arbeiten besteht aus zwei Teilen: der **praktischen Arbeit** und dem **wissenschaftlichen Schreiben und Publizieren**. Im ersten Teil experimentieren, recherchieren und interpretieren Sie, im zweiten Teil fassen Sie die gewonnenen Befunde und Erkenntnisse in einem Textstück zusammen, um sie einem Publikum zugänglich zu machen. Die beiden Teile sind untrennbar miteinander verbunden und **gleich wichtig.** Ohne die praktische Arbeit hätten Sie nichts, worüber Sie schreiben könnten – das ist selbstverständlich. Dass allerdings die praktische Arbeit ohne das nachfolgende Schreiben eigentlich wertlos ist, ist vielen nicht klar. Ihre neuen Erkenntnisse existieren in der Wissenschaftswelt nämlich erst dann, wenn sie der Öffentlichkeit zugänglich gemacht worden sind und andere Wissenschaftlerinnen und Wissenschaftler sie lesen und in eigene Überlegungen und Studien einbeziehen können. Im Gegensatz dazu sind Daten, die niemand kennt, weil sie in irgendwelchen Schubladen ungesehen vor sich „hin gammeln", praktisch nicht existent.

Während Ihres Studiums werden Sie auf beide Teile des wissenschaftlichen Arbeitens vorbereitet. Den Einstieg in diese Materie bildet meist die Bachelor-Arbeit am Ende des ersten Studienabschnitts. Im Verlauf des Studiums werden Sie dann weitere Abschlussarbeiten verfassen, wie z. B. eine Master- oder eine Diplomarbeit und, wenn Sie nach dem Studium noch ein Doktorat anstreben, eine Doktorarbeit. Alle diese Manuskripte sind einerseits **Prüfungsarbeiten** zur Erlangung eines akademischen Grades. Andererseits sind es aber auch **wissenschaftliche Arbeiten**, die zur allgemeinen wissenschaftlichen Erkenntnis beitragen. Dies ist auch der Grund, warum all diese Prüfungsarbeiten öffentlich zugänglich gemacht werden und warum die darin beschriebenen Erkenntnisse oft noch zusätzlich in Fachzeitschriften publiziert werden. Denn mit dem Publizieren in Fachzeitschriften erreichen Sie ein wesentlich breiteres Publikum als mit einer in der Universitätsbibliothek liegenden Master-, Diplom- oder Doktorarbeit.

Im Folgenden möchte ich Ihnen kurz die Bedeutung und Funktion der verschiedenen Arten von wissenschaftlichen Manuskripten vorstellen, mit denen Sie während einer akademischen Laufbahn konfrontiert werden.

1.1 Studienarbeiten: Bachelor-, Master-, Diplom- und Doktorarbeit

Studienarbeiten, wie Bachelor-, Master-, Diplom- oder Doktorarbeit, sind, wie bereits erwähnt, in erster Linie **Abschluss- bzw. Prüfungsarbeiten**. D. h., mit all diesen Arbeiten zeigen Sie, dass Sie eine wissenschaftliche Fragestellung erfolgreich bearbeiten können. Aber Achtung: Erfolgreich bedeutet hier nicht, dass Sie z. B. eine gestellte Hypothese mit Ihren Daten beweisen, denn es kann ja auch sein, dass Ihre Daten zeigen, dass diese Hypothese nicht haltbar ist. Erfolgreich bedeutet hier vielmehr, dass Sie das gestellte Problem wohlüberlegt und umfassend angegangen sind und die aus der praktischen Arbeit gewonnenen Erkenntnisse dann schlüssig und gut verständlich in einem Manuskript zusammengefasst haben.

Die inhaltlichen Anforderungen an diese Studienarbeiten sowie deren Lernziele unterscheiden sich, je nachdem in welchem Stadium Ihres Studiums Sie diese verfassen müssen. Die **Bachelor-Arbeit** dient als Nachweis dafür, dass der Prüfling in der Lage ist, eine wissenschaftliche Arbeit unter Anleitung einer Hochschullehrerin bzw. eines Hochschullehrers zu verfassen. Eigenständige Forschungsanteile sind hierbei nicht zwingend notwendig. Vielmehr stellt diese Arbeit eine Wiedergabe des aktuellen Forschungsstandes unter neuen Gesichtspunkten dar. Lernziel dieser Studienabschlussarbeit ist, den Prüfling mit dem Prinzip des wissenschaftlichen Arbeitens (praktische Arbeit und wissenschaftliches Schreiben) vertraut zu machen. Bei der **Diplomarbeit/Master-Thesis** soll der Prüfling nachweisen, dass er in der Lage ist, ein Problem in einer vorgegebenen Frist selbstständig mit Hilfe wissenschaftlicher Methoden zu bearbeiten. Auch diese Arbeit findet unter Betreuung statt, der Anteil an eigenständiger Arbeit sowie der Umfang des daraus resultierenden Manuskripts sind jedoch deutlich größer als bei der Bachelor-Arbeit. Das Lernziel, das der Prüfling mit dieser Abschlussarbeit erreichen soll, ist das Sammeln erster Erfahrungen mit eigenständiger wissenschaftlicher Arbeit. Die **Doktorarbeit** oder Dissertation stellt eine eigenständige wissenschaftliche Arbeit dar, die Wissenszuwachs, d. h. eine gänzlich neue Erkenntnis, beinhalten muss. Ausgehend von der Fragestellung entwickelt der Prüfling selbstständig ein Konzept für die Durchführung der wissenschaftlichen Arbeiten und geht sowohl bei der Interpretation der Daten als auch bei der Erstellung des Manuskripts weitgehend selbstständig vor. Mit der Doktorarbeit zeigen Doktorandin und Doktorand also, dass sie fähig sind, eigenständig eine wissenschaftliche Fragestellung zu bearbeiten.

Das übliche Format für all diese Arbeiten ist die **Monographie**. Das ist eine von einer einzelnen Autorin oder einem einzelnen Autor verfasste vollständige Abhandlung über den ausgewählten und bearbeiteten Forschungsgegenstand. Einzig bei der Doktorarbeit ist in zunehmendem Maße auch ein **kumulatives Format** möglich. Hierfür müssen die Hauptbefunde der praktischen Arbeit in ein oder mehreren Publikationen (Anforderungen je nach Universität unterschiedlich) in anerkannten Fachjournalen publiziert und dann mittels einer kurzen Einleitung und Zusammenfassung in einem Gesamtwerk zusammengeführt werden. Vorteile dieses Formats sind, dass man frühzeitig mit dem Verfassen von Publikationen vertraut gemacht wird und dass man nach Abschluss der Promotion bereits erste Publikationserfolge vorweisen kann.

1.2 Wissenschaftlicher Artikel in einer Fachzeitschrift – das „Paper"

Neue wissenschaftliche Erkenntnisse finden ihre **weltweite Verbreitung** in Fachzeitschriften. Üblicherweise geht man bei der Veröffentlichung von Daten in solchen Fachzeitschriften folgendermaßen vor:

Vorgehensweise beim Publizieren in Fachzeitschriften

- Wissenschaftlerinnen und Wissenschaftler fassen ihre Daten in einem Artikel, im Laborjargon auch „Paper" genannt, zusammen.
- Der Artikel wird an ein thematisch passendes Fachjournal geschickt mit der Bitte um Prüfung der Daten und – bei positiver Bewertung – Veröffentlichung derselben.
- Das Journal, vertreten durch eine Editorin bzw. einen Editor, leitet das Manuskript zur Prüfung an mehrere Fachleute im jeweiligen Forschungsgebiet weiter und bittet um Beurteilung bezüglich Aktualität und Relevanz der Studie, Datenqualität, Methodik etc.
- Bei positiver Beurteilung durch diese Gutachterinnen und Gutachter wird der Artikel in der Fachzeitschrift veröffentlicht und die neuen Erkenntnisse damit der gesamten Wissenschaftswelt zur Verfügung gestellt.
- Fällt die Beurteilung kritisch aus, haben die Autorinnen und Autoren die Möglichkeit, den Artikel entsprechend der Gutachterkommentare zu überarbeiten. Fällt die Beurteilung negativ aus, verweigert das Journal die Veröffentlichung des Artikels wegen unzureichender Qualität.

Wie eingangs erwähnt, ist es Ziel aller Wissenschaftlerinnen und Wissenschaftler, die eigenen Daten zu publizieren. Denn nur dann können diese von anderen Wissenschaftlerinnen und Wissenschaftlern gesehen, genutzt und wertgeschätzt werden. Darüber hinaus dienen Publikationen auch als Maß für die Forschungsleistung von Wissenschaftlerinnen und Wissenschaftlern: Zahlreiche Publikationen in einschlägigen Fachjournalen lassen auf eine rege und erfolgreiche Forschungsaktivität schließen, was oft die Voraussetzung für eine attraktive Position, die Kooperation mit einer anerkannten Forschungsgruppe, die Gewährung von Forschungsförderungen u. v. m. darstellt.

Richtlinien zur Erstellung von Studienarbeiten und Publikationen: Die meisten Universitäten und Forschungseinrichtungen geben *Interne Richtlinien zur Erstellung von Studienarbeiten* heraus, in denen Sie Hinweise zu Aufbau, Formatierung, Umfang etc. des Manuskripts finden. Bei wissenschaftlichen Journalen nennen sich diese Richtlinien zur Erstellung eines Papers *Instructions to Authors* oder *Guidelines for Authors*. Je nach Qualität des Fachjournals sind diese entweder eher kurz und allgemein gehalten oder sehr ausführlich und detailliert. In jedem Fall lesen Sie sich diese Instruktionen vor Erstellung eines Manuskripts gewissenhaft durch. Sie sind nicht nur sehr hilfreich, sondern man erwartet von Ihnen auch, dass Sie diese ganz genau befolgen.

Tipp

Liegen Ihnen keine *Interne Richtlinien zur Erstellung von Studienarbeiten* Ihrer Universität vor, helfen Sie sich mit den *Instructions to Authors* eines guten Journals in Ihrem Fachgebiet. Formatvorgaben und andere Regeln von Journalen entsprechen nämlich den gängigen Richtlinien für naturwissenschaftliche Manuskripte und garantieren Ihnen daher bei Befolgung ein hochwertiges Dokument.

1.3 Kleine Gebrauchsanweisung für das vorliegende Buch

Im gesamten Buch wird für alle oben genannten Texttypen, das heißt für alle Arten von Studienarbeiten und auch für den Artikel in einer Fachzeitschrift, der Terminus **Manuskript** verwendet, außer ein Kommentar bezieht sich explizit auf den Texttyp Studienarbeit oder den Texttyp Artikel in einer Fachzeitschrift. Dann werden die Termini **Studienarbeit** bzw. **Paper/Publikation** verwendet.

In den folgenden Kapiteln werden Sie zusätzlich zu den theoretischen Erklärungen immer wieder **Beispieltexte und -abbildungen** aus öffentlich zugänglichen Studienarbeiten und publizierten Papers finden. Ein **Quellenverzeichnis** für diese Beispieltexte und -abbildungen befindet sich am Ende des Buches (Kapitel 14). Viele dieser Beispieltexte sind in **englischer Sprache** verfasst. Der Grund dafür ist, dass nicht nur Artikel in Fachzeitschriften, sondern auch immer häufiger Studienarbeiten auf Englisch verfasst werden müssen, da Englisch nun mal die Sprache der Wissenschaft ist. Zusätzlich enthält der Text noch frei erfundene Beispieltexte. Alle Beispieltexte sind im Buch *kursiv* abgedruckt.

Wundern Sie sich bitte nicht über die **Reihenfolge der Kapitel**, besonders ab Kapitel 5. Beim Schreiben eines wissenschaftlichen Manuskripts beginnt man nämlich nicht mit dem Titel, gefolgt von Abstract, Einleitung, Methoden, Ergebnissen und letztendlich der Diskussion, sondern startet mit den Ergebnissen/Methoden, gefolgt von der Diskussion, der Einleitung und dem Rest. Die Rationale für diese „verdrehte" Vorgehensweise wird in Kapitel 4.3 *Wo im Manuskript anfangen?* erklärt. Entsprechend dieser Vorgehensweise sind auch die Kapitel in diesem Buch organisiert.

Zusammenfassung

Wissenschaftliches Arbeiten besteht aus zwei Teilen, der praktischen Arbeit und dem Schreiben und Publizieren. Beide Teile sind gleich wichtig. Denn nur Daten, die der Öffentlichkeit zugänglich gemacht worden sind, existieren in der Wissenschaftswelt. Deshalb werden Studienarbeiten wie Bachelor-, Master-, Diplom- und Doktorarbeit auch öffentlich in Bibliotheken ausgelegt bzw. Teile davon in wissenschaftlichen Fachzeitschriften publiziert. Entsprechend ihrer Funktion als Prüfungs- bzw. Abschlussarbeiten sind Lernziele und inhaltliche Anforderungen der Studienarbeiten unterschiedlich. Für die weltweite Verbreitung neuer wissenschaftlicher Erkenntnisse werden diese in Artikeln, auch „Papers" genannt, zusammengefasst und in Fachzeitschriften publiziert.

2 Vor dem Schreiben

2.1 Brainstorming – Auswahl der Daten und Ideensammlung
2.2 Der rote Faden – Entwicklung einer ersten Struktur

Sie stehen vor der Herausforderung, ein wissenschaftliches Manuskript zu verfassen und überlegen, wie Sie Ihre Daten und Erkenntnisse in schriftlicher Form zusammenfassen können. Bevor Sie sich auf diese Herausforderung im Detail einlassen, möchte ich Ihnen zuallererst einen der wichtigsten Aspekte beim Schreiben von naturwissenschaftlichen Fachtexten vorstellen:

Erzählen Sie eine Geschichte!

Warum ist das so wichtig? Ganz einfach, weil ein wissenschaftliches Manuskript meist ein sehr kompliziertes, für Ihre Leserinnen und Leser äußerst anspruchsvolles Textstück ist. Darin beschreiben Sie nämlich nicht nur die Ergebnisse Ihrer Untersuchungen und wie Sie diese interpretieren, sondern stellen diese Ergebnisse und Interpretationen auch den Ergebnissen und Interpretationen zahlreicher anderer Wissenschaftlerinnen und Wissenschaftler gegenüber, gefolgt von Ihren Schlussfolgerung aus all diesen Daten und Überlegungen. Außerdem müssen Sie klar machen, zu welchem Zweck Sie die Studie durchgeführt haben, warum Ihre Fragestellung überhaupt wichtig ist und welche Wissenslücke/n Sie damit schließen. Neben der methodischen Vorgehensweise beschreiben Sie die wichtigsten Daten und Informationen, die zu Ihrem Thema bereits bekannt sind, ebenso wie eventuelle Lösungsversuche des von Ihnen bearbeiteten Problems durch andere Wissenschaftlerinnen und Wissenschaftler. Zu guter Letzt wird von Ihnen auf Basis dieser neuen Daten ein Ausblick auf zukünftige Forschungsansätze erwartet.

Dies sind nur die wichtigsten Aspekte, die in ein wissenschaftliches Manuskript einfließen sollten. Allein aufgrund dieser großen Menge an Informationen und der Tatsache, dass es sich um wissenschaftliche, also nicht ganz einfache Themen handelt, wird wohl jetzt schon deutlich, dass es einer guten Strategie bedarf, um diese vielen Inhalte Ihren Leserinnen und Lesern schlüssig und verständlich zu vermitteln, sodass diese nach der Lektüre denken: *Eine gut durchdachte Studie zu einer wirklich wichtigen*

Fragestellung, die überzeugende Ergebnisse und nachvollziehbare Schlussfolgerungen liefert. Tolle Arbeit!

Wie erreichen Sie das? Mit Hilfe von *Erzählen Sie eine Geschichte!* Je klarer und logischer Sie diese Informations- und Datenlawine in den Rahmen einer „Story" verpacken, desto überzeugender und verständlicher werden Ihre Botschaften. Denken Sie doch an ein Märchen. Auf einleitende Worte (*Es war einmal eine Prinzessin*), folgen die Beschreibung des Problems (*böser Drache entführt Prinzessin*), die Lösungsversuche durch andere (*Befreiungsversuche durch zahlreiche Prinzen, allerdings nicht aus Liebe zur Prinzessin, sondern zum versprochenen Königreich; alle vom Drachen gefressen*), die aktuelle Herangehensweise an das immer noch nicht gelöste Problem (*der wahrhaft liebende Prinz!*) und zuletzt die Lösung des Problems (*Drache: Kopf ab*). Jedes Märchen endet schließlich mit einer Schlussfolgerung (*Die Moral von der Geschichte: Nur wer wirklich liebt, kommt ans Ziel!*) und einem Ausblick (*Und wenn sie nicht gestorben sind ...*).

Märchen sind immer überzeugend, schlüssig und nachvollziehbar (– na ja, bis zu einem gewissen Grad). Warum? **Weil von Anfang an klar war, was die „Moral von der Geschichte" sein wird, und der ganze Text darauf zugeschnitten wurde, diese Moral zu untermauern.**

Das sollte bei Ihrem wissenschaftlichen Manuskript genauso sein. Überlegen Sie sich zu Beginn, welche Botschaft(en) Sie Ihrer Leserschaft auf Basis Ihrer Daten übermitteln wollen und bauen Sie Ihren ganzen Text dann so auf, dass er Ihre Leserinnen und Leser in logischen und nachvollziehbaren Schritten zu diesen Botschaften – der Moral Ihrer Geschichte – hinführt. Dafür ist es wichtig, abzuwägen:

- **Welche Informationen** muss ich meinen Leserinnen und Lesern geben, damit sie auch verstehen, was ich ihnen sagen will?
- **Wie** und **in welcher Reihenfolge** muss ich ihnen diese Informationen unterbreiten, damit sie auch wirklich schlüssig, nachvollziehbar und überzeugend sind?

Und damit sind wir schon bei den ersten beiden Schritten des wissenschaftlichen Schreibens angelangt, nämlich dem **Brainstorming** (Kapitel 2.1) und der Entwicklung des **roten Fadens** (Kapitel 2.2). Beim Brainstorming überlegen Sie, welche Inhalte Sie in Ihrem zukünftigen Manuskript präsentieren wollen, beim roten Faden bringen Sie diese dann in eine sinnvolle Reihenfolge und sortieren dabei ungeeignete Daten und Informationen aus bzw. ergänzen fehlende.

2.1 Brainstorming – Auswahl der Daten und Ideensammlung

Sie haben mittels praktischer Experimente, Literaturanalyse, Fragebogen, Auswertung einer Datenbank oder wie auch immer Daten erhoben. Jetzt überlegen Sie: **Welche Informationen** muss ich meiner Leserschaft geben, damit sie auch versteht, was ich ihr sagen will oder vereinfacht, was muss ich alles in mein Manuskript hineinpacken? Dafür machen Sie jetzt ein hemmungsloses Brainstorming zu Ihrem Text. Ja, hemmungslos! Denn Sie sollten wirklich alle Aspekte, die Ihnen zu Ihrem zukünftigen Manuskript einfallen (Methoden, Daten, Schlussfolgerungen, Literatur, Stärken, Schwächen, Diskussionspunkte, etc.) auflisten. Ganz wichtig ist dabei, dass Sie zu jedem Aspekt, der Ihnen einfällt, **nur die wesentlichsten Punkte** aufschreiben und diese **nur in Stichworten**, denn sonst schreiben Sie ja gleich Ihr gesamtes Manuskript. Zur Unterstützung für das Brainstorming finden Sie im Folgenden eine Liste von Fragen, die Sie in Stichworten beantworten sollten. Bevor Sie loslegen, noch ein Hinweis: Die Reihenfolge, in der Sie Ihre Gedanken, Überlegungen etc. jetzt aufschreiben, muss noch nicht der späteren Reihenfolge in Ihrem Manuskript entsprechen. Sammeln Sie einfach mal.

Für das Brainstorming beantworten Sie folgende Fragen in Stichworten:

- Wie lautet meine Fragestellung?
- Was sind die letztendlichen Schlussfolgerungen oder Take-Home-Messages, die ich aus meinen Daten ziehen möchte, „die Moral von der Geschichte"?
- Was sollen meine Leserinnen und Leser lernen und verstehen?
- Warum habe ich diese Studie durchgeführt?
- Welche Ergebnisse und dazugehörigen Methoden möchte ich vorstellen?
- Wie interpretiere ich die einzelnen Ergebnisse und welche Schlüsse kann ich daraus ziehen?
- Was ist zu meinem Thema aus der Literatur bekannt?
- Sind meine Untersuchungen wirklich neu?
- Habe ich eine bekannte Hypothese widerlegt?
- Was ist das Besondere an meiner Studie?
- Welche weiteren Aspekte (z. B. Hintergrundinformationen, Stärken, Schwächen etc.) will ich in meinem zukünftigen Manuskript außerdem ansprechen?

Im Folgenden finden Sie zu den oben aufgelisteten Fragen einige Erläuterungen.

→ Wie lautet meine Fragestellung?
→ Was sind die letztendlichen Schlussfolgerungen oder Take-Home-Messages, die ich aus meinen Daten ziehen möchte, „die Moral von der Geschichte"?
→ Was sollen meine Leserinnen und Leser lernen und verstehen?

Das sind die drei Schlüsselfragen! Denn sie werden Ihnen während des gesamten Schreibprozesses die **Richtung weisen**. Die erste Frage mag Ihnen vielleicht überflüssig erscheinen, da die **Fragestellung** ja von Anfang an klar sein sollte. Doch leider ist das nicht immer der Fall. Denn manchmal wird die ursprünglich gestellte Frage während der praktischen Arbeit aus den Augen verloren oder sie ändert sich im Verlauf der Arbeit erheblich. Im Manuskript spiegeln sich solche Szenarien dann entweder in einer unklar formulierten Fragestellung wider oder in einer zwar klar formulierten, aber nicht zu den Ergebnissen und deren Interpretationen passenden. Ähnliches trifft auch auf Frage zwei zu den **Take-Home-Messages** zu: Im Manuskript werden unzählige Daten präsentiert, aber keine eindeutigen Schlussfolgerungen daraus. Oder es werden großartige Schlussfolgerungen gezogen, die aber nicht unbedingt zu den Daten passen. Definieren Sie daher jetzt nochmals ganz genau die Fragestellung (erste Frage) und die wichtigste/n Botschaft/en (zweite Frage) Ihres wissenschaftlichen Manuskripts. Wenn Sie sich dabei in die Position Ihrer Leserschaft versetzen (dritte Frage), wird Ihnen das besonders leicht fallen. Denn bedenken Sie: Ihre Leserinnen und Leser wollen von Ihrem Manuskript profitieren, indem sie etwas Neues erfahren. Dafür müssen sie genau wissen, was untersucht wurde (erste Frage) und was die „Moral von der Geschichte" ist (zweite Frage).

Haben Sie diese drei Fragen für sich geklärt, wird es Ihnen viel leichter fallen, die einzelnen Bausteine Ihres Manuskripts (Hintergrundinformationen, Ergebnisse, Methoden, nötige Erklärungen, Stärken, Schwächen, etc.) zu identifizieren und dann im Text so anzuordnen, dass sie Ihre Take-Home-Messages untermauern. Denn dann wissen Sie genau, wovon Sie ausgehen (Fragestellung) und wohin die Reise gehen soll (Take-Home-Messages). Je klarer Sie sich über diese Punkte sind, desto klarer werden Sie Ihren Text aufbauen und desto leichter wird Ihr gesamtes Manuskript von Ihren Leserinnen und Lesern verstanden werden. Und: **Verständlichkeit ist das A und O eines guten wissenschaftlichen Textes!**

→ Warum habe ich diese Studie durchgeführt?

Notieren Sie beim Brainstorming auch, warum Sie Ihre Untersuchungen überhaupt durchgeführt haben. Ein sehr wichtiger Punkt, der leider oft vergessen wird – ganz einfach, weil er für die Autorinnen und Autoren meist sonnenklar ist. Sie haben z. B. eine Studie durchgeführt, um herauszufinden, *ob das Medikament X statt dreimal pro Woche auch etwas höher dosiert nur einmal pro Woche verabreicht werden kann.* Sie wissen natürlich, warum das wichtig ist, weil Sie sich Tag und Nacht mit diesem Thema auseinandersetzen. Jemand, der nicht so gut mit der Thematik vertraut ist, wird sich aber vielleicht fragen: *Warum wird denn das untersucht? Das Medikament X wirkt doch beim üblichen Verabreichungsintervall (dreimal pro Woche) sehr gut!* Um solch einen kritischen Kommentar gar nicht erst aufkommen zu lassen, sollten Sie nicht vergessen hervorzuheben, **warum Ihre Fragestellung unbedingt untersucht werden musste**: *Weil dieses Medikament schwerkranken Patientinnen und Patienten injiziert wird, die bereits eine ganze Reihe anderer Therapien erhalten. Ein paar Injektionen weniger pro Woche wären eine deutliche Entlastung für diese geplagten Menschen.* Mit andern Worten, überlegen Sie sich die **Relevanz Ihrer Studie**, d. h., warum das Problem, das Sie in Ihrer Studie angepackt haben, unbedingt gelöst werden musste – damit haben Sie die Leserinnen und Leser sofort auf Ihrer Seite!

→ Welche Ergebnisse und dazugehörigen Methoden möchte ich vorstellen?

Denken Sie darüber nach, welche Ergebnisse und dazugehörigen Methoden Sie in Ihrem Manuskript besprechen wollen. Die Überlegung dazu ist: Welche Untersuchungen und Daten untermauern meine Take-Home-Messages? Diese Frage mag vielleicht seltsam anmuten (*Ist doch klar: Ich schreibe über alle meine Daten!*). Aber gerade in der Grundlagenforschung hat man oft eine Fülle von Daten, die man alle in ein Manuskript packen möchte, und übersieht dabei, dass nicht alle zur Fragestellung und zu den letztendlichen Botschaften passen. Und schon ist die Story dahin ... Aber eines nach dem anderen:

Für die **Studienarbeiten** trifft *Ich schreibe über alle meine Daten!* tatsächlich zu. Denn in diesen Werken beschreiben Sie mehr oder weniger alles, was Sie gemacht haben: sämtliche methodischen Ansätze, Ergebnisse etc. Diese Art von Arbeiten fungiert nämlich als eine Art Leistungsschau, mit der Sie zeigen wollen und sollen, dass Sie ein wissenschaftliches Thema umfassend bearbeitet haben.

Anders verhält es sich bei wissenschaftlichen **Papers** für Fachzeitschriften. Hierbei muss man auch noch zwischen Papers in der Medizin und jenen in der Grundlagenforschung unterscheiden. In der **Medizin** erstellt man oft schon vor Beginn der praktischen Durchführung ein Studienprotokoll. Darin steht ganz genau, welche methodischen Schritte durchgeführt und wann welche Daten erhoben werden müssen. Damit ist auch bereits klar vorgegeben, welche Methoden und Ergebnisse in Ihrem Manuskript präsentiert werden müssen, nämlich die laut Studienprotokoll geforderten. In der **Grundlagenforschung** gibt es zu Beginn der experimentellen Arbeit zwar auch eine konkrete Fragestellung und einen Plan für die methodische Vorgehensweise. Während der praktischen Arbeit kann sich der Fokus aber aufgrund unerwarteter Ergebnisse in eine ganz andere Richtung entwickeln. Im Gegensatz zu den beiden anderen Formaten (Studienarbeiten, Paper in der Medizin) muss man daher bei Papers in der Grundlagenforschung oft nochmals genau überlegen: Wie lautet meine (neue) Fragestellung, welche Schlussfolgerungen werde ich ziehen und welche Daten zeigen und untermauern diese Take-Home-Messages? Nur Daten und Ergebnisse, die Sie auf Basis dieser Überlegungen identifizieren, gehören in Ihr Paper.

Zu wenige Daten: Dieser Punkt ist für alle Arten von naturwissenschaftlichen Manuskripten wichtig. Um Ihre Schlussfolgerungen zu begründen, brauchen Sie ausreichend Datenmaterial. Überprüfen Sie daher in diesem Schritt, ob Ihre Daten auch tatsächlich ausreichend sind: Haben Sie zu jeder geplanten Behauptung bzw. Take-Home-Message aussagekräftige, überzeugende, gegebenenfalls statistisch signifikante Daten? Oder ist es eher so, dass Ihre Daten zwar recht interessant sind, aber eine wirkliche Antwort auf Ihre Fragestellung erst möglich ist, wenn Sie noch einen weiteren Aspekt experimentell abklären/eine weitere Datenauswertung durchführen etc.? Im ersten Fall steht dem Schreiben nichts mehr im Wege, im zweiten wird es wohl besser sein, die fehlende Analyse noch durchzuführen und erst dann mit dem Schreiben zu beginnen.

Zu viele Daten: Bei Studienarbeiten gibt es dieses Problem, wie bereits erwähnt, nicht, sehr wohl aber bei wissenschaftlichen und medizinischen Publikationen. Sie haben lange und intensiv geforscht und möchten Ihre Daten jetzt endlich in einem Paper zusammenfassen. Bei der Planung Ihres Textes bemerken Sie jedoch, dass Sie nicht vier, fünf oder sechs relevante Ergebnisse zu Ihrer Fragestellung haben, sondern neun, zwölf oder sogar 15. Meist ist es rein formal schon nicht möglich, so viele Ergebnisse in einem einzelnen Paper vorzustellen und zu diskutieren, einfach weil der Platz nicht reicht. Allerdings sprechen auch andere Überlegungen dagegen, allzu viele Daten in einen Artikel zu packen: Einerseits verlieren die einzelnen Datensätze an Gewicht, weil sie in einem Datenmeer untergehen. Andererseits können die einzelnen Datensätze aus Platzgründen nicht mehr ausführlich genug besprochen werden, wodurch die Verständlichkeit Ihrer Publikation leidet. Hier empfiehlt es sich daher manchmal, ein Projekt in zwei Papers vorzustellen: den ersten Datensatz (*Neuer Ligand identifiziert und charakterisiert*) in Paper 1 und den zweiten Datensatz (*Mögliche Rolle des neuen Ligands in der Tumorgenese*) in Paper 2. Das tut auch Ihrer Publikationsliste gut. Ein Beispiel aus der Praxis: Ich habe schon Doktorarbeiten vorgelegt bekommen, aus denen sollte ein Paper entstehen. Nach genauerer Analyse hat sich herausgestellt, dass Daten für mindestens vier Papers darin steckten.

→   Wie interpretiere ich die einzelnen Ergebnisse und welche Schlüsse kann ich daraus ziehen?

Sie haben einen Effekt gefunden: *Wenn ich mein neu entwickeltes Substrat X zu Zelle A bzw. Zelle B zugebe, wächst Zelle A schneller als Zelle B.* Wie interpretieren Sie diesen Befund? Antwort: *Zelle A wächst mit dem neuen Substrat X schneller als Zelle B, weil ...* Überlegen Sie sich **zu jedem Ihrer Befunde** die entsprechende **Interpretation** und welche **Schlüsse** Sie daraus ziehen wollen. Das sind genau die Gedanken, die Sie später in Ihrer Diskussion beschreiben werden, also sehr wichtige.

→   Was ist zu meinem Thema aus der Literatur bekannt?
→   Sind meine Untersuchungen wirklich neu?

Ohne Lesen kein Schreiben! Auf die wichtigen Rollen (zu beachten: Mehrzahl!) des Lesens für das wissenschaftliche Schreiben werde ich in Kapitel 4.1 *Ohne Lesen kein Schreiben* noch genauer eingehen. Beim Brainstorming überlegen Sie jetzt aber nur, welche Studien, die Sie in Ihrem Manuskript ansprechen wollen, Ihnen spontan einfallen. Meist gibt es ja eine Reihe von Artikeln, die Sie schon während der praktischen Arbeit ständig begleitet haben. Oder Sie haben gerade für die vorherige Frage über die Interpretation eines Ihrer Ergebnisse nachgedacht und gleich die richtige Publikation gefunden, mit der Sie diese Interpretation begründen wollen. Machen Sie sich an dieser Stelle keinen Druck, noch muss die Literaturliste nicht vollständig sein.

Die Frage *Sind meine Untersuchungen wirklich neu?* habe ich nur zur Erinnerung angeführt, da ich Ihnen damit sicher nichts Neues erzähle: **Daten, Beobachtungen, Befunde, die schon einmal publiziert wurden** oder bereits in einer anderen Diplom- oder Doktorarbeit stehen, **dürfen nicht nochmals publiziert werden!** Das bezieht sich sowohl auf eigene Daten als auch auf die Daten anderer Wissenschaftlerinnen und Wissenschaftler. Bei der Literaturrecherche sollten Sie daher auch prüfen, ob Ihre Entdeckungen wirklich noch nie von jemand anderem beschrieben worden sind. Üblicherweise macht man das allerdings bereits vor Beginn der praktischen Arbeit.

→   Habe ich eine bekannte Hypothese widerlegt?

Alle bisher publizierten Studien deuten darauf hin, dass der Wirkmechanismus einer therapeutischen Substanz auf dem molekularen Pathway X basiert. Sie haben jetzt in Ihrer Studie allerdings gezeigt, dass *die Wirkung nicht auf diesem Pathway X beruht, sondern auf einem ganz neuen Pathway Y.* Sie haben also eine bestehende Hypothese widerlegt. Bei solch einem Ergebnis ist es natürlich besonders wichtig, die eigenen Befunde und Schlussfolgerungen schlüssig, nachvollziehbar und überzeugend darzulegen. Denn alle Vertreterinnen und Vertreter der Pathway X-Hypothese werden sonst kein gutes Haar an Ihren Daten lassen.

→   Was ist das Besondere an meiner Studie?

Das Besondere an der Studie im oben genannten Beispiel ist, dass die lange gehegte Pathway-X-Hypothese widerlegt wurde. Jede Studie hat so etwas Besonderes. *Wir haben das erste Mal beobachtet, dass ...,* oder *Wir haben eine Fragestellung von einem ganz neuen Gesichtspunkt aus bearbeitet als alle anderen bisher,* oder *Wir haben nicht die Standardmethode zur Lösung einer bestimmten Fragestellung verwendet, sondern eine vollkommen neue Methode ausprobiert,* etc. Schreiben Sie sich das Besondere Ihrer Studie ruhig irgendwo auf. Denn wenn Sie gerade einen Anfall von Selbstzweifeln haben (*Meine Daten sind nichts wert!* oder *Ich kann einfach nicht schreiben!*), dann kann dieses Besondere sehr motivierend sein: *Meine Daten sind einzigartig und daher sehr wohl wert, publiziert zu werden!* Außerdem können Sie später ruhig auch ein paar Sätze zum Besonderen Ihrer Arbeit in Ihren Text einfließen lassen.

Übung

Jetzt sind Sie vorbereitet für das Brainstorming – legen Sie los! Schreiben Sie Ihre Liste ...

- für das Manuskript, das Sie aktuell schreiben wollen oder
- für ein Projekt, das zwar noch nicht ganz abgeschlossen ist, über das Sie aber später einen Artikel verfassen werden,
- am Computer, auf einen Zettel,
- in einer halben Stunde oder drei Stunden lang.
- Machen Sie heute eine grobe Liste. Morgen fallen Ihnen sicher noch weitere Punkte dazu ein.
- Lassen Sie sich Zeit.
- Und lassen Sie sich überraschen, was Sie alles in Ihrem Projekt entdecken werden!

Tipp

Wenn Sie eine Studienarbeit schreiben, dann haben Sie ein Thema oft von vielen verschiedenen Seiten beleuchtet und daher sehr viele, nicht immer direkt miteinander zusammenhängende Datensätze generiert. Hier empfiehlt es sich, zuerst die groben Kapitel Ihrer Arbeit zu überlegen (jeweils mit Fragestellung und Schlussfolgerung) und dann ein Brainstorming zu jedem einzelnen dieser Kapitel zu machen.

Sie haben Ihr erstes **Brainstorming abgeschlossen**. Wie ist es gelaufen? Antwort: *Ich konnte gar nicht aufhören zu schreiben!* Oder: *Mühsam!* Oder: *Ja, bei manchen Fragen war mir die Antwort ganz klar, bei anderen hatte ich noch keine Idee, was ich da schreiben soll.* Wenn es Ihnen so oder so ähnlich gegangen ist, dann haben Sie das Brainstorming genau richtig gemacht! Denn in all diesen Varianten stecken wichtige Informationen für Sie.

Wenn Sie nicht aufhören konnten, zu schreiben, dann haben Sie offenbar bereits eine recht klare Vorstellung von Ihrem Manuskript inklusive Daten, Literatur, Interpretationen und Schlussfolgerungen. Dann machen Sie am besten gleich bei Kapitel 2.1.1 weiter.

Wenn es **mühsam** war, dann wissen Sie jetzt, dass Sie lieber noch nicht mit dem Schreiben beginnen sollten, sondern zuerst herausfinden müssen, welche Inhalte Sie noch benötigen, um aus Ihren Daten eine Story zu entwickeln. Das ist eine wichtige und sehr hilfreiche Information. Denn das Schreiben wird Ihnen später nur leicht von der Hand gehen, wenn Sie alle wesentlichen Bausteine bereits vor Schreibbeginn beisammen haben. Sehr häufig betrifft dieses Problem die Literatur: Sie haben zwar schon ein paar Artikel im Kopf, die Sie zitieren möchten, spüren aber, dass da noch einiges fehlt. Auch die Antworten auf die Frage zu den Schlussfolgerungen sind oft noch etwas unausgereift: Sie haben zwar eine vage Vorstellung von der Interpretation eines bestimmten Ergebnisses; wenn Sie diese jedoch aufschreiben wollen, merken Sie, dass die Interpretation noch viel zu wenig konkret ist. Die Lösung für beide Probleme wäre: Lesen! Dabei finden Sie nämlich nicht nur die fehlenden Zitate, sondern sicher auch zahlreiche Anregungen zur Interpretation Ihres Ergebnisses. Ein weiteres Problem, das „mühsam" zugrunde liegen kann, ist, dass Ihre Untersuchung thematisch so breit gestreut ist, dass es einfach nicht möglich ist, eine konkrete Fragestellung aufzuschreiben. Mögliche Lösungen: Sie schreiben zu einzelnen Teilaspekten Ihrer Untersuchung je ein Paper oder – das trifft auch für Studienarbeiten zu – Sie erläutern in der Fragestellung Ihres Manuskripts, dass Sie Ihre Thematik unter mehreren Gesichtspunkten bearbeitet haben, nämlich bezüglich Fragestellung 1, Fragestellung 2 etc. und untergliedern Ihr Manuskript dann in entsprechende Abschnitte.

Wenn Ihnen bei **manchen Fragen die Antwort ganz klar war und bei anderen nicht**, dann füllen Sie die identifizierten Lücken, wie im vorigen Absatz beschrieben.

Generell sollten Sie beim Brainstorming ein **erstes Gefühl** dafür bekommen, ob Sie schon annähernd alle Bausteine Ihres zukünftigen Manuskripts beisammen haben oder ob noch etwas fehlt. Durch das Abarbeiten der einzelnen Fragen werden Sie schnell herausfinden, wo sich Lücken befinden und wo Sie deshalb noch weiter recherchieren, überlegen oder mit Ihren Kolleginnen und Kollegen diskutieren müssen bzw. ob Sie – im Falle eines Papers – vielleicht so viele Daten haben, dass Sie zwei Papers damit füllen können. Im nächsten Schritt (Kapitel 2.2 *Der rote Faden*) werden Sie die beim Brainstorming gesammelten Punkte in eine erste Ordnung bringen. Spätestens dabei werden Sie dann eindeutig merken: *Ja, ich kann schon anfangen zu schreiben*, oder: *Nein, das ist alles noch zu lückenhaft*.

2.1.1 Richtlinien zu Aufbau und Inhalt von klinischen Publikationen

Die häufig sehr mangelhafte Präsentation klinischer Studien in Publikationen hat dazu geführt, dass sich Editorinnen und Editoren von wissenschaftlichen Journalen sowie Experten aus Medizin, Epidemiologie, Biostatistik u. a. zusammengetan und Richtlinien für die Erstellung klinischer Publikationen zusammengestellt haben. Damit soll sichergestellt werden, dass alle Aspekte, die für die Darstellung bzw. für das Verständnis einer klinischen Studie relevant sind, in der fertigen Publikation zu finden sind.

Eine der ersten dieser Richtlinien ist das *CONSORT Statement*, wobei CONSORT für *Consolidated Standards of Reporting Trials* steht (www.consort-statement.org). Das Statement bezieht sich speziell auf die Beschreibung randomisierter klinischer Studien und umfasst eine Liste von 25 Punkten, die **Instruktionen zu den Inhalten der einzelnen Abschnitte solch einer Publikation** (Titel, Abstract, Einleitung, Methoden Ergebnisse, Diskussion) geben (Abb. 1).

Zusätzlich beinhaltet CONSORT noch ein **Flussdiagramm**, das die Patientenverteilung während des Studienverlaufs darstellt und das in allen klinischen Publikationen zu finden sein sollte (Abb. 2).

CONSORT 2010 checklist of information to include when reporting a randomised trial*

Section/Topic	Item No	Checklist item	Reported on page No
Title and abstract			
	1a	Identification as a randomised trial in the title	
	1b	Structured summary of trial design, methods, results, and conclusions (for specific guidance see CONSORT for abstracts)	
Introduction			
Background and objectives	2a	Scientific background and explanation of rationale	
	2b	Specific objectives or hypotheses	
Methods			
Trial design _Versuchsaufbau_	3a	Description of trial design (such as parallel, factorial) including allocation ratio	
	3b	Important changes to methods after trial commencement (such as eligibility criteria), with reasons	
Participants	4a	Eligibility criteria for participants _Auswahlkriterien_	
	4b	Settings and locations where the data were collected	
Interventions	5	The interventions for each group with sufficient details to allow replication, including how and when they were actually administered	
Outcomes _Ergebnisse_	6a	Completely defined pre-specified primary and secondary outcome measures, including how and when they were assessed	
	6b	Any changes to trial outcomes after the trial commenced, with reasons	
Sample size _Stichprobenumfang_	7a	How sample size was determined	
	7b	When applicable, explanation of any interim analyses and stopping guidelines	
Randomisation:			
Sequence generation	8a	Method used to generate the random allocation sequence	
	8b	Type of randomisation; details of any restriction (such as blocking and block size)	
Allocation concealment mechanism	9	Mechanism used to implement the random allocation sequence (such as sequentially numbered containers), describing any steps taken to conceal the sequence until interventions were assigned	
Implementation _Durchführung_	10	Who generated the random allocation sequence, who enrolled participants, and who assigned participants to interventions	
Blinding	11a	If done, who was blinded after assignment to interventions (for example, participants, care providers, those assessing outcomes) and how	
	11b	If relevant, description of the similarity of interventions	

Section/Topic	Item No	Checklist item	
Statistical methods	12a	Statistical methods used to compare groups for primary and secondary outcomes	
	12b	Methods for additional analyses, such as subgroup analyses and adjusted analyses	
Results			
Participant flow (a diagram is strongly recommended)	13a	For each group, the numbers of participants who were randomly assigned, received intended treatment, and were analysed for the primary outcome	
	13b	For each group, losses and exclusions after randomisation, together with reasons	
Recruitment	14a	Dates defining the periods of recruitment and follow-up	
	14b	Why the trial ended or was stopped	
Baseline data	15	A table showing baseline demographic and clinical characteristics for each group	
Numbers analysed	16	For each group, number of participants (denominator) included in each analysis and whether the analysis was by original assigned groups	
Outcomes and estimation	17a	For each primary and secondary outcome, results for each group, and the estimated effect size and its precision (such as 95% confidence interval)	
	17b	For binary outcomes, presentation of both absolute and relative effect sizes is recommended	
Ancillary analyses	18	Results of any other analyses performed, including subgroup analyses and adjustec analyses, distinguishing pre-specified from exploratory	
Harms	19	All important harms or unintended effects in each group (for specific guidance see CONSORT for harms)	
Discussion			
Limitations	20	Trial limitations, addressing sources of potential bias, imprecision, and, if relevant, multiplicity of analyses	
Generalisability	21	Ceneralisability (external validity, applicability) of the trial findings	
Interpretation	22	Interpretation consistent with results, balancing benefits and harms, and considering other relevant evidence	
Other information			
Registration	23	Registration number and name of trial registry	
Protocol	24	Where the full trial protocol can be accessed, if available	
Funding	25	Sources of funding and other support (such as supply of drugs), role of funders	

*We strongly recommend reading this statement in conjunction with the CONSORT 2010 Explanation and Elaboration for important clarifications on all the items. If relevant, we also reccmmend reading CONSORT extensions for cluster randomised trials, non-inferiority and equivalence trials, non-pharmacological treatments, herbal interventions, and pragmatic trials. Additional extensions are forthcoming: for those and for up to date references relevant to this checklist, see www.consort-statement.org.

Abbildung 1: Die CONSORT Guidelines zur Erstellung eines Manuskripts zu einer randomisierten klinischen Studie. CONSORT: Consolidated Standards of Reporting Trials (Quelle: www.equator-network.org, eingesehen Juni 2012)

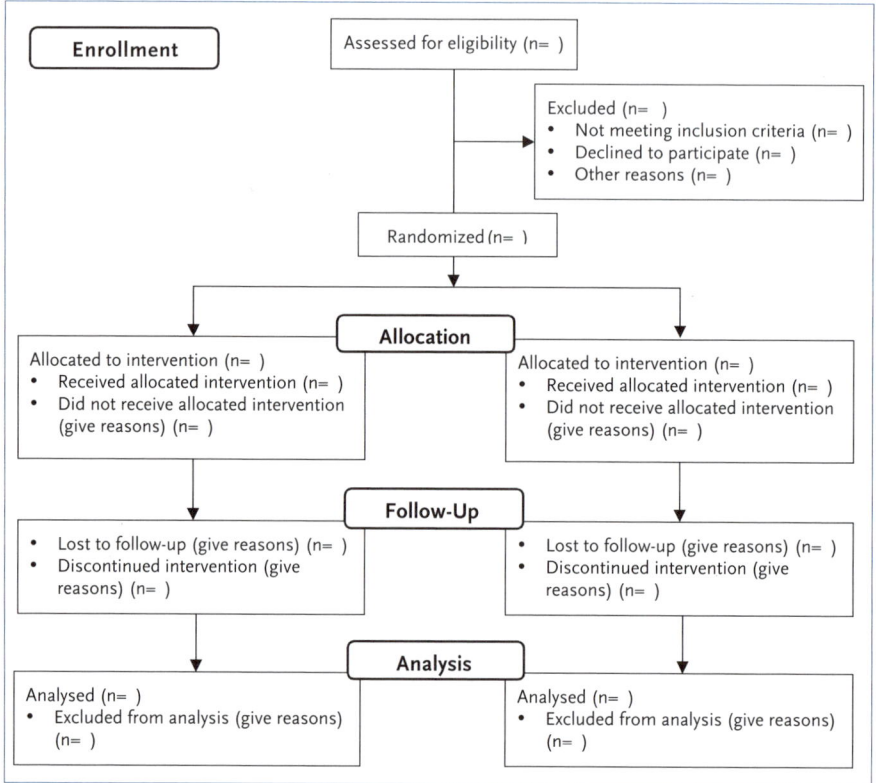

Abbildung 2: Flussdiagramm aus den *CONSORT Guidelines* (Quelle: *www.equator-network. org*, eingesehen Juni 2012)

Sowohl die 25 von CONSORT geforderten Checkpunkte als auch die Patientenverteilung über den Studienzeitraum sind entscheidende Informationen, um die Qualität und Aussagekraft einer klinischen Studie beurteilen zu können.

Entsprechend der vielen verschiedenen Arten von klinischen Studien (randomisierte Studie, Beobachtungsstudie, epidemiologische Studie, diagnostische Studie, Metaanalyse, u. v. m.) gibt es inzwischen eine Vielzahl weiterer Richtlinien. In einer gemeinsamen Plattform, dem *EQUATOR Network* (*www.equator-network.org*), sind all diese Statements einzusehen. Im Folgenden finden Sie die Richtlinien zu den gängigsten Studien-Designs:

Richtlinien zur Erstellung von klinischen Publikationen (Auswahl)

CONSORT	Consolidated standards of randomized controlled trials (randomisierte, kontrollierte Studien)
STARD	Standards for the reporting of diagnostic accuracy (diagnostische Studien)
STROBE	Strengthening the reporting of observational studies in epidemiology (Beobachtungsstudien)
QUORUM	Quality of reporting of meta-analyses (Metaanalysen)
PRISMA	Systematic reviews and meta-analyses (Systematische Reviews und Metaanalysen)

Quelle: www.equator-network.org (eingesehen Juni 2012)

Eine weitere Richtlinie zur Erstellung klinischer Publikationen wurde vom *International Committee of Medical Journal Editors* (www.icmje.org), einem Zusammenschluss von Editorinnen und Editoren zahlreicher medizinischer Fachzeitschriften, herausgegeben. In vielen *Instructions to Authors* von medizinischen Journalen werden Sie einen Verweis auf diese *Uniform Requirements for Manuscripts Submitted to Biomedical Journals: Writing and Editing for Biomedical Publications* finden, zusammen mit der Anweisung, Ihren Artikel entsprechend dieser Richtlinie zu erstellen.

Nutzen Sie all diese Richtlinien, wann immer Sie über ein klinisches Thema schreiben – **auch wenn Sie eine Studienarbeit erstellen!** Denn es sind wirklich sehr gute Zusammenstellungen der wichtigsten Inhalte klinischer Manuskripte, die Ihnen helfen werden, bei der Beschreibung dieser oft sehr umfangreichen Themen nichts Wesentliches zu vergessen.

2.2 Der rote Faden – Entwicklung einer ersten Struktur

Das Produkt Ihres Brainstormings ist eine Liste mit all den Punkten, die Ihnen zu Ihrem Manuskript eingefallen sind. Bringen Sie diese jetzt in eine **sinnvolle Reihenfolge**. Was meine ich mit sinnvoller Reihenfolge? In Ihrer Liste befinden sich Methoden, Ergebnisse, Hintergrundinformationen, Interpretationen, Literatur, kritische Stellungnahmen, Schlussfolgerungen u. v. m. Wie schon eingangs gesagt, dürfen Sie Ihre Leserinnen und Leser nicht einfach damit überfallen, indem Sie ihnen diese vielen, sehr heterogenen und komplexen Informationen in einem ungeordneten „Haufen" präsentieren (Abbildung 3A). Denn dann werden diese schnell den Faden und damit auch das Interesse an Ihrem Manuskript verlieren.

Prompt folgt der Kommentar: *Verstehe ich nicht!* **Der schlimmste und unnötigste Kommentar**, den Sie von Ihrer Leserschaft bekommen können. Warum der schlimmste? Weil dieser Kommentar meist überhaupt nichts mit Ihren Daten zu tun hat! Selbst wenn Sie die bahnbrechendsten Dinge entdeckt haben, eine schlechte Präsentation bzw. ein unklar geschriebener Text kann dazu führen, dass niemand die Besonderheit Ihrer Arbeit erkennt. Sie bekommen eine schlechte Note von Ihrer Betreuerin oder Ihrem Betreuer oder ein *Rejected* vom Journal, obwohl Sie eigentlich den Nobelpreis verdient hätten. Zugegeben, das ist ein bisschen übertrieben, aber selbst nicht ganz so herausragende Daten haben höhere Chancen, akzeptiert zu werden, wenn sie klar und verständlich präsentiert sind. Und warum ist das nicht nur der schlimmste, sondern auch der unnötigste Kommentar? Weil Sie ihn verhindern können.

Aus den oben genannten Gründen geht es in diesem Kapitel um den **roten Faden**. Entlang dieses roten Fadens sollten Sie jetzt die einzelnen Punkte aus Ihrer Brainstorming-Liste auffädeln, so dass sich am Ende ein klarer Handlungsstrang für Ihre Story abzeichnet. Dafür entwickeln Sie

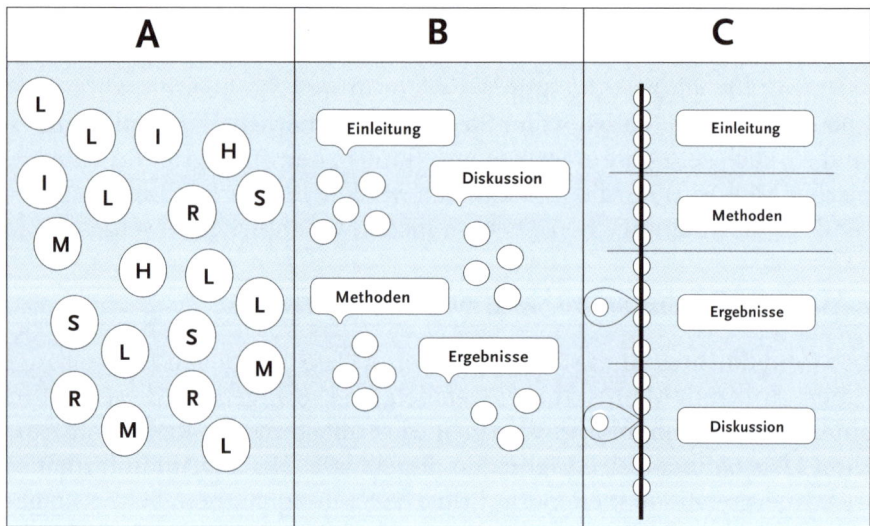

Abbildung 3: Die drei Schritte zur Entwicklung des **roten Fadens**. **(A)** Sammlung von Stichpunkten durch ein Brainstorming, **(B)** Zuordnung der einzelnen Stichpunkte zu den passenden Manuskriptabschnitten, **(C)** Organisation der Stichpunkte pro Manuskriptabschnitt – der rote Faden entsteht. *H*: Hintergrund, *I*: Interpretation, *L*: Literatur, *M*: Methode, *R*: Resultat, *S*: Schlussfolgerung

zuerst einen groben roten Faden (Kapitel 2.2.1) und verfeinern diesen dann in einem zweiten Schritt (Kapitel 2.2.2).

2.2.1 Den roten Faden entwickeln

Um den roten Faden zu entwickeln, rufen Sie sich die üblichen Abschnitte eines wissenschaftlichen Manuskripts in Erinnerung: Einleitung, Methoden, Ergebnisteil, Diskussion. Den Abstract lassen wir hier noch beiseite. Überlegen Sie dann im ersten Schritt, welche Stichpunkte aus Ihrer Liste wohl am besten in die Einleitung passen, welche in den Methodenabschnitt, welche zu den Ergebnissen und welche in die Diskussion und ordnen diese dann dort ein (Abbildung 3B). Am einfachsten geht das am Computer: Schieben Sie die einzelnen Punkte einfach in den richtigen Abschnitt. Dabei ist es durchaus möglich, dass ein Punkt in mehrere Abschnitte passt. Eine Studie z. B., in der andere Wissenschaftlerinnen und Wissenschaftler bereits zu Ihrem Thema geforscht haben, werden Sie möglicherweise sowohl in der Einleitung als auch in der Diskussion besprechen.

Im zweiten Schritt nehmen Sie sich die einzelnen Abschnitte vor und versuchen, darin jeweils eine sinnvolle Reihenfolge für die dort befindlichen Punkte zu finden (Abbildung 3C). Überlegen Sie sich dafür bei jedem einzelnen Abschnitt: **Was sollen meine Leserinnen und Leser hier lernen/ verstehen?**

Die für die Einleitung gesammelten Punkte (im Folgenden **blau** gedruckt) würden Sie z. B. in folgender Reihenfolge anordnen:

- **Allgemeine Hintergrundinformation** zum Forschungs- oder klinischen Bereich, in dem Ihre Arbeit angesiedelt ist.
- Welche **Wissenslücken/Probleme** existieren in diesem Bereich – mit Schwerpunkt auf jenen, die Sie in Ihrer Studie angepackt haben?
- Warum ist es so wichtig, diese Wissenslücke(n) zu schließen (**Relevanz Ihrer Studie**)?
- Was haben **andere Forschungsgruppen** – oder Sie selbst – zu diesen Problemen bereits erarbeitet und publiziert?
- Was sind **Ihre Überlegungen** zu neuen Lösungsansätzen für das Problem?
- Was war die konkrete **Fragestellung** Ihres Forschungsprojekts?
- Wie sind Sie in der vorliegenden Studie **methodisch** vorgegangen?

Mit dieser kurzen Beschreibung der Struktur einer Einleitung habe ich jetzt etwas vorgegriffen. Denn in den Kapiteln 5 bis 10 werden Aufbau und Inhalte jedes einzelnen Abschnitts eines wissenschaftlichen Manuskripts ganz genau besprochen, einschließlich der Frage, welche Informationen in welcher Reihenfolge in die jeweiligen Abschnitte gehören. Probieren Sie trotzdem schon an dieser Stelle, eine **sinnvolle Reihenfolge für die einzelnen Punkte pro Abschnitt** zu finden. Behalten Sie dabei immer Ihre große Story bzw. die „Moral von der Geschichte" im Kopf (z. B.: *Die Darstellung meiner Daten und Überlegungen soll meine Leserschaft davon überzeugen, dass dieser neue Ligand eine wichtige Rolle in der Tumorgenese spielt.*) und organisieren Sie Ihr ganzes Manuskript dahingehend!

Bitte beachten Sie: Bei einem Paper werden die einzelnen Manuskriptabschnitte wahrscheinlich wesentlich weniger Punkte enthalten als bei einer Studienarbeit. Um sich die Organisation der vielen Punkte, die sich in Einleitung, Methoden- und Ergebnisteil sowie Diskussion einer Studienarbeit sammeln, zu erleichtern, definieren Sie pro Manuskriptabschnitt Unterkapitel, in die Sie dann jeweils eine sinnvolle Ordnung bringen (Details dazu ebenfalls in Kapitel 5 bis 10).

Lassen Sie sich Zeit bei diesem Prozess. Es ist nämlich gar nicht so einfach, aus der meist recht großen Menge an Daten und Gedanken eine schlüssige Story zu entwickeln.

Übung

Nehmen Sie die Liste, die Sie beim Brainstorming entwickelt haben, und bringen Sie die einzelnen Stichpunkte in eine sinnvolle Reihenfolge. Dafür überlegen Sie zuerst, welche Punkte in die einzelnen Manuskriptabschnitte (Einleitung, Methoden, Ergebnisteil, Diskussion) gehören und schieben diese dorthin. Danach ordnen Sie die Inhalte in den einzelnen Abschnitten. Behalten Sie dabei immer Ihre Story im Kopf: Was sollen meine Leserinnen und Leser letztendlich aus meinem Manuskript lernen? Ordnen Sie die einzelnen Aspekte so an, dass sie Ihre Story unterstützen. Mit dieser Vorgehensweise wird sich ganz automatisch ein roter Faden entwickeln, der Ihre Leserschaft später durch Ihr Manuskript führen wird.

2.2.2 Die Story verfeinern, fokussieren und vervollständigen

Während Sie an Ihrem roten Faden arbeiten, können mehrere Dinge passieren.

Lücken in Ihrer Story: Auch wenn Sie beim Brainstorming das Gefühl hatten, dass Sie schon alle Inhalte für Ihr Manuskript beisammen haben, jetzt werden Sie ganz deutlich erkennen, wenn doch noch etwas fehlt. Typischerweise sind das Referenzen oder Hintergrundinformationen. Es kann aber auch sein, dass Sie richtiggehende Lücken in Ihrem roten Faden entdecken: *Hier muss ich in meinen Erklärungen viel weiter ausholen, sonst versteht man die Wichtigkeit meiner Studie nicht.* Oder: *Da muss ich nochmals gründlich in der Literatur recherchieren, denn ich bin mir nicht sicher, ob meine Schlussfolgerungen so überhaupt gerechtfertigt sind.* Oder schlimmstenfalls: *Das muss ich nochmals experimentell überprüfen!* Ergänzen Sie, was noch fehlt.

Zu viele Informationen: Falls es nicht schon beim Brainstorming offensichtlich geworden ist, können Sie jetzt gar nicht mehr übersehen, wenn Sie zu viele Informationen in Ihrem Manuskript präsentieren wollen. Bei einem Paper kann das, wie bereits erwähnt, den Ergebnisteil betreffen. Vor lauter Datensätzen sehen Sie keine zusammenhängende Story mehr – ein sicheres Zeichen dafür, dass hier „entrümpelt" werden muss. Zur Erinnerung: Bei einer Studienarbeit besteht dieses Risiko für den Ergebnisteil nicht, da Sie hier immer alle Ihre Daten zeigen wollen. In der Einleitung dagegen kann das „zu viel an Information" sowohl Studienarbeiten als auch Papers betreffen. Denn dort ist man bei beiden Texttypen leicht versucht, zu viel Hintergrundinformation zu geben. Wenn wundert's? Sie haben sich schließlich intensiv eingelesen und daher einfach viel zu erzählen. Beschränken Sie sich trotzdem auf das Wesentliche, d. h. nur auf die Punkte, die Ihre Leserinnen und Leser wirklich brauchen, um Ihr Projekt und dessen Relevanz zu verstehen. Ähnliches kann in der Diskussion passieren. Bei der Interpretation Ihrer Daten kommen Sie vom Hundertsten ins Tausendste, die Zahl Ihrer zitierten Referenzen ist schon nicht mehr zu überschauen, und Ihre Story geht in dieser Informationsflut gänzlich unter. **Straffen, fokussieren, am roten Faden kleben**, das sind hier die gültigen Schlagwörter. Allenfalls nötiges „Entrümpeln" geht besonderes leicht, wenn Sie sich immer wieder in Erinnerung rufen: *Was war genau meine Fragestellung?* und *Wo will ich eigentlich mit meinen Daten und meinem Manuskript hin?* Alles, was hier nicht dazu passt, streichen Sie. Ganz generell gilt: **Im wissenschaftlichen Manuskript ist weniger (fast) immer mehr!**

Daten, die nicht zu Ihrer Story passen: Bei der Entwicklung des roten Fadens werden Sie ziemlich deutlich Daten bzw. Informationen erkennen, die einfach nicht zu Ihrer Story passen. Sehen Sie in Abbildung 3C die zwei Datensätze in Ergebnisteil und Diskussion links neben dem roten Faden? Stellen Sie sich vor, das war Ihr Lieblingsexperiment: Es war wirklich schwer zu entwickeln und durchzuführen und Sie sind unendlich stolz darauf, diese Herausforderung gemeistert zu haben. Selbstverständlich sollen dieses Ergebnis und der dazugehörige Diskussionspunkt in Ihren Artikel! Beim Brainstorming ist es Ihnen natürlich als erstes eingefallen und Sie haben es sofort in Ihre Liste aufgenommen. Jetzt, beim Entwickeln des roten Fadens, erweist sich dieses Ergebnis aber plötzlich als recht störrisch. Denn wo auch immer Sie es in Ihrem Ergebnisteil und später in der Diskussion platzieren wollen, es passt einfach nirgendwo hinein, weil es immer den Handlungsstrang unterbricht. Wenn Sie es trotzdem irgendwo hineinquetschen, dann sehen Sie in Abbildung 3C, was mit Ihrem schönen, geradlinigen, klaren roten Faden passiert: Er bekommt Ausbuchtungen bzw. Abzweigungen, die Sie dann natürlich auch wieder – meist mühsam – zurück zum Hauptstrang biegen müssen. Solche Ausbuchtungen sind gefährlich, denn sie können Ihre Leserinnen und Leser auf „dumme" Gedanken bringen. Nehmen wir an, es handelt sich um den Gutachter eines Journals: Er war bisher ganz aufmerksam bei Ihnen und Ihrer Story, stößt dann aber plötzlich auf die Ausbuchtung (also ein neues Thema) und denkt sich: *Ach, dieser Aspekt ist aber interessant! Warum hat denn die Autorin bzw. der Autor nicht in diese Richtung weiter geforscht?* Und schon haben Sie die Aufmerksamkeit dieses Lesers verloren oder noch schlimmer, vielleicht einen Gutachterkommentar im Sinne von: *Da fehlt was!* auf dem Tisch. Dieses Beispiel aus der Praxis soll Ihnen vor Augen führen, wie wichtig es ist, mithilfe dieser Technik, nämlich am roten Faden kleben um Ausbuchtungen/ Abzweigungen zu vermeiden, möglichst effizient unnötiges, für Ihre Arbeit nicht relevantes Material zu identifizieren und auszusortieren – und zwar in allen Abschnitten Ihres Manuskripts und bei jeder Art von Text. Denn es zerstört Ihnen sonst den roten Faden und damit das ganze Manuskript.

Die ursprüngliche Story abändern: Manchmal stellt sich in dieser Phase der Manuskriptplanung heraus, dass Sie Ihre ursprüngliche Story nochmals ganz grundlegend überdenken müssen. Keine Sorge, das ist nicht schlimm. Aber da Sie jetzt doch schon recht ins Detail gehen, entdecken Sie möglicherweise Unstimmigkeiten in Ihren Daten und Schlussfolgerungen. Stellen sich diese Unstimmigkeiten bei genauerem Hinsehen als gravierend heraus, empfiehlt es sich manchmal, den Schwerpunkt des Manuskripts auf andere Aspekte zu verlegen, die besser begründet und untermauert werden können. Scheuen Sie sich also nicht vor grundlegenden Änderungen Ihrer bisherigen Idee.

Übung

In der vorigen Übung haben Sie die Stichpunkte aus dem Brainstorming in eine sinnvolle Reihenfolge gebracht. Überprüfen Sie jetzt, ob Sie schon einen schönen roten Faden, also eine klare Story haben. Verfeinern Sie Ihre Story, indem Sie alles, was an Daten, Informationen, Zitaten, Gedanken etc. zu viel oder nicht relevant ist, streichen bzw. ergänzen, was fehlt. Wenn Sie das Gefühl haben, Ihre Story ist überhaupt nicht stimmig, dann versuchen Sie, eine neue zu entwickeln. Schrecken Sie nicht vor drastischen Streichungen oder Änderungen zurück. Jetzt tut's noch nicht weh, wenn Sie erst den Text geschrieben haben und dann streichen müssen dagegen sehr!

Wenn Sie diese beiden Schritte, *Brainstorming* und *Entwicklung des roten Fadens*, abgeschlossen haben, liegt Ihnen jetzt eine **erste Struktur für Ihr zukünftiges Manuskript** vor. Bevor Sie sich auf Basis dieser Struktur ins Schreiben stürzen, noch ein letzter, wichtiger Schritt: Zeigen Sie Ihre Struktur Ihrer Betreuerin bzw. Ihrem Betreuer, Ihren erfahrenen Kolleginnen und Kollegen oder anderen Spezialistinnen und Spezialisten in Ihrem Gebiet und **holen Sie sich Feedback**. Vielleicht werden Sie hören: *Toll gemacht, das ist ja wirklich eine schlüssige und nachvollziehbare Story!* Oder: *Generell schon sehr gut, aber wenn du hier in der Einleitung noch diese beiden Aspekte umstellst, dann wird das Ganze noch verständlicher.* Oder: *Lass doch diesen einen Aspekt weg, der bringt deine ganz Argumentation durcheinander, weil er eigentlich nichts mit deiner Fragestellung zu tun hat, etc.* Solche Kommentare sind sehr wertvoll, nicht nur, weil sie von erfahrenen Wissenschaftlerinnen und Wissenschaftlern stammen, sondern auch, weil Sie sie jetzt bekommen. Denn zum jetzigen Zeitpunkt ist es nicht viel Arbeit, die beiden Aspekte umzustellen oder den unpassenden Aspekt zu streichen. Später, wenn Sie den Text schon geschrieben haben, sind solche Veränderungen oft sehr mühsam zu realisieren und manchmal sogar richtiggehend schmerzhaft (besonders das Streichen). Dazu kommt: Mit einem positiven Feedback gehen Sie gleich viel entspannter ans Schreiben.

Hier sind noch zwei Ergänzungen zu den beiden Prozessen *Brainstorming* und *Entwicklung des roten Fadens*. Erstens: Auch wenn sie nach recht viel Arbeit aussehen, überspringen Sie diese beiden Schritte nicht – egal, welche Art von Text Sie schreiben. Ganz generell gilt: **Je mehr Informationen** Sie besprechen wollen, **desto wichtiger** ist es, vor dem Schreiben eine Struktur für Ihr Manuskript zu entwickeln. Stellen Sie sich vor, Sie machen sich mit all den Daten und Gedanken, die in einer Doktorarbeit stecken, ans Schreiben, ohne vorher eine gewisse Ordnung hinein gebracht zu haben: Chaos im Kopf – und auf dem Papier – sind programmiert. Haben Sie jedoch vorab eine klare Struktur entwickelt, ...

- wird Ihnen das Schreiben **viel leichter und schneller** von der Hand gehen,
- werden Ihr Text und damit Ihre Botschaften **klar, verständlich, schlüssig und nachvollziehbar** sein,
- **werden Ihre Leserinnen und Leser verstehen**, was Sie Ihnen sagen wollen. Erinnern Sie sich: Verständlichkeit ist das A und O eines guten wissenschaftlichen Textes!

Die zweite Ergänzung zum Thema „Story" betrifft die Zeit vor dem Schreiben: Unabhängig davon, ob Studienarbeit oder Publikation, das **„Schreiben" beginnt eigentlich schon während der praktischen Arbeit**. Sie haben zwar mit einer konkreten Fragestellung, z. B.: *Ich will potentielle Liganden für den Rezeptor X identifizieren und charakterisieren,* und dem konkreten Ziel: *Ich will über die Ergebnisse ein Manuskript schreiben* zu forschen begonnen. Während der intensiven praktischen Arbeit wird dieses Ziel jedoch gern vergessen und immer weiter in alle möglichen (und unmöglichen) Richtungen geforscht. Deshalb zwei Empfehlungen:

- Behalten Sie, während Sie im Labor stehen, Patientenakten durchforsten, Literatur analysieren etc. immer im Auge, wie Ihre Daten in ein Manuskript bzw. in eine Story passen könnten. Wenn Sie das tun, werden Sie viel fokussierter auf Ihr Ziel hinarbeiten und Ihre Daten automatisch so generieren, strukturieren und dokumentieren, dass sie sich später ganz leicht in einem Manuskript zusammenstellen lassen.

- Machen Sie während der praktischen Arbeit immer wieder ein kurzes Brainstorming und überprüfen Sie, ob sich schon ein roter Faden bzw. eine Story abzeichnet. Vielleicht haben Sie ja bereits genug Daten beisammen, um z. B. ein Paper zu schreiben.

Zusammenfassung

Die gesamte Schreibarbeit steht unter dem Motto: Erzählen Sie eine Geschichte! Diese Geschichte geht von Ihrer Fragestellung aus und führt dann Schritt für Schritt zu Ihren Take-Home-Messages hin.

Mit diesem Motto im Kopf sammeln Sie zuerst in einem „hemmungslosen" Brainstorming alles, was Sie in Ihrem Manuskript besprechen wollen. Das sind Hintergrundinformationen, Ergebnisse, Literaturzitate, Gedanken, Schlussfolgerungen, Stärken, Schwächen, Interpretationen u. v. m.

Im nächsten Schritt bringen Sie diese Punkte in eine sinnvolle Reihenfolge, so dass sich ein roter Faden – Ihre Story – abzeichnet. Dabei werden Sie sehr deutlich merken, ob noch Informationen oder Bausteine fehlen, aber auch, was zu viel oder für Ihr vorgestelltes Projekt nicht relevant ist. Das Ergebnis dieses Prozesses wird eine erste Struktur für Ihr Manuskript sein, die Basis für den Schreibprozess.

3 Das Schreiben an und für sich

3.1 Wie schreibe ich einen schlüssigen Text?
3.2 Umgang mit Schreibblockaden

Im vorigen Kapitel haben Sie sich die Inhalte Ihres zukünftigen Manuskripts überlegt (Brainstorming) und dessen Aufbau geplant, indem Sie diese Inhalte entlang eines roten Fadens angeordnet haben. Bevor Sie sich jetzt ins Schreiben stürzen, möchte ich Ihnen noch ein paar Schreibtricks und techniken vorstellen, die Ihnen während des eigentlichen Schreibprozesses helfen werden, all diese Informationen auch schlüssig und überzeugend zu präsentieren (Kapitel 3.1). Außerdem finden Sie in diesem Kapitel noch ein paar Tipps, was Sie tun können, wenn Sie die berühmtberüchtigte Angst vor dem weißen Blatt packt (Kapitel 3.2).

3.1 Wie schreibe ich einen schlüssigen Text?

Ganz gleich, ob Sie eine Studienarbeit, ein Paper oder einen anderen wissenschaftlichen Text verfassen, wichtig ist, dass er verstanden wird. Um das zu erreichen, gibt es einige Methoden und Tricks, die Ihren Leserinnen und Lesern das Verständnis erheblich erleichtern, sie aber auch bei der Stange – in unserem Fall dem roten Faden – halten werden. Warum Letzteres so wichtig ist, haben wir bereits in Kapitel 2.2 besprochen: Schweifen Ihre Leserinnen und Leser bzw. Gutachterinnen und Gutachter gedanklich von Ihrem roten Faden ab, können sie auf „dumme" Gedanken kommen, die im Weiteren womöglich zu heiklen Fragen zu Ihrem Manuskript führen.

In den Manuskriptabschnitten *Material & Methoden* und *Ergebnisse* ist das noch relativ einfach zu bewerkstelligen, denn dort schreiben Sie ja einfach Schritt für Schritt nieder, wie Sie eine Methode durchgeführt haben oder was dabei herausgekommen ist. In *Einleitung* und *Diskussion* sind die Inhalte dagegen wesentlich komplexer. In der Einleitung müssen Ihre Leserinnen und Leser neben zahlreichen Hintergrundinformationen z. B. auch verstehen, warum Ihre Studie wichtig ist, wie Sie zu Ihrer Hypothese gekommen sind oder warum Sie sich für genau diese und keine andere Methodik entschieden haben. In der Diskussion wird es dann noch anspruchsvoller: Dort wird Ihre Leserschaft mit all den gedanklichen

Verknüpfungen konfrontiert, die Sie zwischen Ihren Daten und Schlussfolgerungen und den Daten und Schlussfolgerungen anderer Wissenschaftlerinnen und Wissenschaftlern gemacht haben. Sie selbst haben
über all diese verschiedenen Aspekte bereits sehr viel nachgedacht und
wissen daher ganz genau, wie Sie z. B. auf Ihre in der Einleitung vorgestellte Hypothese gekommen sind. Für Ihr Publikum ist das jedoch meist
etwas vollkommen Neues. Präsentieren Sie Ihre Überlegungen daher so,
dass sie für Ihre Leserschaft **nachvollziehbar** sind. Ich möchte es sogar
noch etwas provokanter ausdrücken: **Schreiben Sie Ihren Text bzw. gestalten Sie Ihre Abbildungen und Tabellen so, dass Ihre Leserinnen und
Leser nicht denken müssen!** Das soll nicht heißen, dass diese Leute nicht
selber denken können. Das können sie sehr wohl. Aber sie werden Ihnen
äußerst dankbar sein, wenn Ihr Text so klar und schlüssig geschrieben
ist, dass sie ohne viel Nachdenken verstehen, was Sie gemacht (Methoden)
und beobachtet (Ergebnisse) haben und was Sie dazu denken (Diskussion). So erhält Ihre Leserschaft außerdem sofort die Information aus Ihrem Manuskript, die sie interessiert und muss nicht erst überlegen: *Was
meint sie/er denn jetzt damit?* Außerdem kann zuviel „Denken", wie bereits
oben erwähnt, Ihre Leserschaft zu eigenen Auslegungen und damit vielleicht zu allzu kritischen Gedanken gegenüber Ihrer Arbeit verleiten.
Mehr dazu im folgenden Kapitel 3.1.1 unter *Schritt 5.*

Ein ganz wichtiges Hilfsmittel für einen gut verständlichen und nachvollziehbaren Text ist eine **klare Textstruktur**, die Ihre Leserinnen und
Leser Schritt für Schritt von einem Gedanken zum nächsten durch Ihr
Manuskript führt. Den ersten Schritt dafür haben wir bereits in Kapitel 2.2
Der rote Faden besprochen. Dort sollten Sie überlegen, in welcher Reihenfolge Sie die einzelnen Informationen zu Ihrer Arbeit präsentieren, sodass
sich ein roter Faden durch Ihr gesamtes Manuskript zieht und Ihre Story
damit logisch und nachvollziehbar wird. Jetzt geht es darum, diesen roten
Faden so **„klebrig"** wie möglich zu machen, d. h. den Text so zu schreiben,
dass Ihre Leserschaft gedanklich möglichst nie von Ihren Ausführungen
abschweift.

Dafür möchte ich Ihnen zuerst erklären, wie Sie einen einzelnen Absatz
in Ihrem Manuskript aufbauen, sodass dessen Inhalt gut zu verstehen ist
(Kapitel 3.1.1) und anschließend, wie Sie die einzelnen Absätze gedanklich
und sprachlich so miteinander verbinden, dass sich in Ihrem Manuskript
ein Gedanke aus dem anderen ergibt (Kapitel 3.1.2), und Ihre Leserinnen
und Leser am Ende denken: *Das war aber leicht zu lesen und gut zu verstehen.*
Als Anschauung zu meinen Erklärungen werde ich immer wieder auf

entsprechende Beilspieltexte verweisen, die unter den angeführten Beispieltext-Nummern in verschiedenen Kapiteln des Buches zu finden sind.

3.1.1 Aufbau eines Absatzes

Gehen Sie bei der Entwicklung eines gut verständlichen Absatzes Schritt für Schritt vor.

Schritt 1: Nur eine Botschaft pro Absatz, wobei mit „Botschaft" ein Informationsblock, ein Gedanke, ein Aspekt Ihrer Überlegungen, eine Schussfolgerung aus einem Ergebnis, eine Hypothese etc. gemeint ist. Lassen Sie mich Ihnen dies anhand von Beispieltext 17 (Einleitung aus einem klinischen Paper) in Kapitel 8 veranschaulichen. Lesen Sie sich diesen Text bitte aufmerksam durch. Im Folgenden finden Sie dann die einzelnen Botschaften, die in diesem Text pro Absatz vermittelt wurden.

Absatz 1:   *Erythropoetine sind gut wirksam bei der Behandlung von Anämien bei Tumorpatienten, die eine Chemotherapie erhalten haben.*

Absatz 2:   *Obwohl gut wirksam, werden Erythropoetine bei dieser Erkrankung aus verschiedenen Gründen oft nicht eingesetzt.*

Absatz 3:   *Eine Verlängerung des Dosierungsintervalls (was offensichtlich bis zu einem gewissen Grad bereits möglich ist (QW)), würde die Verabreichungsrate eventuell steigern.*

Absatz 4:   *Darbepoetin alfa ist ein Erythropoetin mit einer außergewöhnlich langen Verweildauer im Blut, weshalb es möglicherweise auch in einem sehr langen Dosierungsintervall (Q3W) gegeben werden kann.*

Absatz 5:   *Vorstellung der aktuellen Studie.*

Wie Sie sehen, wird pro Absatz immer nur eine Hauptbotschaft vermittelt. Natürlich werden zu jeder Botschaft zusätzlich noch einige Detailinformationen geliefert (z. B. Absatz 2: die vier Faktoren, die zur selteneren Verabreichung von Erythropoetin führen), aber diese dienen lediglich der Untermauerung der jeweiligen Hauptinformation. Durch dieses *Nur eine Botschaft pro Absatz* wird es Ihren Leserinnen und Lesern viel leichter fallen, die einzelnen Botschaften zu erfassen und damit Ihren gesamten Text zu verstehen. Denn sie bekommen das geballte Wissen, das z. B. in dieser Einleitung steckt, **häppchenweise** präsentiert: Absatz für Absatz wird ein Informations-„Happen" nach dem anderen vorgestellt und jedes dieser Häppchen ist leicht zu verstehen, weil sein Informationsgehalt überschaubar und fokussiert ist.

> **Tipp**
>
> **Absätze haben eine Bedeutung:** Ein Absatz in einem Text zeigt Ihren Leserinnen und Lesern an, dass hier ein Gedanke/eine Botschaft/ein Informationshäppchen zu Ende ist und im nächsten Absatz etwas Neues folgt. Geben Sie Ihrem Publikum die Chance, diesen Wechsel von einem Gedanken zum anderen zu erkennen, indem Sie Ihren Text entsprechend durch Absätze untergliedern.

Die Häppchenmethode ist aber nicht nur angenehm für Ihre Leserschaft, sondern hat auch für Sie selbst eine positive Konsequenz: Das Schreiben wird Ihnen viel leichter fallen! Denn Sie teilen das geballte Wissen, das Sie in Ihrem Manuskript präsentieren möchten, zuerst in kleine Informationshappen auf und beschreiben dann „ganz gemütlich" einen kleinen Happen nach dem anderen. Besonders bei inhaltlich sehr umfassenden und komplexen Texten ist diese Herangehensweise extrem hilfreich.

Für die Anwendung dieser Häppchenmethode bzw. für die Umsetzung von Schritt 1: *Nur eine Botschaft pro Absatz* in der Praxis überlegen Sie sich daher für jeden Absatz: *Welche Botschaft will ich meinen Leserinnen und Lesern in diesem Absatz übermitteln?* Oder anders ausgedrückt: *Was soll meine Leserschaft am Ende dieses Absatzes verstanden haben?* Ganz wichtig ist hierbei, dass Sie sich dazu Gedanken machen, **bevor Sie den Absatz schreiben.** Denn nur, wenn Sie ganz genau wissen, was Ihre Leserinnen und Leser in diesem Absatz verstehen sollen, können Sie diesen entsprechend fokussiert schreiben. Sind Sie sich darüber nicht im Klaren, dann spiegelt sich das meist sehr deutlich in Ihrem Text wieder. Dazu ein Beispiel aus der Praxis: Auf meine Frage zu einer mir unklaren Textpassage: *Was wollten Sie denn mit diesem Absatz sagen?* antwortet mir deren Autorin bzw. Autor fast immer: *Also, eigentlich weiß ich das selber noch nicht so genau...*

Schritt 2: Sammeln Sie die Inhalte für die einzelnen Absätze. Sie wissen jetzt, welche Botschaft Sie in jedem einzelnen Absatz vermitteln wollen. Überlegen Sie nun, welche Informationen Sie Ihrer Leserschaft präsentieren müssen, damit sie die jeweilige Botschaft auch versteht. In der Diskussion kann ein Absatz z. B. aus Ihrem Ergebnis, Ihrer Schlussfolgerung daraus und Literaturzitaten, die Ihren Befund untermauern, bestehen. In der Einleitung enthält ein Absatz, in dem Sie die Relevanz Ihrer Studie darlegen wollen, wahrscheinlich vor allem Literaturzitate, die die von Ihnen angepackte Wissenslücke und deren Konsequenzen beschreiben. Sammeln Sie jetzt also für jede einzelne Botschaft (= Absatz) die entsprechenden Informationen. Haben Sie zu einem Punkt sehr viel zu sagen, können Sie diese Information durchaus auch in zwei Portionen aufteilen und entsprechend in zwei Absätzen vorstellen.

Schritt 3: Führen Sie im ersten Satz zum Thema des Absatzes hin. Ein sehr schönes Beispiel für einen zum Thema hinführenden Satz finden Sie in Beispieltext 2 (Ausschnitt aus dem Ergebnisteil eines Papers) in Kapitel 5.2: *In order to estimate if exogenously applied isoprene exhibits a similar effect to that observed in PaIspS transformats, ...* Mit dieser ersten Satzhälfte werden die Leserinnen und Leser darauf vorbereitet, dass sie im Folgenden die Ergebnisse zu *exogenously applied isoprene* usw. präsentiert bekommen werden. Das ist nicht nur sehr angenehm für die Leserschaft, sondern hält sie auch bei der Stange, dem roten Faden, da ein gedankliches Abschweifen mit solch einem hinführenden Satz fast nicht möglich ist. Eine andere Möglichkeit, die Leserinnen und Leser auf das Thema eines Absatzes vorzubereiten, ist, das Thema/das Problem/die Wissenslücke sofort im ersten Satz anzusprechen. Mit dem Anfangssatz von Beispieltext 15 (Absatz aus der Diskussion eines Papers; Kapitel 7.2): *In this population, a major consequence of prolonged neutropenia is fungal*

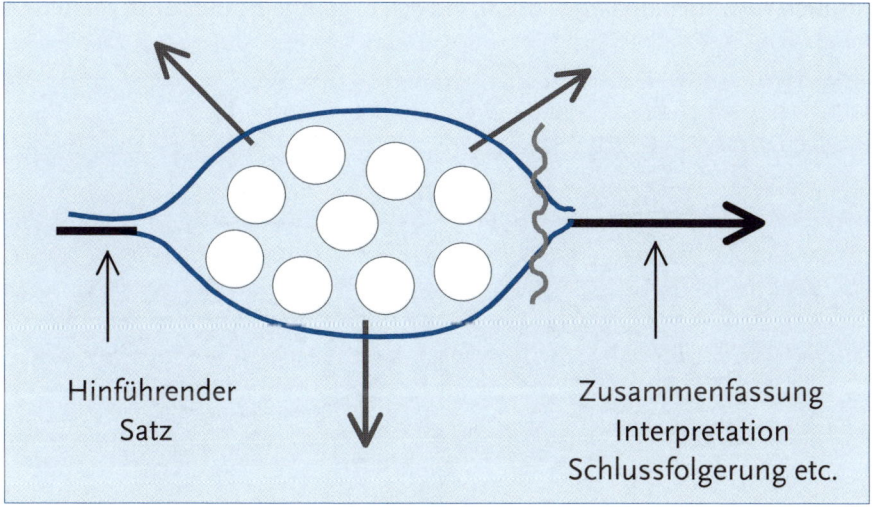

Abbildung 4: Aufbau eines Absatzes in einem Text. *Kügelchen:* verschiedene Aspekte der Botschaft, die in diesem Absatz vorgestellt wird; *senkrechte Wellenlinie, graue Pfeile:* siehe Text.

infection with organisms such as Aspergillus wird uns sofort klar, dass das im Folgenden besprochene Problem die durch *Neutropenie bedingten Pilzinfektionen* sind.

Schritt 4: Stellen Sie Ihre Botschaft vor. Schreiben Sie nun all das auf, was Sie in *Schritt 2* gesammelt haben. In Abbildung 4 habe ich versucht, den Aufbau eines Absatzes, wie wir ihn gerade besprechen, bildlich dazustellen.

Der waagrechte Strich am Anfang der „Gedankenblase" ist der hinführende Satz. Die Kügelchen in der Gedankenblase sollen die verschiedenen Aspekte darstellen, die Sie zum Verständnis Ihrer Botschaft gesammelt haben. In Abbildung 4 kugeln diese verschiedenen Aspekte noch sehr ungeordnet in der Gedankenblase herum. Aber auch durch jeden einzelnen Absatz sollte sich ein klarer roter Faden ziehen. Um dies zu erreichen, legen Sie alle Elemente, die Sie in einem Absatz ansprechen wollen, vor sich auf den Tisch (z. B. die Tabelle, die Sie besprechen möchten und die dazugehörigen Literaturstellen). In Abbildung 5A wären das z. B. das Ergebnis *E* und fünf dazupassende Literaturzitate (*L1 – L5*).

Nun überlegen Sie, in welcher Reihenfolge Sie die einzelnen Bausteine vorstellen müssen, sodass auch innerhalb des Absatzes eine kleine schlüssige Story entsteht. Lassen Sie mich aus den Bausteinen in Abbildung 5A solch eine kleine Story entwickeln. Ich beginne mit *L3* und *L5*, denn die Leserinnen und Leser müssen zuerst mit den Daten aus diesen beiden Studien vertraut gemacht werden, um das Ergebnis *E* überhaupt verstehen

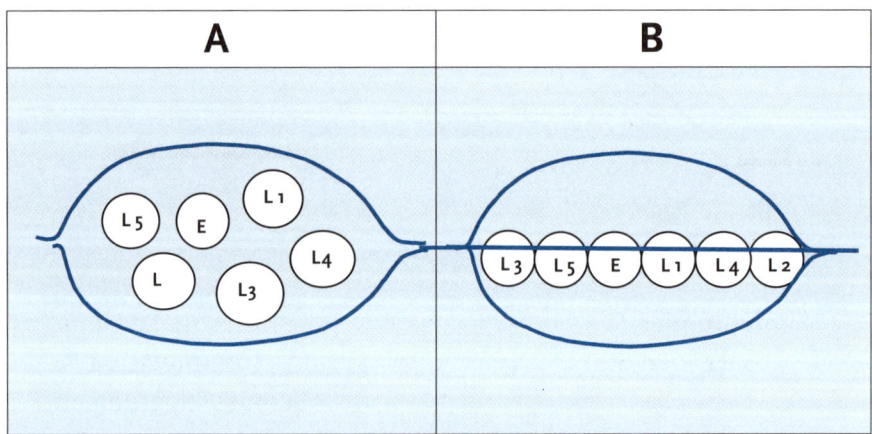

Abbildung 5: Der rote Faden innerhalb eines Absatzes. **(A)** ungeordnete Bausteine, **(B)** geordnete Bausteine. *L*: Literaturzitat, *E*: Ergebnis, *dicker blauer Querstrich in B*: roter Faden.

zu können. Als nächstes kann dann das Ergebnis *E* präsentiert werden. Anschließend folgen *L1* und *L4*, denn diese zwei Studien untermauern *E*, und zuletzt erwähne ich noch *L2*, dessen Daten eine Idee davon geben, wie man hier weiterforschen könnte. Und schon ist aus diesen verschiedenen Bausteinen eine kleine sinnvolle Story entstanden – und der rote Faden in diesem Absatz (Abbildung 5B).

Schritt 5: Beenden Sie den Absatz mit einem abschließenden Satz. Am Ende von Beispieltext 2 (Ausschnitt aus dem Ergebnisteil eines Papers; Kapitel 5.2) finden Sie solch einen abschließenden Satz: *No apparent differences in other stress treatments between wild-type and transgenic plants were observed in the preliminary experiments (data not shown), suggesting that the stress tolerance conferred by the isoprene emission was specific for heat.* Ein abschließender Satz kann, wie hier, eine Schlussfolgerung aus den im Absatz vorgestellten Informationen sein, aber auch einfach eine Zusammenfassung des Gesagten. Gerade in der Diskussion, bei der die Inhalte der einzelnen Absätze oft umfangreich und hochkomplex sind, freut sich Ihre Leserschaft sehr, wenn diese jeweils am Ende der Absätze in einem zusammenfassenden Satz nochmals **auf den Punkt gebracht** werden.

Sehen Sie diesen abschließenden Satz aber nicht nur als netten Service für Ihre Leserschaft, sondern auch als sehr wichtiges Werkzeug, um z. B. Ihre Schlussfolgerungen zu verdeutlichen. Denn wie Sie in Abbildung 4 sehen, befinden sich recht viele verschiedene Informationen (= Kügelchen) in einem Absatz. Aus so vielen Informationen haben Sie Ihre Schlussfolgerung gezogen (Abbildung 4: dicker Pfeil am rechten Ende der Gedankenblase). Wenn Sie vergessen, diese niederzuschreiben (Abbildung 4: senkrechte Wellenlinie), kann es passieren, dass einige Leserinnen bzw. Leser aus diesen vielen Informationen ganz andere Schlussfolgerungen ziehen als Sie (Abbildung 4: graue Pfeile in alle möglichen Richtungen, nur nicht in die Ihrige!). Schlimmstenfalls meinen diese Personen sogar, dass Sie Ihre Arbeit in diese Richtungen hätten weiterführen sollen und sind enttäuscht oder meinen sogar, dass Sie in die falsche Richtung weitergedacht haben. Mit einer klaren Aussage im abschließenden Satz können Sie das verhindern und Ihre Leserschaft bei Ihrem roten Faden halten.

Nur bei sehr kurzen und inhaltlich eher simplen Absätzen können Sie auf solch einen abschließenden Satz verzichten.

3.1.2 Der Textfluss

Innerhalb der Absätze ist der rote Faden jetzt bereits recht „klebrig". Wie erzielen Sie das nun auch zwischen den einzelnen Absätzen, d. h. wie leiten Sie von einem zum nächsten Absatz über, ohne dass Ihre Leserschaft gedanklich abschweift? Es gibt mehrere Möglichkeiten, solche **Überleitungen** zu gestalten.

Thema wieder aufgreifen: Greifen Sie im Folgeabsatz das Thema, das Sie am Ende des vorangegangenen Absatzes besprochen haben, gleich wieder auf. In Beispieltext 17 (Einleitung aus einem klinischen Paper) in Kapitel 8 wird am Ende des ersten Absatzes darauf hingewiesen, wie gut wirksam Erythropoetine bei der Behandlung von chemotherapie-bedingten Anämien sind (*Recombinant human erythropoietin is effective in relieving anaemia ...*). Am Anfang des nächsten Absatzes wird dieses Thema gleich wieder aufgegriffen (*... the use of erythropoietic therapy for cancer-related anaemia ...*) und darauf aufbauend der nächste Aspekt besprochen. Ein gedankliches Abschweifen beim Übergang von einem zum anderen Absatz ist dadurch fast nicht mehr möglich, weil man ja stets bei ein und dem selben Thema bleibt. Das klappt auch, wenn die Inhalte am Ende bzw. am Anfang der Absätze nur thematisch ähnlich sind:

Letzter Satz eines Absatzes: *Zusammen zeigen diese Daten, dass Erwachsene das Medikament X gut vertragen.*

Erster Satz des Folgeabsatzes: *Bei Kindern ist die Datenlage dagegen widersprüchlich ...*

Die thematische Ähnlichkeit liegt hier darin, dass in beiden Fällen über Altersgruppen gesprochen wird (*Erwachsene, Kinder*).

Rückbezügliche Formulierungen: Ein Beispiel für ein rückbezügliches Wort finden Sie am Anfang von Absatz 2 des Beispieltexts 17: *Despite ...* Solche Präpositionen sind eine indirekte Aufforderung an Ihre Leserschaft, sich nochmals an das vorhin Besprochene zu erinnern, da es für das Folgende wichtig ist (*Obwohl wir gerade gelernt haben, dass Erythropoetine toll wirken, werden sie in der klinischen Praxis oft nicht eingesetzt*). Und schon sind die beiden Absätze inhaltlich untrennbar miteinander verbunden! Auch im oben genannten Beispiel mit den Erwachsenen und Kindern kommt solch ein rückbezügliches Wort vor: *dagegen.*

Nächstes Thema am Ende eines Absatzes bereits andeuten: Sie haben untersucht, *ob ein Heuschnupfen-Medikament wirksam ist* und Ihre Ergebnisse dazu in einem Absatz vorgestellt und besprochen. Am Ende dieses Absatzes könnte dann der folgende zusammenfassende Satz stehen: *Die*

Analyse der gesamten Patientenpopulation unabhängig vom Alter zeigt, dass Medikament X bei Heuschnupfen vergleichbar gut wirkt wie in der Literatur beschrieben. Mit der Phrase *unabhängig vom Alter* lenken Sie die Gedanken Ihrer Leserinnen und Leser bereits ein bisschen in Richtung des Themas des nächsten Absatzes, nämlich *Wie wirkt das Heuschnupfen-Medikament X in Abhängigkeit vom Alter der Patientinnen und Patienten?*

Richtung weisen: Im zweiten Absatz von Beispieltext 17 lernen wir, dass es vier verschiedene Faktoren gibt, die für die zu seltene Verabreichung von Erythropoetinen verantwortlich sein könnten: *Die Kosten der Therapie, Anämie wird von manchen Ärztinnen bzw. Ärzten nicht ernst genommen, Erythropoetine müssen zu häufig verabreicht werden (dreimal pro Woche)* und *es gibt eine gewisse Anzahl von Patientinnen und Patienten, die nicht darauf ansprechen.* Damit ist die Leserschaft mit vier verschiedenen Themen konfrontiert, die alle in ihren Köpfen herumschwirren. In solch einem Fall ist es wichtig, klar zu machen, welche Richtung Ihr Text in weiterer Folge einschlagen wird, denn Sie können nicht über alle vier Themen gleichzeitig schreiben. Die Autorinnen und Autoren von Beispieltext 17 haben das am Anfang des nächsten Absatzes gemacht, indem Sie dort nur mehr das für sie wichtige Thema *dosing* angesprochen haben. Damit weiß die Leserschaft sofort, dass die drei anderen Faktoren nur Hintergrundinformationen waren und es ab jetzt nur mehr um die Dosierung gehen wird. Gut übrigens, dass die Autorinnen und Autoren die Richtung gleich am Anfang dieses Absatzes klar aufgezeigt haben und nicht erst in dessen Mitte. Denn dann würden die Leserinnen und Leser bis zu diesem Punkt versuchen, alle vier Themen im Kopf zu behalten, und sich nicht auf das wesentliche Thema konzentrieren.

Nun haben Sie die einzelnen Absätze in Ihrem Text miteinander verbunden. Im Folgenden noch ein paar Kleinigkeiten, die Ihren Text einfach unwiderstehlich machen werden:

Schreiben Sie so einfach wie möglich, denn die Inhalte eines wissenschaftlichen Manuskripts sind kompliziert genug. Mit *einfach* ist hier ein **einfacher Satzbau** ohne Schachtelsätze über sieben Zeilen gemeint. Im Englischen ist es sogar üblich, einen Hauptsatz an den anderen zu reihen. Das mag für jemanden mit Deutsch als Muttersprache etwas plump erscheinen. Wenn Sie allerdings einmal auf einen wirklich leicht verständlichen englischen Text treffen, dann schauen Sie sich diesen genauer an: Fast immer wird Hauptsatz an Hauptsatz an Hauptsatz gereiht. Bedenken Sie auch: **Hauptaussagen gehören in Hauptsätze,** und zwar sowohl im Deutschen als auch im Englischen. Denn unsere Lesegewohnheiten sind nun mal so, dass wir Dinge in Nebensätzen automatisch als nebensächlich einstufen: *Neben einer Blockade des Tumorwachstums klagten die Patientinnen und Patienten über Schmerzen bei der Verabreichung des Medikaments X und zeigten starke Nebenwirkungen.* Das großartige Ergebnis *Der Tumor wächst nicht mehr* sollte keinesfalls so nebenbei erwähnt werden, sondern gehört in einen eigenen Hauptsatz! *Das Tumorwachstum konnte mit Medikament X aufgehalten werden.* Auch Ihre **Wortwahl** sollte einfach sein. Eine Doktorarbeit/ein Paper ist kein Roman! Keine Angst, selbst ein in einfachen Worten geschriebener Text wirkt durch die obligaten Fachausdrücke wissenschaftlich. Bitte verfallen Sie außerdem nicht dem Irrglauben so mancher Wissenschaftlerinnen und Wissenschaftler: *Je komplizierter geschrieben, desto wissenschaftlicher.* Tatsache ist vielmehr: *Je komplizierter geschrieben, desto unverständlicher!* Und dabei ist Verständlichkeit eines der wichtigsten Kriterien eines guten wissenschaftlichen Textes! Das Thema **wissenschaftlicher Schreibstil** ist allerdings zu umfangreich, als dass es im Rahmen dieses Buches erschöpfend besprochen werden könnte. Deshalb möchte ich hier auf einschlägige Literatur verweisen wie z. B. *Richtig wissenschaftlich Schreiben* von Helga Esselborn-Krumbiegel (siehe Kapitel 13 *Sekundärliteratur*).

Querverweise: In Ihrem Manuskript steckt sehr viel Information. Auch eine aufmerksame Leserin oder ein aufmerksamer Leser kann sich während dessen Lektüre nicht jeden einzelnen Aspekt merken. Helfen Sie Ihrer Leserschaft daher mit Querverweisen. Abbildung 6 soll (unter anderem) solche Querverweise veranschaulichen.

Die Abbildung 6 stellt schematisch einen Textabschnitt mit fünf Informationsblöcken (= Absätzen) dar. Nehmen wir an, es handelt sich um eine Diskussion und Sie wollen jetzt das *Ergebnis 4* (Kügelchen 4) diskutieren. Um Ihre Auslegungen dazu zu verstehen, müssen Ihre Leserinnen und Leser allerdings nicht nur die gerade besprochene Schlussfolgerung aus *Ergebnis 3* im Kopf haben, sondern sich auch noch an diejenige aus *Ergebnis 1* erinnern. Gehen Sie auf Nummer sicher und weisen Sie ruhig neben *3* nochmals auf *1* hin: *Auf Basis dieser Tatsache* (= Verweis auf das soeben beschriebene *Ergebnis 3*) *und der oben erwähnten Beobachtung, dass Medikament X besonders von Erwachsenen gut vertragen wird* (= Verweis auf *Ergebnis 1*)*, wird vermutet ...* In Abbildung 6 stellen die gepunkteten Pfeile von Block 3 zu Block 4 bzw. von Block 1 zu Block 4 diese Querverweise dar.

Fragen in den Köpfen der Leserschaft aufwerfen. Wenn Sie den Satz lesen *Für das Auftreten von Brustkrebs gibt es viele Risikofaktoren*, welche Frage taucht dann sofort in Ihrem Kopf auf? Ganz genau! *Welche Risiko-*

faktoren? Sätze, die Fragen aufwerfen, sind ein ganz einfaches Hilfsmittel, um die Gedanken der Leserinnen und Leser in die richtige Richtung, d. h. entlang des roten Fadens, zu lenken: Im Brustkrebsbeispiel sollten die Gedanken der Leserschaft Richtung Risikofaktoren gelenkt werden, weil dies der Fokus der Arbeit war. Darüber hinaus machen Sie Ihre Leserinnen und Leser mit solchen Sätzen neugierig (ein sehr wünschenswertes Gefühl!). Und indem Sie die aufgeworfene Frage umgehend im nächsten Satz beantworten und diese Neugierde damit befriedigen, machen Sie sie außerdem auch noch glücklich (auch sehr wünschenswert!). In Absatz 2 des Beispieltextes 17 finden Sie übrigens auch so einen Neugierde-weckenden Satz (*..., anaemic patients frequently do not receive this treatment ...*), der die Leserschaft sofort *Warum?* fragen lässt, und auf den im Anschluss umgehend die Antwort folgt (*Factors that may contribute to the current low rate of treatment ...*).

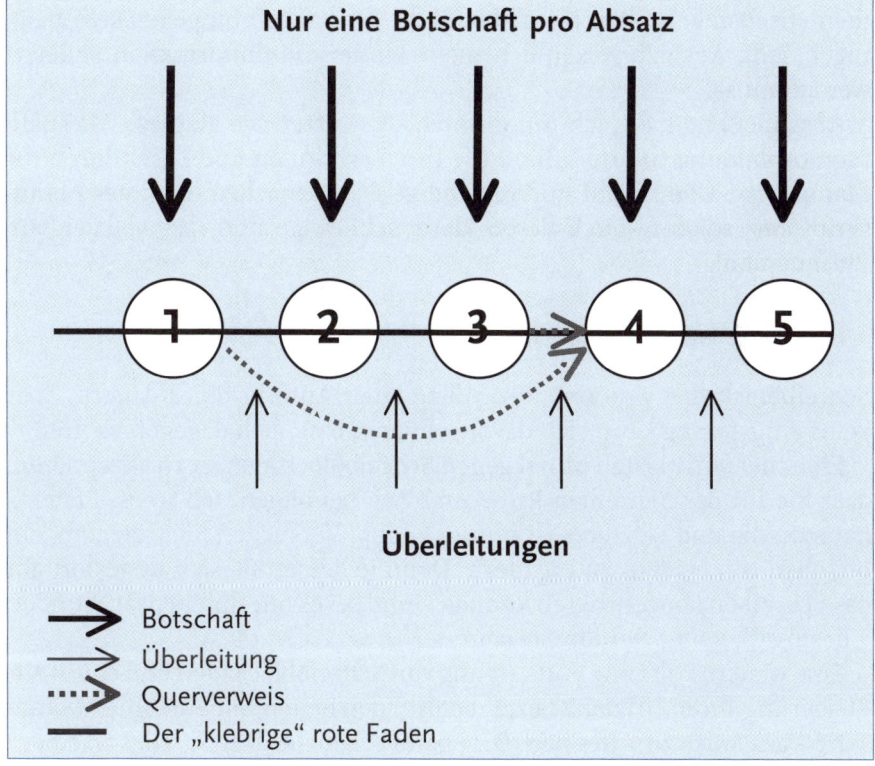

Abbildung 6: Die Elemente eines schlüssigen und leicht nachvollziehbaren Textes. 1 – 5: Informationsblöcke (= Absätze) im Text.

Betriebsblindheit: Überlegen Sie: *Welche Informationen braucht meine Leserschaft, um meine Hypothesen, Gedanken, Schlüsse etc. zu verstehen?* Natürlich sind Ihre Leserinnen und Leser Fachleute und wissen daher einiges über Ihr Forschungsgebiet. Doch niemand wird sich in dem speziellen Gebiet, über das Sie gerade schreiben, so gut auskennen, wie Sie selbst! Unterstützen Sie Ihre Leserschaft daher mit ausreichend Hintergrundinformation. Hierbei ist auch wichtig zu überlegen, für wen Sie schreiben, sprich, wer Ihre Leserschaft bzw. **Zielgruppe** ist. Bei Studienarbeiten ist das vor allem das Prüfungskomitee, das bestenfalls aus Leuten besteht, die sich in Ihrem Forschungsbereich gut auskennen. Bei Papers kann Ihre Zielgruppe dagegen sehr variieren, je nachdem, für welches Journal Sie sich entschieden haben. Bei einem thematisch sehr spezifischen Journal wird Ihre Leserschaft zum Großteil aus absoluten Spezialistinnen und Spezialisten in Ihrem Gebiet bestehen, die nicht allzu viel Hintergrundinformation benötigen, um Ihre Gedankengänge zu verstehen. Bei einem thematisch eher breiten Journal wird die Leserschaft hingegen sehr heterogen sein, weshalb wesentlich mehr Hintergrundinformation geliefert werden muss.

Abschließend kann ich nur empfehlen: Nutzen Sie all diese Maßnahmen (Abbildung 6) und **führen Sie Ihre Leserinnen und Leser durch Ihr Manuskript**. Denn nicht nur anständige Daten machen ein gutes Manuskript aus, sondern auch deren klare, schlüssige und nachvollziehbare Präsentation!

3.2 Umgang mit Schreibblockaden

Schreibblockaden gehören zum Alltag einer Autorin/eines Autors. Aber keine Angst, man kann sich davor schützen bzw. sich dagegen wehren.

Eines der wichtigsten Mittel gegen Schreibblockaden ist zu akzeptieren, dass Sie für das Schreiben **Ruhe und Zeit** benötigen. Ich weiß, Ersteres hat man nie und Letzteres ist immer knapp. Versuchen Sie trotzdem, ein bisschen von beidem zu ergattern. Denn je besser Sie sich ungestört auf das Schreiben konzentrieren können – und sei es nur für ein paar Stunden – desto effizienter werden Sie sein.

Eine weitere Hilfe zur Vorbeugung von Schreibblockaden und damit zur Steigerung Ihrer Effizienz besteht darin, den ersten Entwurf Ihres Manuskripts **am Stück zu schreiben**. D. h. natürlich nicht, dass Sie alles an einem Tag schreiben müssen. Aber bedenken Sie, dass bei jeder Unterbrechung des Schreibprozesses auch der Gedankenfaden (= der rote Faden) in Ihrem

Kopf abbricht. Wenn Sie diesen dann nach einer z. B. einwöchigen Schreibpause wieder aufgreifen müssen, kostet das meist viel Zeit und Energie und generiert sehr oft Schreibblockaden. Vielleicht erlaubt Ihnen Ihre Betreuerin/Ihr Betreuer ja, sich für ein paar Wochen zum Schreiben Ihrer Doktorarbeit (nach Hause) zurückzuziehen, oder Sie nehmen sich ein paar Tage Urlaub für den ersten Entwurf Ihres Papers. Haben Sie diese Möglichkeiten nicht, dann versuchen Sie, zumindest einzelne Textabschnitte am Stück zu schreiben: die einzelnen Methoden, die Diskussion (Paper) oder ein Kapitel der Diskussion (Studienarbeit), etc. Selbst das macht das Schreiben schon um einiges leichter.

Gute Rahmenbedingungen erleichtern das Schreiben ebenfalls ungemein und verhindern damit Schreibblockaden. Hilfreich ist neben der bereits erwähnten Ruhe außerdem noch ein **perfekt eingerichteter Schreibplatz**: Türe zu, Handy aus, alle Literatur zur Hand, Wörterbücher ebenfalls, Schokolade, Kaffee, Fachbücher zum Nachschlagen, genügend Druckerpapier, etc. Alles, was Sie zum Schreiben benötigen, sollte greifbar sein, so dass Sie sich ausschließlich darauf konzentrieren können.

Finden Sie außerdem heraus, wann Ihre **beste Schreibzeit** ist – am Vormittag, am späten Nachmittag, in der Nacht –, und nutzen Sie diese, denn da schreiben Sie am effizientesten. Zeiten, die Ihnen nicht liegen, sind dagegen meist relativ unproduktiv (ein Satz pro Stunde) und damit frustrierend. Machen Sie während dieser Zeiten einfach etwas anderes: Abbildungen basteln, Papers sortieren, Text formatieren, Mittagsschlaferl.

Stellen Sie **keine zu hohen Anforderungen** an sich selbst, denn das ist einer der Hauptgründe für eine Schreibblockade. Erwarten Sie z. B. nicht, dass Sie sofort in perfektem Stil und einwandfreier Sprache schreiben. Holprige Sätze sind ein guter Start; wenn keine Sätze kommen, tun es auch Stichworte, und wenn Sie auf Englisch schreiben müssen, aber Ihnen gerade die Vokabeln fehlen, dann schreiben Sie eben deutsche Stichworte nieder – Hauptsache, Sie bringen etwas auf Papier bzw. Bildschirm. Denn was auch immer da steht, daran können Sie anknüpfen und weiterarbeiten: Den holprigen Satz umstrukturieren, die Vokabeln nachschlagen, etc. – und schon ist die Schreibblockade überwunden und Sie befinden sich wieder im Schreibprozess.

> **Tipp**
>
> Viele naturwissenschaftliche Manuskripte müssen in englischer Sprache verfasst werden. Nehmen Sie sich den Druck, in perfektem Englisch schreiben zu müssen, indem Sie sich eine **Muttersprachlerin**/einen **Muttersprachler** – unbedingt mit naturwissenschaftlichem Background – zum Korrekturlesen suchen. Denn das ständige Nachschlagen von Vokabeln und permanente Feilen an der Sprache unterbricht den Schreibprozess und wird damit oft zum „Tod des roten Fadens".

Überfordern Sie sich außerdem nicht mit einem zu hohen Tagespensum oder einer unmöglichen Schreibsituation: Zwischen zwei Experimenten im Labor schnell nebenbei ein Paper schreiben – Sie haben also weder Ruhe noch Zeit – hier sind Schreibblockaden vorprogrammiert.

Schreiben Sie den für Sie **leichtesten Teil des Textes zuerst**. In Anlehnung an Abbildung 6 möchten Sie z. B. einen Text über die fünf dort dargestellten Aspekte schreiben. Bei *Aspekt 1* und *2* sind Sie sich noch nicht ganz sicher, wie Sie hier vorgehen sollen. Für *Aspekt 3* haben Sie dagegen schon ein ganz klares Bild vor Augen, wie Sie Ihre Gedanken dazu im Text präsentieren werden. Dann beginnen Sie mit diesem Teil des Textes. Besser irgendwo in der Mitte des Textes starten als gar nicht mit dem Schreiben anzufangen.

Sie haben für heute genug geschrieben und wollen aufhören. Bevor Sie aufhören, schreiben Sie zumindest noch **einen Satz des nächsten Abschnitts.** Warum? Der Gedankenfaden in unseren Köpfen ist dem Schreiben meist einige Schritte voraus. D. h., während Sie über einen Aspekt schreiben, haben Sie schon ein paar Ideen im Kopf, wie Sie z. B. zum nächsten Aspekt überleiten könnten oder worauf Sie bei der Besprechung des nächsten Aspektes besonders achten müssen, etc. Lassen Sie dieses bereits vorhandene Wissen nicht verloren gehen, sondern schreiben Sie es – ruhig auch in Stichworten – auf. Ein weiterer Grund, vor dem Aufhören noch einen Satz oder ein paar Stichworte des nächsten Abschnitts zu schreiben ist, dass Ihnen mit diesem Satz oder diesen Stichworten der Schreibstart am nächsten Tag wesentlich leichter fallen wird. Denn wenn schon etwas auf dem Bildschirm steht, dann können Sie anhand dessen sofort weiterarbeiten.

Was Schreibblockaden (fast) immer auflöst, ist **Lesen in der Literatursammlung**. Denn in der Literatur finden Sie unzählige Anregungen – sowohl inhaltlicher als auch sprachlicher Natur –, die Sie schnell wieder in den Schreibprozess zurückbringen werden. In Kapitel 4.1.3 *Warum ist das Lesen für das Schreiben so wichtig?* werden Sie ausführlich darüber lesen, wie Ihnen die Literatur hier helfen kann.

Eine andere Methode zum Auflösen von Schreibblockaden ist, dass Sie Ihr Schreibzimmer verlassen und sich Gesprächspartnerinnen bzw. -partner suchen, mit denen Sie über das Thema reden, bei dem Sie gerade nicht weiterkommen. Allein schon das **gemeinsame Besprechen Ihrer Thematik** liefert zusammen mit dem Input Ihrer Kolleginnen und Kollegen meist sehr anregende Schreibstimuli. Generell gilt: **Lassen Sie sich helfen!** Oft bringen fünf Minuten Gespräch wesentlich mehr als eine Stunde einsamen Grübelns.

Manchen fällt es leichter, über die Arbeit zu sprechen, als darüber zu schreiben. Wenn das für Sie zutrifft, dann erzählen Sie sich das, was Sie im nächsten Absatz schreiben wollen, und nehmen Sie sich dabei auf **Tonband** auf. Manchmal können Sie das Gesagte direkt abtippen.

Planen Sie regelmäßige **Pausen** ein und machen Sie in diesen Pausen möglichst etwas ganz anderes als Schreiben. Pausen dienen einerseits Ihrer Erholung, sind andererseits aber auch hochproduktiv. Denn obwohl Sie nicht daran denken, spinnt Ihr „Schreibhirn" den Gedankenfaden selbständig weiter und sehr oft kommt Ihnen, während Sie in Ihrer Pause z. B. gerade durch den Park joggen, plötzlich die Lösung des Problems, das Sie vom Schreiben abgehalten hat. Das funktioniert so gut, dass ich persönlich bei einem Schreibblock – ja, ich habe das auch – aktiv in die Pause gehe, weil ich mich darauf verlasse, dass die Lösung schon „daherkommen" wird.

Wenn gar nichts mehr hilft, dann **lassen Sie es für diesen Tag** gut sein. Besser ein erholsamer Tag ohne Schreiben, als ein qualvoller Tag mit drei scheußlichen Sätzen und einem gewaltigen Schreibfrust.

Vielleicht ist es Ihnen aufgefallen: All diese Tipps gegen Schreibblockaden haben eines gemeinsam: **Den Druck rausnehmen.** Ich weiß, meist schreibt man unter Zeitdruck. Trotzdem, versuchen Sie den Druck mit den oben beschriebenen Methoden so weit wie möglich zu reduzieren. Denn je weniger Druck Sie verspüren, desto effizienter werden Sie schreiben – und desto weniger Zeit werden Sie für Ihr Manuskript benötigen!

Weitere Tipps zur Vermeidung und Unterbrechung von Schreibblockaden finden Sie z. B. auch in *Von der Idee zum Text* von Helga Esselborn-Krumbiegel (siehe Kapitel 13 *Sekundärliteratur*).

Zusammenfassung

Einen schlüssigen und gut verständlichen Text erhalten Sie durch eine klare Textstruktur und gut aufgebaute Absätze, die durch überzeugende Überleitungen miteinander verbunden sind.

Jeder Absatz im Text sollte nur eine Hauptbotschaft enthalten. Üblicherweise beginnt ein Absatz mit einem hinführenden Satz, der die Leserinnen und Leser auf das Thema des Absatzes vorbereitet. Danach werden in logischer Reihenfolge die Inhalte des Absatzes präsentiert. Abgeschlossen wird der Absatz mit einem zusammenfassenden Satz, einer Schlussfolgerung, einer Take-Home-Message o. ä.

Überleitungen zwischen Absätzen entstehen, wenn Sie das am Ende eines Absatzes besprochene Thema am Anfang des nächsten Absatzes sofort wieder aufgreifen, sowie durch rückbezügliche Worte. Führen Sie Ihre Leserschaft auch mittels Querverweisen durch Ihr Manuskript. Vergessen Sie nicht, dass Ihre Leserinnen und Leser ausreichend Hintergrundinformation benötigen, um Ihre Gedankengänge verstehen zu können.

Schreiben Sie so einfach wie möglich, sowohl bezüglich Satzbau als auch Wortwahl, denn die Inhalte eines wissenschaftlichen Textes sind schon komplex genug. Formulieren Sie so, dass Ihre Leserinnen und Leser neugierig werden – und schon haben Sie ihre volle Aufmerksamkeit.

Alles, was Ihnen den Druck beim Schreiben nimmt, verhindert Schreibblockaden bzw. hilft, diese aufzulösen. Sei es ein gut eingerichteter Schreibplatz, ein entspannter Zugang zum Schreiben, die Diskussion mit Ihren Kolleginnen und Kollegen oder gemütliche Pausen – je entspannter Sie schreiben, desto schneller werden Sie fertig.

4 Was ist vor dem Schreiben noch zu tun?

4.1 Ohne Lesen kein Schreiben – zielgerichtete Literaturrecherche
4.2 Das richtige Journal (nur für Papers)
4.3 Wo im Manuskript anfangen?

In diesem Kapitel möchte ich kurz auf die Bedeutung und Wichtigkeit des Lesens für das Schreiben von wissenschaftlichen Manuskripten eingehen. Da diejenigen unter Ihnen, die ein Paper schreiben wollen, sich spätestens jetzt Gedanken über das Journal, bei dem sie ihren Artikel einreichen wollen, machen sollten, gehe ich kurz auf diesen Punkt ein, bevor wir mit dem tatsächlichen Schreiben beginnen. Wie schon in Kapitel 1.3 *Kleine Gebrauchsanweisung für das vorliegende Buch* erwähnt, beginnen Sie die Erstellung Ihres naturwissenschaftlichen Manuskripts (meist) in der Mitte bei den Ergebnissen und den Methoden. Warum das so ist, werden Sie ebenfalls in diesem Kapitel erfahren.

4.1 Ohne Lesen kein Schreiben – zielgerichtete Literaturrecherche

Selbstverständlich beginnt das Suchen und Lesen von Literatur bereits vor der praktischen Arbeit, zieht sich dann durch den ganzen experimentellen Teil und wird vor dem Schreiben nochmals intensiviert, um sich auf den neuesten wissenschaftlichen Stand zu bringen. Ziel ist es in jedem Fall, eine Literatursammlung zu generieren, die **sämtliche für Ihr Thema relevanten Veröffentlichungen** enthält. In diesem Abschnitt erfahren Sie, an welchen Gesichtspunkten sich die Literatursuche für ein wissenschaftliches Manuskript bzw. für jede wissenschaftliche Argumentation orientiert, um genau diejenigen Artikel zu finden, die Sie in Ihrer Argumentation unterstützen werden.

4.1.1 Wofür benötigen Sie Literaturzitate in einem wissenschaftlichen Manuskript?

Generell bringen Sie in einem wissenschaftlichen Text Ihre eigenen Befunde in Beziehung mit bereits publizierten Daten, um dann auf Basis aller vorliegenden Daten eine abschließende Schlussfolgerung zu ziehen.

Hier gibt es mehrere Möglichkeiten, wie Sie Ihre Daten jenen anderer Wissenschaftlerinnen und Wissenschaftler gegenüberstellen können.

Hintergrundinformation: Sehr häufig bilden Literaturdaten die Basis für Ihre Ergebnisse. Ihre Daten liefern z. B. den fehlenden Baustein zu einem bisher noch nicht ganz aufgeklärten biologischen Mechanismus. Hier stellen Sie zuerst den biologischen Mechanismus anhand entsprechender Literaturdaten vor, liefern also die zum Verständnis Ihrer Arbeit notwendige Hintergrundinformation. Anschließend besprechen Sie Ihren Befund in diesem Kontext. Ein Abschnitt, der fast ausschließlich aus Hintergrundinformationen besteht, ist die Einleitung, denn dort stellen Sie v. a. den derzeitigen Stand der Wissenschaft zu Ihrem Projekt vor.

Vergleich: Eine weitere Variante der Literaturnutzung ist der Vergleich. Sie möchten z. B. herausfinden, *ob die von Ihnen neu entwickelte Methode die gleichen Ergebnisse liefert wie eine herkömmliche Methode.* Dafür suchen Sie Studien, in denen die herkömmliche Methode verwendet wurde, um dann Ihre Ergebnisse mit den Ergebnissen dieser Studien zu vergleichen.

Ihre Ergebnisse untermauern: Für die Überzeugungskraft Ihrer Daten benötigen Sie außerdem Literaturdaten, die Ihre Ergebnisse untermauern. Sie haben z. B. beobachtet, dass *die Teilungsrate der Zelllinie X bei starker Kälteeinwirkung signifikant zunimmt.* Ein doch recht ungewöhnlicher Befund, man hätte eigentlich das Gegenteil erwartet. Wenn Sie in Ihrem Artikel nur schreiben: *Die Teilungsrate der Zelllinie X nimmt bei starker Kälteeinwirkung signifikant zu,* dann werden Sie mit Sicherheit viele kritische Stimmen hören: *Das gibt's doch gar nicht! Das ist sicher ein Zufallsbefund. Das muss man erst mal überprüfen!* Führen Sie aber andere Studien an, wie z. B.:

- *Müller et al. (1999) haben dieses Phänomen bereits in einer ähnlichen Zelllinie beobachtet,* oder
- *Singh et al. (2010) haben auf molekularer Ebene vielversprechende Hinweise dafür gefunden, dass dieses Phänomen in Zelllinie X auftreten könnte,*

etc., dann untermauern Sie damit die Glaubwürdigkeit Ihrer Befunde. Versuchen Sie, soweit es möglich ist, all Ihre Ergebnisse mit Literatur zu untermauern.

Ähnliches gilt für Schlussfolgerungen und Interpretationen aus Ihren Daten. Sie haben z. B. beobachtet, *dass Weizen schneller wächst, wenn man ihn mit MM-Dünger düngt* und den Schluss daraus gezogen, *dass der Dünger die Nährstoffaufnahme in den Wurzeln steigert.* Sie haben in Ihrer Studie zwar nachgewiesen, dass der Dünger das Wachstum von Weizen steigert, die Nährstoffaufnahme in den Wurzeln haben Sie jedoch nicht explizit untersucht. Deshalb ist der obige Schluss – scheinbar – eine reine Vermutung, die nicht auf Daten basiert, und daher unwissenschaftlich. **Begründen** bzw. erklären Sie jedoch, wie Sie zu diesem Schluss gekommen sind (*Zahlreiche Studien haben gezeigt, dass der MM-Dünger in anderen Getreidesorten die Nährstoffaufnahme in den Wurzeln steigert und damit deren Wachstum*), wird man Ihren Schluss nachvollziehen können und akzeptieren – besonders, wenn Sie noch etwas vorsichtiger formulieren: *Auf Basis dieser publizierten Daten über andere Getreidesorten vermuten wir, dass der MM-Dünger auch in Weizen die Nährstoffaufnahme in den Wurzeln steigert und dadurch dessen Wachstum beschleunigt.* Generell gilt: **Jede Behauptung in einem wissenschaftlichen Manuskript muss belegt werden**, entweder durch Ihre Daten (*Weizen wächst mit MM-Dünger schneller*) oder durch Literatur (*..., weil der Dünger die Nährstoffaufnahme in den Wurzeln anderer Getreidesorten steigert*). Das gilt übrigens auch für so allgemeine Feststellungen wie *It is important to investigate the underlying mechanism of this phenomenon.* Auch hier sollten Sie begründen, warum etwas *important* ist. Die wirklich einzige Ausnahme bildet hier Lehrbuchwissen. Das müssen Sie nicht mit Zitaten untermauern.

Widersprüchliche Daten: Für alle gerade beschriebenen Anwendungen suchen Sie nach Literaturzitaten. Zitate, nach denen Sie sicher nicht suchen, die Sie aber auch finden werden, betreffen Studien, die Ergebnisse lieferten, die zu Ihren Ergebnissen im Widerspruch stehen. Wie Sie mit solchen Literaturstellen umgehen, lesen Sie bitte in Kapitel 7.1 *Was versteht man unter „diskutieren"?* Vorab sei allerdings schon erwähnt: Lassen Sie diese Studien nicht unter den Tisch fallen. Denn stellen Sie sich – im Falle eines Papers – vor, einer der Autorinnen oder Autoren dieser Studien ist Ihre Gutachterin oder Ihr Gutachter.

Zitieren Sie sich selbst: Wenn Sie schon länger in einem Bereich arbeiten, haben Sie eventuell schon eigene Papers zu diesem Thema publiziert. Wenn diese zu Ihrem aktuellen Artikel passen (und nur dann!), ist es durchaus legitim, sich selbst zu zitieren. Keine Angst, das macht keinen schlechten Eindruck. Damit zeigen Sie vielmehr, dass Sie bereits eine erfahrene Wissenschaftlerin bzw. ein erfahrener Wissenschaftler in diesem Forschungsbereich sind.

4.1.2 Wie entscheiden Sie sich für die richtigen Zitate?

Sie wissen jetzt, wofür Sie Literaturzitate benötigen und suchen sollten (Hintergrundinformation, Datenvergleich, Untermauerung, Begründung). Ganz unabhängig davon, welche Art von Literatur Sie suchen, eine Regel ist in jedem Fall zu beachten: Finden und zitieren Sie **nur die Schlüsselpapers!** Das sind Artikel, in denen Sie genau das Argument, die Beobachtung, die Fakten finden, die Sie suchen. Z. B.: Sie möchten Ihre Behauptung *Weizen wächst mit MM-Dünger schneller, weil der Dünger die Nährstoffaufnahme in den Wurzeln steigert* begründen. Dazu haben Sie die folgenden zwei Studien gefunden:

- *Seegruber et al. (2002) berichten, dass der MM-Dünger zu der Klasse der Magnosit-Dünger gehört. Für zahlreiche Vertreter dieser Substanzklasse* konnte gezeigt werden, dass sie das Pflanzenwachstum durch Steigerung der Nährstoffaufnahme in den Wurzeln beschleunigen* (*aber noch nicht für Ihren MM-Dünger).
- *Huber et al. (2009) haben gezeigt, dass dem Wirkmechanismus des MM-Düngers eine gesteigerte Wirkstoffaufnahme in den Wurzeln zugrunde liegt.*

Welches ist in diesem Fall das Schlüsselpaper? Ganz richtig, *Huber et al. (2009)*. Dort finden Sie nämlich genau die Daten, die Sie brauchen, um Ihre Behauptung zu begründen. Die Aussage von *Seegruber et al. (2002)* passt zwar auch ganz gut zu Ihrer Behauptung, ist aber wesentlich unspezifischer. Nur im Fall, dass keine passende Studie wie jene von *Huber et al. (2009)* vorliegt, werden Sie sich mit *Seegruber et al. (2002)* behelfen. Allerdings müssen Sie dann wieder einmal ein „vermuten" in Ihren Behauptungssatz einfügen.

In Studienarbeiten ist die Zahl der Literaturzitate, die Sie verwenden dürfen, meist unbegrenzt, in Papers nicht. Dort gibt es oft ganz klare Vorschriften (z. B.: *Nicht mehr als 30 Zitate*), an die Sie sich unbedingt halten müssen. Dies ist ein weiterer Grund, warum die Suche nach Schlüsselpapers so wichtig ist. Denn Vorsicht: Zitieren Sie jede Studie, die nur irgendwie mit Ihrem Thema zu tun hat, dann haben Sie schnell **viel zu viele Zitate**.

Es gibt noch ein paar Kriterien, die Ihnen helfen können, die richtigen Artikel auszusuchen bzw. die Anzahl der Zitate zu reduzieren. Die ersten beiden Punkte gelten für jede wissenschaftliche Textgattung, die letzten nur für Papers:

- **Aktuellster Artikel:** Wenn Sie zu einem Aspekt drei passende Artikel finden, zitieren Sie den aktuellsten (Erscheinungsjahr).

- **Einschlägige Zeitschriften oder Bücher:** Wenn Sie zu einem Aspekt drei passende Artikel finden, z. B. in *Österreichisches Wochenblatt der Tumorrezeptorforschung*, *Archives of Tumor Receptor Investigations* und *Nature – Tumor Receptor Research*, dann entscheiden Sie sich für den Artikel im qualitativ hochwertigsten Journal (hier *Nature*, eine der anerkanntesten Zeitschriften weltweit), bzw. eher für den Artikel in einem internationalen, englischsprachigen (*Archives of Tumor Receptor Investigations*) als in einem nationalen, nicht englischsprachigen Journal (*Österreichisches Wochenblatt*).
- **Artikel aus dem Journal, in dem Sie publizieren möchten:** Sie haben sich für ein Journal entschieden, bei dem Sie Ihren Artikel zur Publikation einreichen möchten. Zitieren Sie möglichst ein paar Artikel aus diesem Journal. Die Herausgeberinnen und Herausgeber sehen das gerne, weil dadurch der *Impact Factor* der Zeitschrift steigt (zum Impact Factor siehe Kapitel 4.2.3 *Wie finde ich das richtige Journal?*).
- **Artikel von potentiellen Gutachterinnen und Gutachtern:** Wenn Sie schon etwas länger an derselben Materie arbeiten, dann wissen Sie durch das Literaturstudium, wer sich weltweit sonst noch mit diesem Thema beschäftigt. Eine dieser Arbeitsgruppen erhält vielleicht Ihren Artikel zur Begutachtung. Wenn es dafür konkretere Hinweise gibt (vielleicht durch Ihre erfahrene Gruppenleiterin oder Ihren erfahrenen Gruppenleiter), dann zitieren Sie möglichst Artikel, die von dieser Arbeitsgruppe publiziert wurden. Warum? Bauchpinseln!

4.1.3 Warum ist das Lesen für das Schreiben so wichtig?

Es gibt noch einen weiteren Grund, warum Sie das oft nicht sehr beliebte Literaturstudium letztendlich schätzen werden. Lesen ist in vielerlei Hinsicht ein **wunderbarer Ideengeber** – und spart damit sehr viel Arbeit. Denn in der Literatur werden Sie zahlreiche Aspekte zu Ihren Daten und Interpretationen bzw. zu Aufbau und Formulierung Ihres Textes entdecken, auf die Sie selber vielleicht nicht gekommen wären. Lesen Sie daher bereits am Anfang Ihrer Überlegungen zu einem zukünftigen Manuskript so viel wie möglich und **holen Sie sich aus der Literatur, was Sie brauchen:**

Im Zusammenhang mit Ihren Daten und Interpretationen entdecken Sie beim Lesen vielleicht ...

- einen neuen Aspekt in Ihren Daten: *Aus meinen Daten kann man ja nicht nur A, sondern auch B herauslesen!*
- eine neue Sichtweise auf Ihre Daten: *Unter diesem Gesichtspunkt habe ich meine Daten noch gar nicht betrachtet.*
- eine neue Herangehensweise an Ihre Argumentation: *Wenn ich das so argumentiere wie Kundran et al. (2003), dann wird meine Schlussfolgerung viel überzeugender.*
- Ideen für die Lösung eines inhaltlichen Problems: Sie wissen einfach nicht, wie Sie Ihr Ergebnis X interpretieren sollen. Suchen Sie Studien, in denen ähnliche Beobachtungen gemacht wurden und schauen Sie sich dort den Umgang mit solchen Daten an. Ein oder zwei Denkanstöße reichen meist aus, und schon fällt Ihnen eine schlüssige Interpretation für Ihr Ergebnis X ein.
- ein hilfreiches Zitat: *Mit diesem Zitat kann ich meine Daten ja wunderbar untermauern; das hatte ich bisher noch gar nicht entdeckt.*

Im Zusammenhang mit Aufbau und Formulierung Ihres Manuskripts finden Sie beim Lesen vielleicht ...

- Anregungen für den Aufbau Ihres wissenschaftlichen Manuskripts: Sie schaffen es einfach nicht, Ihre Daten in eine schlüssige Story zu verpacken? Lesen Sie ein paar Artikel zu Ihrem Thema und lernen Sie von anderen Autorinnen oder Autoren, die dieses Problem vielleicht schon für Sie gelöst haben.
- passende sprachliche Formulierungen: Viele Studienarbeiten und die meisten naturwissenschaftlichen Papers müssen in englischer Sprache verfasst werden. Falls Englisch nicht Ihre Muttersprache ist, fällt es manchmal schwer, die richtigen Worte zu finden. Ein Beispiel aus meiner Praxis: Beim Schreiben eines Artikels zu Dickdarmresektionen möchte ich die Phrase *... um den Bauchraum zu eröffnen ...* verwenden. Den richtigen englischen Ausdruck dafür kenne ich nicht und werde ich wohl auch schwer in einem Wörterbuch finden. Daher suche ich nach Papers zu Bauchoperationen, schaue im Methodenteil nach und finde dort schnell die entsprechende Phrase. Das funktioniert nicht nur für Fachausdrücke, wie in diesem Beispiel, sondern auch für jeden

anderen Begriff, z. B., wenn Sie Wortwiederholungen vermeiden wollen. Seien Sie allerdings vorsichtig, wenn Sie sprachliche Formulierungen oder vielleicht sogar ganze Satzteile übernehmen. Denn bereits ab fünf aufeinander folgenden Worten, die man sowohl in Ihrem als auch in einem publizierten Text findet, spricht man von einem Plagiat, d. h. von Diebstahl geistigen Eigentums! Wenn Sie trotzdem – z. B. aus inhaltlichen Gründen – einen Satz wortwörtlich aus einem publizierten Manuskript übernehmen wollen, dann setzen Sie diesen in Anführungszeichen und fügen eine Quellenangabe bei. Dann handelt es sich nicht mehr um ein Plagiat, sondern um ein korrektes Zitat.

Zuletzt noch eine kleine Hilfestellung zur Verwaltung Ihrer Literatursammlung: Während Ihrer Forschungslaufbahn wird diese nämlich stetig wachsen, so lange, bis Sie sie nicht mehr in Ordnern, Schubladen oder wie auch immer übersichtlich verwalten können. **Literaturverwaltungsprogramme** helfen Ihnen, den Überblick trotzdem zu bewahren. Mit diesen Programmen können Sie nämlich Ihre eigene Literaturdatenbank anlegen: Sie laden interessante Zitate direkt aus den Datenbanken im Netz in Ihre persönliche Datenbank herunter. Jedes Zitat bekommt automatisch eine Nummer. Sie versehen die Zitate mit Stichworten, die Ihnen später bei der Zitatsuche in Ihrer Datenbank helfen. Beim Schreiben Ihres Manuskripts verlinken Sie den Text mit Ihrer Datenbank und das Programm generiert Ihnen automatisch die Literaturliste – sogar im richtigen Format (jedes Journal hat eigene Formatvorgaben) – um nur einige der großartigen Features dieser Programme zu nennen. Schrecken Sie vor der etwas gewöhnungsbedürftigen Handhabung nicht zurück; viele Bibliotheken bieten Schulungen an und für Universitätsangestellte gibt es die Programme meist gratis. Wenn Sie sich erst einmal eingearbeitet haben, werden Sie die Programme lieben. Die gängigsten Programme sind *Reference Manager, Endnote, Citavi, Zotero, JabRef/BibTeX* (für LaTeX-Dateien), *Mendeley* und *SciPlore*.

4.2 Das richtige Journal (nur für Papers)

Dieser Abschnitt richtet sich an all jene von Ihnen, die ein **Paper schreiben** wollen und gilt **nicht für Studienarbeiten**, außer Sie schreiben eine kumulative Arbeit, d. h. Sie sollen die Ergebnisse Ihrer Studienarbeit in einem oder mehreren Papers zusammenfassen.

4.2.1 Warum Sie jetzt schon über das Journal nachdenken sollten, in dem Sie publizieren möchten

Spätestens jetzt sollten Sie sich Gedanken darüber machen, bei welchem Journal Sie Ihren Artikel zur Publikation einreichen möchten. Es wird sogar empfohlen, diese Entscheidung noch vor der Planung des Manuskripts, wie in Kapitel 2 beschrieben, zu fällen. Warum so früh? Zum einen hat das einen praktischen Grund: Die **Formatvorgaben der einzelnen Journale** sind sehr unterschiedlich. In manchen Zeitschriften gibt es keine Längenbeschränkungen für den Text, in anderen wird eine maximale Seiten- oder Zeichenzahl angegeben. Das sollten Sie wissen, bevor Sie mit dem Schreiben anfangen. Denn einen Artikel ohne jegliche Längenbeschränkung zu schreiben ist etwas ganz anderes, als einen, in dem Sie für Ihre vielen Daten z. B. insgesamt nur drei Seiten zur Verfügung haben. Auch die Anzahl der Abbildungen plus Tabellen ist oft limitiert, genauso wie die Anzahl der erlaubten Referenzen. Zusätzlich gibt es noch eine Unmenge weiterer Vorschriften, von denen Sie die meisten bereits während des Schreibens beachten sollten.

Diese Vorschriften finden Sie auf den Websites der Journale unter *Instructions to Authors* oder *Guidelines for Authors*. Nehmen Sie diese Instruktionen ernst, denn die Zeitschriften sind diesbezüglich sehr heikel und reagieren äußerst ungehalten, wenn man sich nicht an ihre Vorgaben hält. Bei qualitativ im unteren und mittleren Bereich liegenden Journalen sind diese Anweisungen meist recht überschaubar und leicht zu befolgen. Je anerkannter eine Zeitschrift allerdings ist, desto anspruchsvoller werden auch die *Guidelines*: seitenweise Hinweise zu Aufbau und Inhalt des Manuskripts, Qualität der Statistik, Format des Textes, der Abbildungen, der Referenzen, etc. Auch wenn es manchmal wirklich mühsam ist, befolgen Sie möglichst jede Vorgabe!

Der zweite Grund, warum Sie sich so früh für ein Journal entscheiden sollten, ist, dass jede Zeitschrift einen anderen **thematischen Schwerpunkt** und eine andere **Leserschaft** hat. Zuerst zum thematischen Schwerpunkt: Sie haben Daten zu Epidemiologie und Therapie von Brustkrebs erhoben und überlegen jetzt, ob Sie Ihren Artikel bei der Zeitschrift *Epidemiology of Cancer* oder bei *Journal of Breast Cancer Research* einreichen sollen (beides fiktive Journale). Wenn Sie sich für *Epidemiology of Cancer* entscheiden, werden Sie beim Schreiben den thematischen Schwerpunkt auf die epidemiologischen Aspekte Ihrer Daten legen, für die andere Zeitschrift dagegen eher auf die Brustkrebs-spezifischen und therapeutischen Aspekte.

Dasselbe Beispiel für die Leserschaft: Die Epidemiologie-Zeitschrift wird wahrscheinlich von Onkologinnen und Onkologen jeder Fachrichtung gelesen, die Brustkrebs-Zeitschrift dagegen vor allem von Onkologinnen und Onkologen, die auf diese Tumorentität spezialisiert sind. Diese unterschiedlichen Leserschaften – oder auch Zielgruppen – erfordern natürlich eine ganz andere inhaltliche Aufbereitung: Bei den auf Brustkrebs spezialisierten Onkologinnen und Onkologen können Sie erheblich mehr Erfahrung und damit Fachwissen in diesem Bereich voraussetzen und müssen daher wesentlich weniger Hintergrundinformation zur Erkrankung liefern als bei den *Epidemiology of Cancer*-Leserinnen und -Lesern.

Tipp

Hinweise zum thematischen Schwerpunkt eines Journals finden Sie in den *Instructions to Authors* unter einer meist *Scope of the journal* genannten Rubrik, allerdings nicht in allen Journalen.

4.2.2 Vollpublikation oder kürzeres Format?

Im vorliegenden Buch sprechen wir von der Vollpublikation (englisch: *original article*), dem ganz normalen Paper. Nicht immer hat man allerdings ausreichend Daten für so einen Artikel gesammelt. In diesem Fall überlegen Sie, ob Sie nicht eines der unzähligen **kürzeren Formate für die Veröffentlichung Ihrer Daten** verwenden möchten. Es gibt *Short Communication, Commentary, Letter, Research Note, Case Report, Correspondence, Short Technical Report* u. v. m. Ich möchte hier nicht darauf eingehen, wann man sich für welches dieser Formate entscheidet, da deren Bedeutung von Journal zu Journal sehr variieren kann (siehe *Instructions to Authors* der Journale), sondern nur die Hauptgründe aufzählen, warum man sich generell für solch ein kurzes Format entscheidet.

Wann entscheide ich mich für ein kürzeres Artikelformat?

- Wie bereits erwähnt, wenn nicht genügend Daten für eine Vollpublikation vorliegen.
- Wenn Sie den Fall einer einzelnen Patientin oder eines einzelnen Patienten beschreiben möchten (*Case Report*).
- Wenn Sie eine neue Methode entwickelt haben (*Short Technical Report*), diese aber nicht zusammen mit experimentellen Daten präsentieren möchten, weil die Methodik dann zu wenig Beachtung bekäme.
- Wenn Sie etwas Bahnbrechendes entdeckt haben. Hier nutzt man ein kurzes Format, um diese neuen Daten ganz kurz und oft nur auszugsweise vorzustellen und sich damit den Anspruch (englisch: *claim*) zu sichern, die Entdeckerin bzw. der Entdecker dieses neuen Phänomens zu sein. Wichtig ist, dass Sie danach möglichst bald die Vollpublikation mit den eventuell noch ausstehenden Daten produzieren.

4.2.3 Wie finde und erkenne ich das richtige Journal für meinen Artikel?

Unabhängig davon, für welches Artikelformat Sie sich letztendlich entschieden haben, bleibt die Frage: *Wie finde ich das richtige Journal für meinen Artikel?* Ganz einfach: durch Lesen. Fragen Sie sich während der Literaturrecherche: ***In welchen Journalen finde ich die wichtigsten Daten und Informationen zu meinem Thema?*** Denn das sind genau die Journale, in die auch Ihr Artikel thematisch gut hineinpassen wird. Schon bald werden Sie eine Reihe von Zeitschriften identifiziert haben. Natürlich können Sie sich auch an den Journaltiteln orientieren und dann deren Inhaltsverzeichnisse durchgehen, aber das kann recht aufwändig sein.

Wie auch immer Sie geeignete Zeitschriften identifiziert haben, die endgültige Auswahl für ein Journal treffen Sie auf Basis mehrerer Überlegungen. Eines der vorrangigsten Entscheidungskriterien ist der ***Impact Factor***. Per Definitionem gibt der *Impact Factor* einer Zeitschrift an, wie oft Artikel aus dieser Zeitschrift während der letzten zwei Jahre im Durchschnitt zitiert wurden. Ein Beispiel: Hat ein Journal im Jahr 2008 einen *Impact Factor* von 3, dann bedeutet das, dass Artikel, die 2006 und 2007 in diesem Journal veröffentlicht wurden, im Jahr 2008 im Durchschnitt jeweils dreimal zitiert worden sind. Damit erklärt sich auch die jährliche Änderung des *Impact Factors*. Dementsprechend hat eine Zeitschrift mit qualitativ hochwertigen Artikeln, die daher auch oft zitiert werden, einen hohen *Impact Factor*, eine Zeitschrift mit weniger relevanten Artikeln einen niedrigeren. Natürlich wollen Sie in einem qualitativ hochwertigen Journal mit einem hohen *Impact Factor* publizieren. Angaben zum *Impact Factor* finden Sie oft auf der Journal-Website. Außerdem haben die meisten wissenschaftlichen Bibliotheken Zugang zu *Impact-Factor*-Verzeichnissen. Wählen Sie nun aus den potentiell für Ihren Artikel interessanten Zeitschriften die qualitativ hochwertigste aus – mit einer kleinen Einschränkung: Seien Sie ehrlich zu sich selbst bezüglich der **Qualität Ihrer Daten**. Sind Ihre Daten gut bis sehr gut, dann probieren Sie es natürlich beim besten Journal. Sind Ihre Daten nicht so gut, im Sinne einer kleinen Patientenzahl, einer nicht sehr umfassenden Analyse, dem Fehlen eines wichtigen Aspektes etc., dann sollten Sie vom allerbesten Journal absehen. Denn ein *Rejected* ist in diesem Fall fast programmiert. Noch eine Anmerkung: Lassen Sie sich nicht von *Impact Factoren* wie 30 oder sogar 50 einschüchtern. Die gibt's nur für sehr stark beforschte Themengebiete (z. B. Onkologie) – und bei *Nature* und *Science* (beide ca. 30). Arbeiten Sie in einem kleineren Themengebiet, ist oft schon ein *Impact Factor* von 8, 3 oder sogar 1 sehr gut.

> **Tipp**
>
> Warum ist der *Impact Factor* so wichtig für Sie? Weil er ein Qualitätsmaß für Ihre wissenschaftliche Qualifikation ist und damit direkten Einfluss auf Ihre wissenschaftliche Laufbahn haben kann. Ob für einen attraktiven Job, die Zuteilung von Fördermitteln, die Bewilligung von Finanzmitteln für eine neue Stelle, die Anwerbung guter Kooperationspartnerinnen und -partner etc. – gute Artikel in guten Journalen sind in vielen Fällen ein entscheidender Faktor.

Was Ihnen noch bei der Entscheidung für ein Journal helfen kann, sind **Schwerpunktausgaben**. Manche Zeitschriften veröffentlichen z. B. zweimal im Jahr ein Sonderheft zu einem bestimmten Thema (Zeitschrift: *Cancer*; Schwerpunktausgabe zum Thema *Breast Cancer*). Finden Sie heraus, ob in den für Sie interessanten Journalen eine Ausgabe mit Ihrem Thema als Schwerpunkt geplant ist (indem Sie auf die Journal-Website schauen oder das Journal anschreiben). Einerseits werden Sie Ihr Manuskript in der entsprechenden Schwerpunktausgabe leichter unterbringen, weil es thematisch genau hineinpasst. Andererseits erreicht Ihr Artikel dadurch genau das richtige Publikum. So werden z. B. alle Onkologinnen und Onkologen mit Schwerpunkt Brustkrebs nicht unbedingt jede Ausgabe von *Cancer* lesen, sehr wohl aber das Sonderheft *Breast Cancer*. Sie erreichen damit also Ihr Ziel, dass Ihr Artikel und damit Ihre Daten von möglichst vielen für Sie relevanten Fachleuten wahrgenommen werden!

Fast der wichtigste Punkt bei der Entscheidung für das richtige Journal: **Beraten Sie sich** mit Ihrer Betreuerin bzw. Ihrem Betreuer, mit Gruppenleiterin oder Gruppenleiter, mit Ihren Kolleginnen und Kollegen bzw. mit jemandem, der in Ihrem Fachgebiet bereits viel publiziert hat. Denn diese Leute wissen Dinge, die weder in den *Instructions to Authors* noch woanders geschrieben stehen, einfach weil sie schon bei vielen Journalen eingereicht und dabei so manche Erfahrung gemacht haben. Z. B., obwohl das Journal X perfekt zu Ihren Daten passt und einen hohen *Impact Factor* hat, rät Ihnen Ihre Gruppenleiterin bzw. Ihr Gruppenleiter davon ab. Sie bzw. er hat das nämlich auch schon mal probiert und musste fast eineinhalb Jahre auf die Gutachterkommentare warten. Das ist ein entscheidender Qualitätsmangel, erstens, weil das weit über den üblichen Begutachtungszeitraum hinaus geht und zweitens, weil in dieser langen Zeit jemand anderer vergleichbare Beobachtungen machen und vor Ihnen publizieren kann. Politik spielt beim Publizieren leider auch eine große Rolle: Die Leiterin bzw. der Leiter Ihres Instituts und die Chefeditorin/der Chefeditor des Journal Y kennen sich noch aus Studienzeiten, sind dicke Freundinnen bzw. Freunde, gehen gemeinsam zum Wandern, etc. – oder umgekehrt, sind sich spinnefeind. So traurig es ist, aber leider haben solche Dinge durchaus auch einen Einfluss darauf, ob Ihr Artikel angenommen wird oder nicht. Da nur erfahrene Wissenschaftlerinnen und Wissenschaftler, die bereits viel publiziert haben, derlei Dinge wissen, zeigen Sie diesen Leuten Ihre Journal-Vorschläge und lassen Sie sich beraten.

Wenn Sie sich immer noch nicht entscheiden konnten, vielleicht weil Sie keine erfahrenen Beraterinnen oder Berater hatten, dann gibt es noch folgende Möglichkeit: Schicken Sie einen **kurzen Abstract** zu Ihrer Arbeit an die für Sie interessanten Journale mit der Frage, ob dieses Thema für die Zeitschrift von Interesse wäre. Innerhalb kurzer Zeit werden Sie eine Antwort bekommen, die Ihnen dann bei der Entscheidung weiterhilft. Sie dürfen diesen Abstract an mehrere Zeitschriften gleichzeitig schicken. Vorsicht, das ist eine Ausnahme! Keinesfalls dürfen Sie später Ihr fertiges Manuskript zeitgleich bei mehreren Zeitschriften zur Begutachtung einreichen. Noch eine Ausnahme: Bei manchen Journalen müssen Sie zuerst einen Abstract schicken und dürfen das Manuskript erst nach einer positiven Rückmeldung einreichen.

4.3 Wo im Manuskript anfangen

Sie haben alle Vorarbeiten für die Manuskripterstellung erledigt (Struktur entwickelt, Literaturrecherche, Journalauswahl etc.) und möchten jetzt mit dem Schreiben anfangen. Beginnen Sie dabei nicht, wie man vermuten würde, mit dem Titel, gefolgt von Abstract, Einleitung, Methoden u. s. w., sondern in der Mitte des Manuskripts. Mit welchem Manuskriptabschnitt Sie hierbei genau beginnen, ist bei Studienarbeit und Publikation etwas unterschiedlich. Wo es diesbezüglich Unterschiede gibt, wird im Folgenden getrennt auf die beiden Textarten eingegangen. Vorab finden Sie in der nachstehenden Übersicht die üblichen Reihenfolgen für die beiden Textarten:

Reihenfolge, in der man ein wissenschaftliches Manuskript verfasst

Studienarbeit	Paper
– Methoden	– Results
– Ergebnisse	– Methods
– Literaturübersicht	– Discussion
(falls gewünscht)	– Introduction
– Diskussion	– Abstract
– Einleitung	– Title
– Zusammenfassung	– References*
– Titel	– Acknowledgement
– Literaturverzeichnis*	
– Danksagung	

*außer Sie verwenden Literaturverwaltungsprogramme (siehe Kapitel 4.1.3)

Methoden/Methods und Ergebnisse/Results: Unabhängig von der Textart beginnen Sie üblicherweise in der „Mitte" Ihres Manuskripts, sprich bei den Methoden und Ergebnissen. Warum? Weil sie das Herz Ihrer gesamten Arbeit sind. Denn darum ranken sich alle anderen Manuskriptabschnitte bzw. davon hängt ab, was Sie in den anderen Teilen Ihres Manuskripts schreiben müssen: Erst wenn Sie genau wissen, was

(Ergebnisse) Sie mit den von Ihnen durchgeführten Untersuchungen (Methoden) herausgefunden haben, können Sie die zu diesen Befunden passende Einleitung schreiben. Denn diese soll die Leserschaft auf Ihre Untersuchungen und Ergebnisse vorbereiten und in deren Köpfen exakt die Fragen aufwerfen, die Sie in Ihrer Studie angepackt haben. Dasselbe gilt für die Diskussion: Diese können Sie gar nicht schreiben, ohne zu wissen, was Sie genau herausgefunden haben. Das wichtige Wort ist in beiden Fällen „genau". Denn sehr oft wird erst, nachdem man die Methoden niedergeschrieben und alle Abbildungen und Tabellen sowie den dazugehörigen Text fertiggestellt hat, klar, was man eigentlich herausgefunden hat. Um den Methodenteil zu verfassen, kontrollieren Sie nämlich nochmals minutiös alle Details zur methodischen Vorgehensweise und für den Ergebnisteil, ob alle relevanten Werte vorliegen, alle Kontrollen in Ordnung sind, die einzelnen Resultate zueinander passen, die statistische Auswertung wirklich schlüssige Ergebnisse geliefert hat etc. Aus eigener Erfahrung als Wissenschaftlerin weiß ich, dass z. B. das „Abbildungen basteln" oft sehr ernüchternd sein kann, was das Aufdecken solcher Lücken betrifft. Bevor Sie diese nicht gefüllt oder geklärt haben, können Sie sich gar nicht an die anderen Teile Ihres Manuskripts heranmachen.

Studienarbeiten: Bei diesen Arbeiten ist es üblicher, mit den Methoden zu beginnen. Erstens, weil man ohnehin alle Ergebnisse mit in das Manuskript aufnimmt und daher auch alle jemals durchgeführten Methoden dokumentieren muss, und zweitens, weil sich diese sehr gut schon neben der praktischen Arbeit niederschreiben lassen.

Paper: Beim Paper empfiehlt es sich, mit den *Results* zu beginnen und erst danach die *Methods* zu schreiben. Warum? Während Sie an der Beschreibung Ihrer *Results* arbeiten, bemerken Sie vielleicht, dass ein Datensatz doch nicht so gut in Ihre Story passt oder Ihr Paper doch zu umfangreich wird, wenn Sie alle geplanten Ergebnisse hineinpacken. Das kann passieren, auch wenn Sie vorher ein Brainstorming durchgeführt und einen roten Faden entwickelt haben. Die jetzt stattfindende intensive Auseinandersetzung mit Ihren Daten schafft nämlich dahingehend oft noch mehr Klarheit. Erst wenn Sie ganz sicher sind, welche *Results* Sie tatsächlich verwenden wollen, wissen Sie auch, welche *Methods* Sie dokumentieren müssen. Und nur diese beschreiben Sie dann.

Diskussion/Discussion und Einleitung/Introduction: Als nächstes nehmen Sie sich diese beiden Abschnitte vor. Hier unterscheidet sich die Herangehensweise bei Studienarbeit und Paper ebenfalls etwas.

Studienarbeiten: Die Funktion der Einleitung bei einer Studienarbeit ist einerseits, die Leserschaft an das Thema und Ihr konkretes Projekt heranzuführen und andererseits, das derzeit vorhandene Wissen zu Ihrem Thema zusammenfassend darzustellen, also eine Literaturübersicht zu geben. Oft werden diese beiden Aspekte in getrennten Abschnitten abgehandelt (z. B. *Einleitung* und *Literaturübersicht*). Da Sie sich als Vorbereitung für die Diskussion ohnehin nochmals intensiv mit der Literatur auseinandersetzen müssen, bietet es sich an, parallel zum Literaturstudium gleich auch die Literaturübersicht zu erstellen. Die tatsächliche Einleitung, d. h. das Hinführen zu Ihrer Studie, sollten Sie allerdings erst schreiben, nachdem Sie die Diskussion fertig gestellt haben. Die Gründe dafür finden Sie in der folgenden Besprechung zum Paper.

Paper: Die Funktion der Einleitung bei einem Paper ist, kurz und knapp zum Thema und zur aktuellen Studie hinzuführen. Für einen umfassenden Literaturüberblick ist hier kein Platz. Beim Paper sollten Sie die Diskussion immer vor der Einleitung schreiben.

Hier nun die Gründe, warum Sie sowohl **bei einer Studienarbeit als auch beim Paper** zuerst die Diskussion und dann erst die Einleitung (im Sinne von Hinführung zu Ihrer Studie) schreiben sollten:

- Das Schreiben der Diskussion ist eine Art Entwicklungsprozess. D. h., auch wenn Sie sich bei der Planung der Struktur Ihres Manuskripts, wie in Kapitel 2 beschrieben, bereits genau überlegt haben, was Sie in der Diskussion ansprechen wollen, kann sich das während des Schreibens noch erheblich ändern. Denn jetzt steigen Sie wirklich tief in die Materie ein, lesen intensiv, grübeln, entwickeln neue Ideen, verwerfen alte und ziehen vielleicht sogar ganz neue Schlüsse. Daher kann sich während dieser Schreibphase in der Diskussion nochmals einiges ändern – sowohl inhaltlich als auch strukturell. Folglich kennen Sie die letztendlichen Take-Home-Messages Ihrer Arbeit erst nach der Fertigstellung der Diskussion. Genau dieses Wissen brauchen Sie aber, um eine „passende" Hinführung zu Ihrer Arbeit, d. h. eine passende Einleitung schreiben zu können. Denn die Einleitung soll jene **Fragen in den Köpfen Ihrer Leserinnen und Leser aufwerfen**, die Sie in der Diskussion beantworten werden. Es würde z. B. keinen Sinn machen, wenn Sie in der Einleitung schreiben, dass *bei der Evaluierung von Me-*

dikament X neben der Wirksamkeit vor allem die Kosten von maßgeblicher Bedeutung sind. Nach Fertigstellung Ihrer Diskussion stellen Sie jedoch fest, dass sich fast 90% der Diskussion um die Wirksamkeit drehen und nur ein kleiner Teil um die Kosten. Aufgrund der Formulierung *vor allem* und dem Attribut *maßgebliche* Bedeutung in der Einleitung haben sich Ihre Leserinnen und Leser allerdings ein genau umgekehrtes Verhältnis erwartet und sind enttäuscht bzw. verwirrt: *Und was ist jetzt mit den Kosten?*

- Wenn Sie die Einleitung unmittelbar nach der Diskussion schreiben, wird Ihnen das **sehr leicht fallen** (und wahrscheinlich nur einen halben Tag dauern). Denn jetzt wissen Sie genau, welche Fragen Sie in der Einleitung aufwerfen müssen, sind durch die Arbeit an der Diskussion so tief in Ihrem Thema, wie wahrscheinlich nie mehr wieder und haben außerdem beim Grübeln über die Diskussion unzählige andere Einleitungen gelesen, also genügend Beispiele vor Augen.

- Folgendes passiert – wirklich fast immer – wenn Sie die Einleitung vor der Diskussion schreiben: Sie haben gerade ein intensives Literaturstudium hinter sich und daher tausende Ideen, Gedanken und Überlegungen im Kopf. Mit so einem vollen Kopf ist es fast unmöglich, **keine zu lange Einleitung** zu schreiben (und fünf Tage dafür zu brauchen). Wenn Sie im Anschluss daran die Diskussion schreiben, werden Sie bemerken, dass Sie ganz viele Aspekte, die eigentlich dort hinein gehören, bereits ausführlich in der Einleitung besprochen haben. Also schneiden Sie diese Aspekte aus der Einleitung heraus und setzen sie in die Diskussion ein. Das Ergebnis ist eine total zerstückelte Einleitung, die Sie letztendlich ganz neu schreiben müssen.

Es ist also nicht nur inhaltlich sehr wichtig, das Schreiben der Diskussion vor das der Einleitung zu stellen, es spart auch sehr viel Arbeit und damit Zeit.

Zusammenfassung/Abstract, Titel/Title, Literaturliste/References, Danksagung/Acknowledgement: Der Manuskriptabschnitt, den Sie als Letztes verfassen, ist die Zusammenfassung/der Abstract. Denn erstens benötigen Sie das fertige Manuskript, um eine passende Zusammenfassung zu schreiben, und zweitens ist es auf Basis eines fertigen Manuskripts ausgesprochen einfach, einen Abstract zu erstellen – und geht damit sehr schnell. Der Titel steht oft schon am Anfang eines Projekts fest oder entsteht irgendwann während des Schreibprozesses. Falls nicht, ist er Ihnen spätestens jetzt eingefallen. Nutzen Sie kein Literaturverwaltungsprogramm, so erstellen Sie die Referenzliste erst, nachdem der Text vollkommen fertig ist, denn sonst müssen Sie diese parallel zu jeder Textänderung umbauen und das macht viel Arbeit. Verwenden Sie jedoch solche Programme, generiert sich die Referenzliste während des Schreibens automatisch. Die Danksagung/Acknowledgements verfassen Sie dann ganz am Schluss.

Oft werden die einzelnen Abschnitte eines Manuskripts **durchnummeriert** und zwar in der Reihenfolge, in der sie später im fertigen Schriftstück vorliegen werden: 1. Abstract, 2. Einleitung, 3. Methoden usw. oder welche Abschnitte auch immer Ihr Manuskript beinhaltet. In Studienarbeiten ist das fast immer gewünscht, da diese Schriftstücke meist sehr umfangreich sind und durch die Nummerierung viel übersichtlicher werden. Hier fügt man dann oft auch Unterüberschriften mit entsprechender Nummerierung ein, um die einzelnen Abschnitte noch weiter zu untergliedern. In Papers ist eine Nummerierung der Abschnitte weniger üblich. Wie dies bei Ihrem aktuellen Schriftstück gehandhabt wird, entnehmen Sie den entsprechenden *Richtlinien zur Erstellung von Studienarbeiten* Ihrer Universität bzw. den *Instructions for Authors* Ihres ausgewählten Journals.

Zusammenfassung

Bevor Sie mit dem Schreiben beginnen, führen Sie nochmals eine intensive Literaturrecherche durch, denn ohne Lesen kein Schreiben! Sie finden dort nämlich nicht nur wichtige Informationen zu Ihren Daten und Schlussfolgerungen, sondern auch Anregungen zu strukturellen und sprachlichen Aspekten Ihres Manuskripts.

Schreiben Sie ein Paper, sollten Sie sich spätestens jetzt für das Journal entschieden haben, bei dem Sie Ihren Artikel einreichen möchten.

Beginnen Sie die Manuskripterstellung mit Methoden und Ergebnissen, dem „Herz" Ihres Manuskripts, denn diese bestimmen den Inhalt aller anderen Textabschnitte. Bei Studienarbeiten erstellen Sie als Nächstes den Forschungsüberblick (falls gewünscht). Dann folgen die Diskussion und danach die Einleitung. Warum diese „verdrehte" Reihenfolge?

- Erst mit Fertigstellung der Diskussion stehen die Take-Home-Messages Ihres Manuskripts endgültig fest. Diese benötigen Sie, um in der Einleitung die dazu passenden Fragen aufzuwerfen.
- Das Schreiben der Einleitung nach der Diskussion kostet Sie deutlich weniger Zeit und Mühe als bei der umgekehrten Reihenfolge.

• Schreiben Sie die Einleitung vor der Diskussion, wird diese fast immer zu lang.

Der Abstract folgt zum Schluss, genauso wie Titel und Danksagung/ Acknowledgements. Die Referenzliste arbeiten Sie zuletzt aus, außer Sie verwenden Literaturverwaltungsprogramme.

5 Ergebnisse

5.1 Tabellen und Abbildungen plus Legenden
5.2 Text im Ergebnisteil

Der Ergebnisteil ist – zusammen mit den Methoden – das Herzstück Ihres Manuskripts, da sich alle anderen Textabschnitte um die Ergebnisse ranken. Was gehört in diesen Abschnitt? Ganz generell **eine anschauliche und umfassende Darstellung Ihrer Befunde**. Wichtig ist hierbei, dass Sie Ihre Ergebnisse in diesem Abschnitt **ausschließlich beschreiben und nicht interpretieren**. Letzteres gehört in die Diskussion. Der folgende Satz eines sehr erfahrenen Wissenschaftlers umschreibt diese Regel sehr gut: *In 20 Jahren muss der Ergebnisteil eines wissenschaftlichen Manuskripts immer noch stimmen – nicht jedoch die Diskussion.* Wiederholen Sie Ihre Experimente in 20 Jahren (natürlich unter den gleichen Bedingungen), dann werden Sie genau die gleichen Ergebnisse erhalten. Interpretieren Sie Ihre Ergebnisse jedoch nach 20 Jahren erneut, werden Sie vielleicht zu völlig anderen Schlussfolgerungen kommen, weil in diesem Zeitraum ja fleißig weitergeforscht wurde und die Datenlage für Ihre Diskussion dadurch eine ganz andere geworden ist. D. h., Sie beschreiben im Ergebnisteil nur die Dinge, die sich nicht verändern werden, sprich Ihre Beobachtungen.

Wie bereits in Kapitel 1 *Textarten* erwähnt, geben die meisten Universitäten und Forschungseinrichtungen *Interne Richtlinien zur Erstellung von Studienarbeiten* heraus. Dort finden Sie manchmal auch Anleitungen zur Erstellung von Abbildungen und Tabellen. In den entsprechenden Richtlinien von wissenschaftlichen Journalen, den *Instructions to Authors* oder *Guidelines for Authors*, sind die Instruktionen zur Anfertigung von Abbildungen und Tabellen meist sehr genau. In beiden Fällen lesen Sie sich diese Instruktionen gewissenhaft durch.

Da sich der Ergebnisteil aus zwei großen Bausteinen zusammensetzt, nämlich *Tabellen und Abbildungen plus Legenden* und *Text im Ergebnisteil*, habe ich die Besprechung dieses Manuskriptabschnitts ebenfalls in zwei Abschnitte unterteilt. Erstellen Sie zuerst die Abbildungen und Tabellen (Kapitel 5.1). Denn nur wenn diese vorliegen, können Sie einen passenden Text dazu schreiben (Kapitel 5.2).

5.1 Tabellen und Abbildungen plus Legenden

Tabellen sind die tabellarische Darstellung von Zahlen und Werten, Abbildungen sind z. B. Fotos, Balken- oder Kurvendiagramme, schematische Darstellungen etc. In Studienarbeiten können Sie so viele Tabellen und Abbildungen einfügen, wie Sie möchten. Werfen Sie trotzdem einen Blick in die *Internen Richtlinien zur Erstellung von Studienarbeiten* (falls vorliegend), denn Ausnahmen gibt es immer. Bei einem Paper ist die erlaubte Anzahl dagegen meist begrenzt. In den *Instructions to Authors* Ihres Journals finden Sie fast immer genaue Angaben dazu, **wie viele Tabellen und Abbildungen** Sie Ihrem Text beifügen dürfen. Gibt es keine entsprechenden Angaben, gilt die Faustregel: nicht mehr als acht Abbildungen plus Tabellen pro Artikel. Wenn Sie doch mehr zeigen wollen, dann gibt es natürlich die Möglichkeit von *Fig. 1 A, B, C*. Aber erinnern Sie sich an Kapitel 2.1 und 2.2 *Brainstorming* und *Der rote Faden*: Nie zu viele Daten in einem Paper präsentieren! Darüber hinaus passiert es sowohl bei Studienarbeiten als auch bei Papers oft, dass man viel mehr Abbildungen bzw. Tabellen generiert, als wirklich nötig sind und das Manuskript dadurch unübersichtlich wird. Kontrollieren Sie daher, ob Sie z. B. zwei Tabellen zu einer zusammenfassen können oder eine Abbildung so wenig Information enthält, dass Sie sie getrost weglassen können.

> **Tipp**
>
> Die wichtigsten Befunde Ihrer Arbeit sollten Sie in Abbildungen und Tabellen darstellen. Ihre Leserschaft erwartet, diese dort zu finden und möchte nicht mühsam im Text danach suchen. Praktisch heißt das: pro Hauptbefund eine Abbildung oder Tabelle. Die korrekte Befolgung dieser Regel ist bei Journalen übrigens sogar ein Beurteilungskriterium für die Qualität Ihres Artikels.

5.1.1 Das geeignete Format für die Darstellung Ihrer Daten

Jede Abbildung bzw. Tabelle sollte einen Aspekt Ihrer Ergebnisse darstellen (z. B.: *Einfluss eines neuen Düngers auf Wachstumsraten, Ernteeffizienz und Produktionskosten von Zuckermais* = drei Aspekte = drei Abbildungen oder Tabellen). Stellen Sie ein und denselben Datensatz aber nicht mehrmals in verschiedenen Formaten dar, denn **jede Abbildung/Tabelle sollte ihre eigene, ganz spezifische Aussage haben.**

Überlegen Sie sich, in welchem Format (Tabelle, Grafik, Diagramm, Foto, etc.) Sie Ihre Daten darstellen wollen. Der Grundgedanke bei dieser Überlegung sollte sein: Welches Format eignet sich am besten, um meinen Leserinnen und Lesern **die spezifische Aussage eines Datensatzes anschaulich und leicht verständlich zu vermitteln?** Im Folgenden sind die wichtigsten Formate der Datendarstellung und deren Verwendung kurz beschrieben:

Eine **Tabelle** verwenden Sie, wenn es auf die tatsächlichen Werte ankommt (*Kostenreduktion um x%, Messwerte vor und nach der experimentellen Behandlung, Baseline demographics, Häufigkeit, Art und Schwere von Nebenwirkungen, etc.*). Tabellen bieten sich aber vor allem auch an, wenn Sie sehr viele Daten auf einmal präsentieren oder miteinander vergleichen wollen: *Substanz X wurde in acht verschiedenen Konzentrationen verabreicht. Sie haben zwölf Parameter im Blut und 14 im Urin erhoben, um Änderungen in diesen Parametern in Abhängigkeit von der Substanzkonzentration zu identifizieren.* Auch wenn solch eine Tabelle recht umfangreich ist (acht Spalten und 26 Zeilen plus Beschriftungen), wird man die einzelnen Informationen hier trotzdem schneller und besser identifizieren können als beispielsweise in einem Balkendiagramm, das all diese Daten enthält.

Grafische Darstellungen haben dagegen den Vorteil, dass man das Ergebnis sofort visuell erfassen kann. Ein Balken ist niedrig, der andere hoch; eine Kurve steigt an, die andere nicht. In beiden Fällen ist klar, was gezeigt wird: Bei einem Ansatz (z. B. Kontrolle) tut sich nicht viel, beim anderen (z. B. aktive Behandlung) sehr wohl. **Balkendiagramme** dienen vor allem zur Darstellung von einmaligen Ereignissen (*Behandlungserfolg mit den Substanzen A, B, C und D nach 3 Wochen*), **Kurven** zur Darstellung von Zeitverläufen (*Veränderungen im Behandlungserfolg über einen Zeitraum von 3 Monaten*) oder Abhängigkeiten/Beziehungen (*mit steigender Nährstoffkonzentration steigt das Zellwachstum*). Generell ist es üblich, die Variable, die Sie verändern, auf der x-Achse aufzutragen (*Substanzen A – D, Zeitraum von 0 – 3 Monaten, steigende Nährstoffkonzentration*) und die Variable, die Sie messen, auf der y-Achse (*Behandlungserfolg, Zellwachstum*).

In anderen Fällen sind **Fotos** die Darstellungsform der Wahl. Wenn Sie beispielsweise im Text erklären, dass Ihre Zellen einen sternförmigen Kern haben, wird sich jede Leserin und jeder Leser ein bisschen etwas anderes darunter vorstellen. Zeigen Sie hingegen ein Bild dazu, erübrigt sich jede weitere Erläuterung. Wenn Sie Bilder von Patientinnen oder

Patienten verwenden wollen, müssen Sie vorher deren schriftliches Einverständnis einholen. Verhindern Sie außerdem eine Identifikation der Personen, indem Sie charakteristische Gesichtzüge verdecken bzw. keine Patientennamen oder -initialen verwenden.

Eine weitere Formatgruppe bilden **Modelle, Zusammenfassungen, schematische Übersichten,** etc. Mit all diesen Formaten wollen Sie komplexe Zusammenhänge zwischen einzelnen Informationen bzw. Daten verdeutlichen. Mir fällt hier immer die Signaltransduktion ein: Wie bitte würden Sie die Information in Abbildung 7A ausschließlich mit Worten erklären? Und wie würden Ihre Leserinnen und Leser damit zurechtkommen? *Modelle* verwenden Sie, wenn Sie z. B. eine von Ihnen entwickelte, komplexe Hypothese graphisch darstellen wollen, *Zusammenfassungen,* wenn mehrere Ihrer Befunde zusammen zu einer/mehreren Schlussfolgerung/en führen. *Schematische Übersichten* finden sich häufig im Methodenteil, wenn der Ablauf einer komplizierten Analyse veranschaulicht werden soll (Abbildung 7B). Behalten Sie diese Darstellungsformen immer im Hinterkopf. Sie tragen sehr zur Verständlichkeit Ihres Textes bei und sparen gleichzeitig eine Menge Worte. Der manchmal etwas höhere Arbeitsaufwand bei deren Erstellung lohnt sich also.

A)

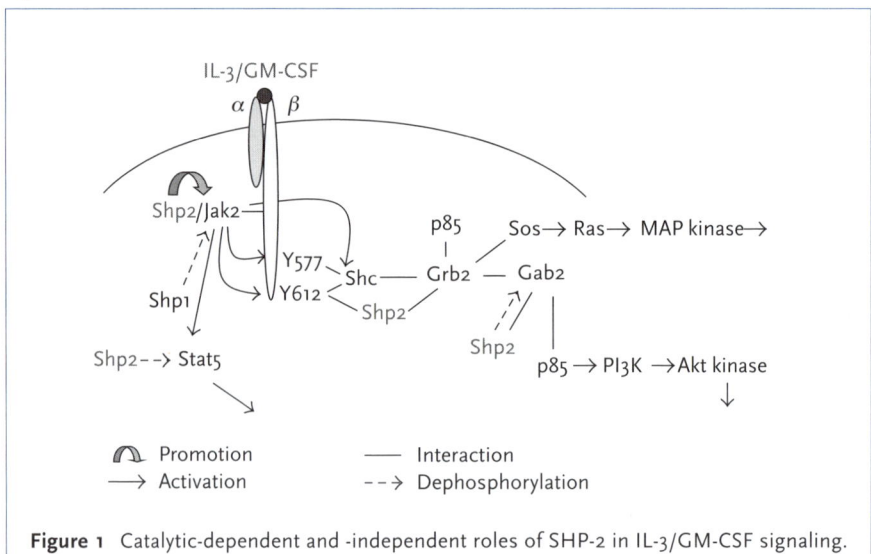

Figure 1 Catalytic-dependent and -independent roles of SHP-2 in IL-3/GM-CSF signaling.

B)

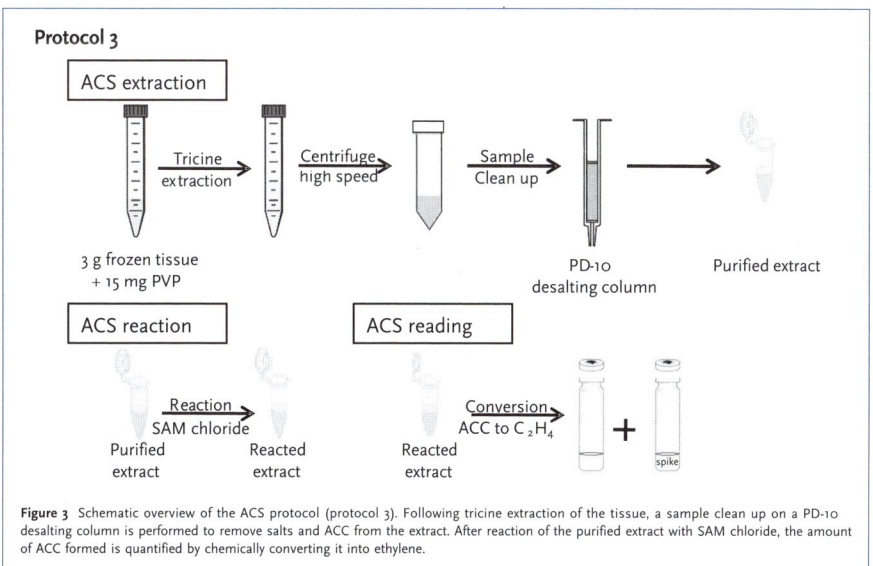

Figure 3 Schematic overview of the ACS protocol (protocol 3). Following tricine extraction of the tissue, a sample clean up on a PD-10 desalting column is performed to remove salts and ACC from the extract. After reaction of the purified extract with SAM chloride, the amount of ACC formed is quantified by chemically converting it into ethylene.

Abbildung 7: Graphische Darstellung von **(A)** komplexen molekularen Zusammenhängen[1] oder **(B)** Versuchsschritten[2] und dazugehörige Legenden.

- In **(A)** ist das komplexe Zusammenspiel zahlreicher Moleküle der Signaltransduktionskette dargestellt. Ausschließlich in Worten beschrieben wäre dies wahrscheinlich nur sehr schwer nachvollziehbar.
- **(B)** zeigt die Abfolge der einzelnen Schritte eines komplexen Versuchsansatzes, wodurch die Vorgehensweise wesentlich leichter zu verstehen ist (findet man eher im Methodenteil).
- Generell sollten alle in einer Abbildung verwendeten Abkürzungen in der Legende erklärt werden. Wie immer gibt es dazu Ausnahmen. In **(A)** ist das nicht nötig, weil in diesem Forschungsgebiet die Moleküle fast ausschließlich mit ihren Kürzeln benannt werden und nicht mit dem vollen Namen (z. B.: man spricht von *MAP kinase* und nicht *mitogen-activated protein kinase*). In **(B)** hätten ACS, PVP, SAM, PD und eventuell auch ACC erklärt werden müssen. Allerdings gab es in diesem Artikel eine *List of abbreviations/Abkürzungsverzeichnis*, weshalb die Erklärungen wahrscheinlich weggelassen wurden. Studienarbeiten fügt man fast immer ein Abkürzungsverzeichnis bei und muss die Abkürzungen daher nicht

mehr in Text und Tabellen/Abbildungen erklären. Unabhängig vom Texttyp werden Ihnen Ihre Leserinnen und Leser allerdings sehr dankbar sein, wenn Sie es in den Fußnoten der Tabellen und den Legenden zu den Abbildungen trotzdem nochmals tun, denn Sie machen ihnen damit das Lesen deutlich leichter. Lesen Sie zum Thema Abkürzungen auch Kapitel 11.2 *Abkürzungen*.

Neben diesen am häufigsten verwendeten Formaten stehen Ihnen noch **unzählige Varianten dieser Darstellungsformen** zur Verfügung. Wenn Sie sich nicht sicher sind, wie Sie Ihre Daten am besten präsentieren sollen, dann hilft – wie immer – Lesen. Suchen Sie zu Ihrer Untersuchung ähnliche Studien und schauen Sie, wie das Problem der Datendarstellung dort gelöst wurde. Entscheiden Sie sich für das Format, das die Botschaft des präsentierten Datensatzes am besten und eingängigsten verdeutlicht.

Bevor Sie sich jetzt an das „Basteln" Ihrer Tabellen und Abbildungen plus Legenden machen, möchte ich Ihnen noch folgenden Tipp sehr ans Herz legen:

Tipp

Stellen Sie Ihre Tabellen und Abbildungen plus Legenden jetzt vollständig fertig! Denn während dieser Arbeit tun sich oft noch erhebliche Lücken auf: Kontrollen fehlen, kein schönes Foto vom sternförmigen Kern liegt vor, die Statistikerin bzw. der Statistiker muss wohl doch noch einmal über Ihre Daten schauen etc. Jetzt können Sie solche Lücken einfach schließen. Bemerken Sie solche Schwachstellen erst, wenn das Manuskript schon fast fertig ist, müssen Sie manchmal erhebliche Änderungen in Ihrem Text durchführen – ein meist sehr schmerzhaftes Unterfangen.

In den folgenden beiden Abschnitten wird genau besprochen, wie Sie eine *Tabelle* (5.1.2) bzw. eine *Abbildung plus Legende* (5.1.3) erstellen. Am Anfang jedes Kapitels finden Sie zuerst eine theoretische Erklärung und am Ende der beiden Kapitel dann Beispiele zum jeweiligen Format. Die Beispiele stammen aus veröffentlichten Studienarbeiten und aus Artikeln einschlägiger Fachzeitschriften. Obwohl besonders Fachzeitschriften beim Bildmaterial prinzipiell einen sehr hohen Qualitätsstandard verlangen, werden Sie sehen, dass dieser nicht immer eingehalten wird.

5.1.2 Tabellen

Da Tabellen häufig sehr viele Informationen enthalten, ist es wichtig, diese gut zu organisieren. Bevor Sie Ihre Tabelle erstellen, überlegen Sie daher, was die **Botschaft jeder einzelnen Tabelle** sein soll bzw. was Ihre Leserinnen und Leser daraus lernen sollen. Haben Sie dies definiert, arrangieren Sie Ihre Daten in der Tabelle so, dass diese Botschaft klar erkennbar ist. Dafür gehen Sie nach folgenden Schritten vor:

Schritt 1: Tabellen basieren meist auf sehr umfangreichen Rohdaten, die Sie durch die Nutzung von Statistikprogrammen erhalten haben. **Seien Sie selektiv bei der Datenauswahl:** Nur jene Daten und statistischen Parameter, die die Botschaft der aktuellen Tabelle wirklich unterstützen, sollten Eingang in Ihre Tabelle finden. Wie geht es Ihnen selbst denn, wenn Sie auf eine total vollgestopfte Tabelle stoßen?

Schritt 2: Wenn Sie für eine Zeitschrift schreiben, gibt es drei **Grundgrößen** für Tabellen (und auch für Abbildungen): eine Spaltenbreite, zwei Spaltenbreiten (= Breite einer Seite) und eine ganze Seite im Querformat (eher selten genutzt). Für Studienarbeiten existieren solche Einschränkungen nicht. Je nach Datenmenge entscheiden Sie sich für eine passende Größe.

Schritt 3: Generell haben Tabellen einen **Titel**, der entweder Auskunft über das Thema der dargestellten Untersuchung gibt (Abbildung 8: *Table A*) oder die Kernaussage der Tabelle widerspiegelt. Entwickeln Sie einen informativen Titel für Ihre Tabelle.

Schritt 4: Organisation und Formatierung der Spalten (vertikal) und Zeilen (horizontal) in einer Tabelle bedürfen manchmal einigen Ausprobierens, bis sich schließlich eine gute und leicht verständliche Struktur gefunden hat. Sehr oft gibt es allerdings eine logische Reihenfolge, welche Inhalte an den Anfang und welche an das Ende der Tabelle gehören (siehe dazu den Kommentar zu Abbildung 8).

Schritt 5: Wenn Sie sich für eine Anordnung der Inhalte in den Spalten und Zeilen entschieden haben, suchen Sie möglichst kurze und prägnante **Titel für die Spalten und Zeilen.**

Anfangs geraten diese meist noch zu lang:

Patients ≤ 50 years of age; Patients > 50 years of age

Number and percentage of chemotherapy cycles

Nach einigem Überarbeiten und Nachschauen in anderen Publikationen sind sie aber bald perfekt:

Age, ≤ 50 years; Age, > 50 years
Chemotherapy cycles, n (%).

Die Einheiten gehören ebenfalls in den Spalten- bzw. Zeilentitel (Abbildung 8) und nicht hinter die Zahlen in der Tabelle, wie man es leider oft fälschlicherweise sieht. Wiederholt sich ein Begriff in einem Spalten- oder Zeilentitel immer wieder, fassen Sie Spalten oder Zeilen, die diesen Begriff enthalten, zusammen (Abbildung 8: *Table A, Age*). Versuchen Sie außerdem, – soweit das möglich ist – alle Tabellen in Ihrem Manuskript nach einem **ähnlichen Muster** aufzubauen (Abbildung 8: vergleiche *Table A* mit *Table B*). Das schafft einen Wiedererkennungseffekt, der Ihrer Leserschaft das Verstehen erheblich erleichtert. Generell dienen all diese Maßnahmen dazu, die Lesbarkeit und Verständlichkeit Ihrer Tabellen zu optimieren.

Schritt 6: Möchten Sie Ihrer fertigen Tabelle noch ergänzende Informationen hinzufügen, dann nutzen Sie **Fußnoten**. Das sind einerseits die Erklärungen der in der Tabelle verwendeten Abkürzungen (Abbildung 8), andererseits Zusatzinformationen zu den Inhalten in der Tabelle, wie z. B. Signifikanzen, Hintergrundinfo, etc. Bei letzteren verwendet man für den Verweis auf die Fußnote meist hochgestellte Fußnotenzeichen (*, [a], [b], #, ...). Legenden, also ganze Textsequenzen, wie man sie unter Abbildungen findet, sind bei Tabellen eher unüblich. Eine letzte, etwas gewöhnungsbedürftige Regel für Tabellen in Papers ist, dass hier **nur horizontale Linien** verwendet werden dürfen und keine vertikalen (Abbildung 8). Allerdings gilt auch diese Regel nicht für alle Zeitschriften.

Schritt 7: Wenn die Tabellen fertig sind, geben Sie ihnen entsprechend der Reihenfolge Ihrer Erwähnung im Text **fortlaufende Nummern**, und zwar unabhängig von der Nummerierung der Abbildungen, denn diese werden separat gezählt.

Table A. Incidence of neutropenic complications and dose reductions/delays according to type of chemotherapy and age

Chemotherapy cycles, n (%)	Age, ≤ 50 years		Age, > 50 years	
	FEC-100 (CT cycles = 164)	TAC (CT cycles = 210)	FEC-100 (CT cycles = 196)	TAC (CT cycles = 126)
Grade 4 neutropenia	0 (0)	1 (0.5)	6 (3.1)	2 (1.6)
Febrile neutropenia	0 (0)	3 (1.4)	6 (3.1)	1 (0.8)
Dose reduction	1 (0.6)	2 (1.0)	1 (0.5)	3 (2.4)
Dose delay (≥ 1 day)	5 (3.0)	7 (3.3)	10 (5.1)	10 (7.9)

FEC, 5-fluorouracil, epirubicin, cyclophosphamide; TAC, docetaxel, doxorubicin, cyclophosphamide; CT, chemotherapy

Table B. Incidence of neutropenic complications and dose reductions/delays by type of chemotherapy and lymph node involvement

	Grade 4 neutropenia		Febrile neutropenia		Dose reductions		Dose delays (≥ 1 day)	
	FEC-100	TAC	FEC-100	TAC	FEC-100	TAC	FEC-100	TAC
Lymph node involvement								
Positive cycles, n	90	330	90	330	90	330	90	330
Events, n (%)	3 (3.3)	4 (1.2)	5 (5.6)	3 (0.9)	1 (1.1)	5 (1.5)	2 (2.2)	15 (4.5)
Negative cycles, n	270	6	270	6	270	6	270	6
Events, n (%)	3 (1.1)	0 (0.0)	1 (0.4)	0 (0.0)	1 (0.4)	0 (0.0)	13 (4.8)	2 (33.3)

FEC, 5-fluorouracil, epirubicin, cyclophosphamide; TAC, docetaxel, doxorubicin, cyclophosphamide

Abbildung 8: Zwei übersichtliche, logisch aufgebaute Tabellen mit Titeln und Fußnoten zum selben Thema. **(A)** aus einem publizierten Manuskript[3], **(B)** auf Basis fiktiver Daten.

Kommentar

- Der Titel in *Table A* gibt Auskunft darüber, was untersucht wurde und enthält keinen Hinweis darauf, was dabei herausgekommen ist. Alternativ könnte man auch die Kernaussage der dargestellten Ergebnisse bereits im Titel erwähnen (*Higher incidence of neutropenic complications and dose reductions/delays with TAC than with FEC*).
- Der logischen Organisation der Daten in *Table A* lagen wahrscheinlich folgende Überlegungen zugrunde: Bei *Age* wird zuerst das niedrigere, dann das höhere Alter dargestellt. Die Reihenfolge bei der Besprechung der Chemotherapien (FEC-100, TAC) beruht auf der Tatsache, dass FEC-100 die mildere und herkömmlich verwendete Chemotherapie ist, TAC die aggressivere und innovative. *Grade 4 neutropenia* ist die für die Patientinnen und Patienten weniger belastende Nebenwirkung der Chemotherapien als *Febrile neutropenia*. Für *Dose reduction/Dose delay* gibt es keine inhaltliche Wichtung und daher ist die Reihenfolge hier Geschmackssache.
- In *Table A* hätten Spalte 2 (FEC-100) und 3 (TAC) denselben Titel (*Age, ≤ 50 years*). Um hier eine Wiederholung desselben Spaltentitels zu vermeiden, wurde dieser übergreifend über die beiden Spalten gesetzt (gilt auch für Spalte 4 und 5).
- *Table B* stammt aus dem gleichen Artikel und wurde daher im gleichen „Muster" erstellt wie *Table A*. Die Tabellentitel sind sehr ähnlich, wodurch man leicht erkennt, wo der Unterschied in den beiden Tabellen liegt. Die Reihenfolge, in der die *neutropenic complications* und *dose reductions/delays* bzw. die Chemotherapien aufgeführt werden, entspricht der in *Table A*.
- Bei beiden Tabellen ist die Bedeutung der verwendeten Abkürzungen in den Fußnoten erklärt und zwar in der Reihenfolge ihres Auftretens in der Tabelle. Wiederholen Sie diese Erklärungen bei jeder Tabelle, auch wenn es sich immer wieder um die gleichen Abkürzungen handelt. Achten Sie hier auf das im Englischen übliche Format: Wo wir im Deutschen einen Doppelpunkt setzen (nach der Abkürzung), verwendet man im Englischen ein Komma (*CT, chemotherapy*).
- Wie Sie sehen, wurden in den Tabellen nur horizontale Linien verwendet.

5.1.3 Abbildungen plus Legenden

Sie haben sich entschieden, einen Ihrer Datensätze in einem Foto, Balken- oder Kurvendiagramm oder einem anderen grafischen Format darzustellen. Gehen Sie auch hier Schritt für Schritt vor.

Schritt 1: Überlegen Sie, in welchem **elektronischen Format** Sie Ihre Abbildung anfertigen wollen bzw. müssen. Benötigen Sie diese für ein Paper, schauen Sie zuerst in die *Instructions to Authors*. Dort finden Sie nicht nur recht genaue Instruktionen, wie Sie eine Abbildung gestalten müssen, sondern auch Hinweise dazu, in welchem elektronischen Format Sie Ihre Abbildungen anfertigen sollen bzw. einreichen dürfen. Viele Journale lehnen Programme wie *Excel* oder *Power Point* zur Erstellung von Kurven- oder Balkendiagrammen ab. Ganz generell ist es besser, professionelle Grafikprogramme wie *SigmaPlot, Harvard Graphics Chart* oder *Statistical Package for Social Sciences (SPSS)* zu verwenden. Speziell für biologische Fragestellungen (Darstellung von Pathways, Zellen und deren Kompartimenten, Sequenzen, Mäusen, Reagenzgläsern etc.) gibt es die **Software** *bioDraw*, für Abbildungen in der Chemie (Strukturformeln etc.) *chemDraw*. Für die Veranschaulichung von Zusammenhängen in Form von Flussdiagrammen ist *Visio* geeignet, für die Bearbeitung von Fotos *Adobe Photoshop*. Der Begriff „Bearbeitung" darf in diesem Zusammenhang aber nicht mit Manipulation (der Daten) verwechselt werden. Manche Journale kontrollieren das Bildmaterial sogar hinsichtlich möglicher Manipulationen. Für Ihre Studienarbeit dürfen Sie die Programme verwenden, die Ihnen (oder Ihrer Betreuerin bzw. Ihrem Betreuer) am besten zusagen, außer es liegen *Interne Richtlinie zur Erstellung von Studienarbeiten* vor, welche Instruktionen zur Erstellung von Abbildungen enthalten. Wenn nicht, werfen Sie ruhig einen Blick in die *Authors Instructions* von Zeitschriften, denn durch wissenschaftlich korrekt ausgeführte Abbildungen und Tabellen kann Ihre Studienarbeit nur gewinnen.

Schritt 2: Erstellen Sie jetzt Ihre Abbildung. Wie Sie das mithilfe des von Ihnen ausgewählten Programms machen, entnehmen Sie bitte den entsprechenden Handbüchern. Am Ende dieses Kapitels finden Sie außerdem gute und schlechte Beispiele für verschiedene grafische Darstellungen (Abbildungen 9-12), die Ihnen als Anregung bei der Erstellung Ihrer eigenen Abbildungen dienen sollen. Beachten Sie dabei außerdem folgenden Tipp:

Tipp

Besorgen Sie sich fertige Studienarbeiten aus Ihrem Institut bzw. ein paar aktuelle Artikel aus Ihrem Zieljournal. Nutzen Sie diese als Formatvorlagen, denn Formatvorschriften sind leider nicht immer ganz eindeutig. Die Anregungen, die Sie durch diese Arbeiten bekommen, werden Ihnen sehr viel Zeit sparen.

Schritt 3: Egal, für welche Art von Abbildung Sie sich entschieden und mit welchem Programm Sie diese angefertigt haben, in jedem Fall sollten Sie größten Wert darauf legen, alles ganz genau **zu beschriften bzw. zu erklären**: die Achsen, die Balken, die Kurven, eventuell verwendete Symbole, Abkürzungen etc. Bei Fotos unterstützen Sie Ihre Leserschaft ruhig mit Pfeilen (Abbildung 12), die z. B. auf die relevanten Zellen in einem histologischen Schnitt hinweisen, oder kringeln Sie diese Zellen ein. Fast alles, was zur Verständlichkeit Ihrer Daten beiträgt, ist hier erlaubt. Einen Teil dieser Beschriftungen und Erklärungen werden Sie direkt in die Abbildung einfügen (z. B. Pfeile, Kringel, Achsenbeschriftung, Box mit Definition von Kurvensymbolen/Balkenfarben). Weitere Informationen, die für das Verständnis der Abbildung vonnöten sind, finden ihren Platz in der Legende (Warum ist ein Teil der Abbildung grau unterlegt? *shaded area indicates …;* Was bedeutet der Kringel? *Tumorzellen sind eingekreist;* Was bedeuten die Sternchen? **p<0,05, **p<0,001;* Erklärung von Abkürzungen: *MM, Multiples Myelom,* etc.). Einige dieser Elemente finden Sie in den Abbildungen 9-12 am Ende dieses Kapitels. Selbst wenn Sie Abkürzungen bereits am Anfang Ihres Textes (meist in der Einleitung oder in einem Abkürzungsverzeichnis) definiert haben, wiederholen Sie dies in der Legende ruhig noch einmal (siehe auch nachfolgenden Tipp). Seien Sie hier wirklich ganz genau und überlegen Sie immer wieder: **Was braucht meine Leserschaft, um diese Abbildung zu verstehen?**

> **Tipp**
>
> Abbildung plus dazugehörige Legende sollen für sich allein stehen können! D. h., wenn Ihre Leserinnen und Leser eine Abbildung betrachten und die Legende dazu lesen, dann sollten sie die Botschaft, die darin steckt, verstehen, ohne im Text nachlesen zu müssen. Nur wenn sie sich für Details dieses Datensatzes interessieren, müssen sie auch den Text lesen. Denken Sie dabei einfach an Ihre eigenen Lesegewohnheiten: Sie möchten Abbildungen doch auch möglichst auf einen Blick verstehen.

Apropos „fast alle" Formatierungselemente, die zur Verständlichkeit Ihrer Abbildungen beitragen, sind erlaubt: Studieren Sie dazu bitte, falls vorhanden, die *Internen Richtlinien für die Erstellung einer Studienarbeit* bzw. die *Instructions to Authors* oder aktuelle Artikel aus Ihrem Journal, um herauszufinden, **welche Formatierungselemente nicht erwünscht** sind. Manchmal steht in den *Instructions to Authors: No three dimensional figures.* Kein Wunder, wenn man sich beispielsweise Abbildung 9 anschaut. Vermeiden Sie diese Darstellungsform generell – auch in Studienarbeiten – außer es muss aus methodischen Gründen sein, ebenso wie Tortendiagramme (*pie charts*). Letztere gelten (in den Naturwissenschaften) als eher unwissenschaftlich. Die folgenden Formateinschränkungen gelten vor allem für Artikel in Journalen, können aber durchaus auch bei der Erstellung von Studienarbeiten berücksichtigt werden. Überschriften in einer Abbildung, wie in Abbildung 11B, können sehr hilfreich sein, werden aber nicht von allen Journalen akzeptiert. Symbole in den Kurven ($\bigcirc$, $\bullet$, $\square$, $\blacksquare$ usw.) kann man entweder in einer Box direkt im Diagramm erklären oder in der Legende, indem man das Symbol einfügt und dann dazuschreibt, was es bedeutet ($\bigcirc$, *Kontrolle;* $\bullet$, *Behandlung*) (Abbildung 10). Nicht alle Journale erlauben Boxen im Diagramm und nicht alle Journale akzeptieren eingefügte Symbole im Legendentext, sondern wünschen stattdessen eine wörtliche Umschreibung für das Symbol (*offene Kreise, geschlossene Kreise etc.*). Leider gibt es hier noch zahlreiche weitere journal-spezifische Regeln und Ausnahmen. Finden Sie diese heraus und halten Sie sie so gut wie möglich ein.

Noch eine Ergänzung zur Beschriftung: Sie erstellen Ihre Abbildung am Computer. Bedenken Sie, dass eine auf dem Bildschirm gut leserliche Beschriftung auch dann noch lesbar sein sollte, wenn die Abbildung später in Ihrem Manuskript auf eine halbe Seite oder im Journal auf eine

Spaltenbreite reduziert wurde. Genau aus diesem Grund finden Sie in den *Instructions to Authors* von Zeitschriften oft Angaben zur **Schriftgröße der Beschriftungen**. Bedenken Sie das auch für Ihre Studienarbeit.

Farbige Abbildungen sind schön – aber Vorsicht! Erstens muss man diese bei Drucklegung sowohl von Studienarbeiten als auch von Papers meist extra bezahlen, und zwar oft recht teuer. Zweitens verfügt nicht jede bzw. jeder, die/der sich Ihr Manuskript ausdrucken will, über einen Farbdrucker bzw. werden viele Artikel als Schwarz-Weiß-Kopien gelesen – und schon ist die Information in einer bunten Abbildung verloren! Und drittens berücksichtigen immer mehr Journale die Bedürfnisse farbenblinder Menschen: *Do not use red and green in coloured illustrations.* Ziehen Sie diesen Aspekt durchaus auch in Betracht, wenn Sie die Abbildungen für Ihre Studienarbeit erstellen. In manchen Fällen ist Farbe allerdings angebracht. Gewisse Forschungsbereiche bedienen sich nämlich eines **Farb-Codes**, um Informationen zu übermitteln. Zwei Beispiele: Bei der Fluoreszenzmikroskopie wird für die Färbung von Kernen (DNA) meist ein blauer, für die Färbung von verschiedenen Bausteinen des Zellskeletts ein grüner und ein roter Farbstoff verwendet. In der Chemie sind verschiedenen Molekülen verschiedene Farben zugeordnet (*H*: weiß, *N*: blau, *O*: rot, *C*: grau). Ist man mit diesen Farb-Codes vertraut, erkennt man anhand der Farben sofort, was in solch einer Abbildung gezeigt wird.

Schritt 4: Zuletzt noch ein paar Anmerkungen zu den von Richtlinien oft stiefmütterlich behandelten **Legenden** (engl.: *figure legend* oder *figure caption*), den kleinen Textblöcken unter den Abbildungen. Wie bereits erwähnt, bilden Abbildung plus Legende eine selbsterklärende Einheit. Hierbei sollen sich diese beiden Bausteine ergänzen: In der Abbildung stecken die Daten, in der Legende die Informationen, die noch zusätzlich nötig sind, um die Abbildung zu verstehen. Falls Sie also in der Abbildung schon genau angegeben haben, in welcher Konzentration und welchem Intervall Sie Substanz X verabreicht haben, dann können Sie in der Legende darauf verzichten. Legenden haben oft eine Art Titel. Dieser beschreibt entweder ganz kurz, was in der Abbildung gezeigt wird (Abbildungen 10, 11 bzw. 12, jeweils erster Satz) oder enthält die Kernaussage der Abbildung. Nutzen Sie den Informationsgehalt solcher Titel, denn für Ihre Leserinnen und Leser ist damit auf den ersten Blick klar, worum es in der dazugehörigen Abbildung geht. Anschließend folgen die zum Verständnis der Abbildung nötigen Details, die noch nicht in der Abbildung angegeben sind.

Informationen, die Sie in die Legende einer Abbildung schreiben sollten (wenn passend)

- Hinweis auf die Methodik
- *n*, Anzahl der Experimente/Patientenzahl
- Wirkstoffkonzentrationen
- Erklärung von Symbolen und Abkürzungen (O, ●, □, ■, *, **)
- Mikrometerbalken bei Fotos zur Angabe der verwendeten Vergröße-rung
- Details zur Statistik, wie z. B. *p*-Werte
- Bedeutung der Fehlerbalken in der Abbildung: *standard deviation (SD)*, *standard error (SE)*
- u. v. m.

Was Sie in der Legende tatsächlich angeben werden, ist einerseits abhängig von Ihrem methodischen Ansatz und andererseits von den *Internen Richtlinien zur Erstellung einer Studienarbeit* oder von Ihrem Journal. Denn Legenden können sich von Fall zu Fall **erheblich unterscheiden**, und zwar nicht nur bezüglich ihres Formats, sondern auch bezüglich ihres Inhalts. Üblicherweise stellt die Legende, wie gerade beschrieben, eine Ergänzung zur Abbildung dar. In manchen Journalen findet sich darin aber z. B. auch die gesamte Beschreibung der für das gezeigte Ergebnis verwendeten Methodik (üblicherweise im Methodenteil) oder bereits die Besprechung des Ergebnisses (üblicherweise im Text des Ergebnisteils). Schauen Sie sich zum Thema „Legende" nochmals die Abbildungen 7 und 9-12 und die dazugehörigen Kommentare an.

Schritt 5: Wenn die Abbildungen fertig sind, geben Sie ihnen entsprechend der Reihenfolge ihrer Erwähnung im Text **fortlaufende Nummern** (separat zur Tabellennummerierung).

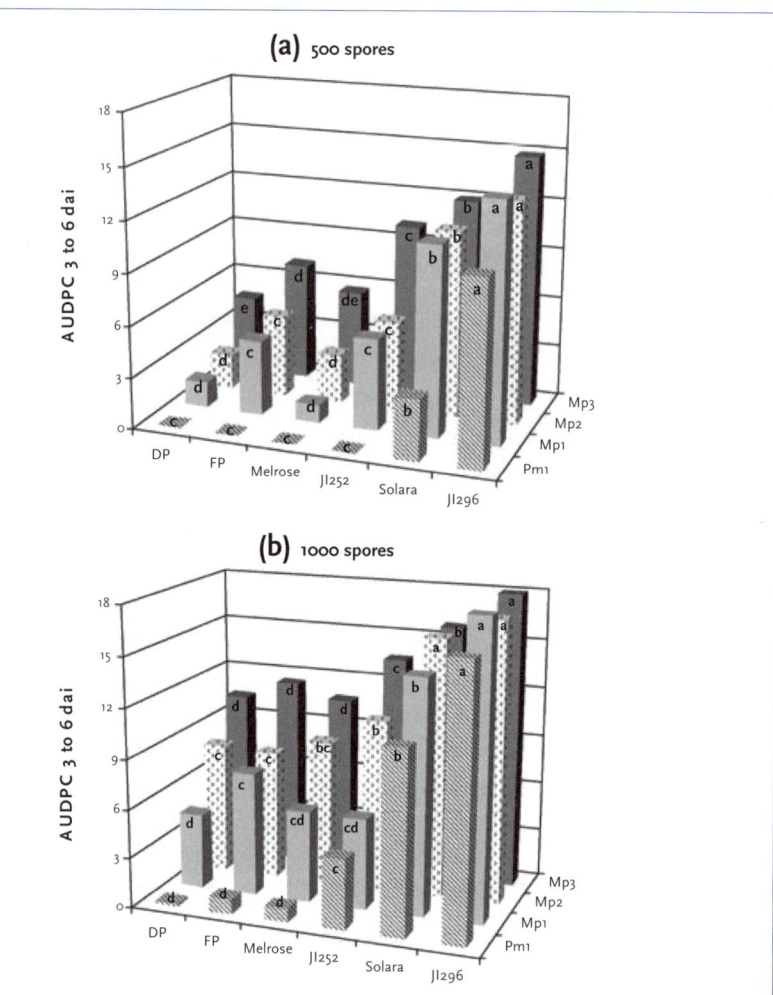

Fig. 4 Mean AUDPC calculated from lesion diameters from 3 to 6 days after inoculation on detached stipules of a set of six pea genotypes after point inoculation with spore suspensions of three isolates of *Mycosphaerella pinodes* (Mp1, Mp2 and Mp3) and one isolate of *Phoma medicaginis* var. *pinodella* (Pm1), at inoculum concentrations of **(a)** 500 spores and **(b)** 1000 spores drop^{-1}. For each fungal isolate, AUDPC means of genotypes showing the same letter are not significantly different; Student Newman-Keul's test ($P = 0.05$)

Abbildung 9: Wie aussagekräftig ist eine dreidimensionale Abbildung[4]?

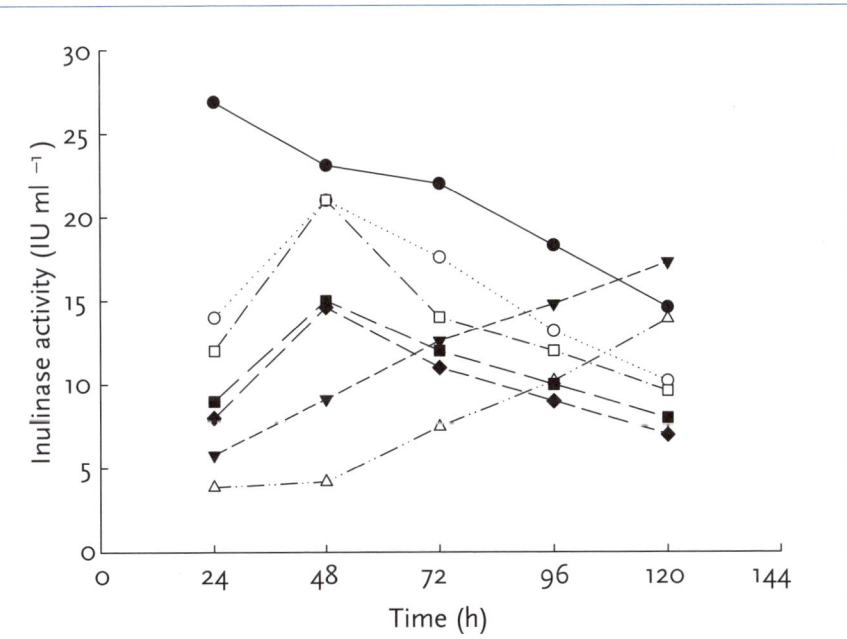

Figure 3 Inulinase production from inexpensive solid substrates by *X. campestris* under SSC. The bacterial cultures (16 h old) at 5% (v/w) were grown on various solid substrates: onion (●), garlic (○), chicory (▼), dandelion (△), molasses bran (■), barley bran (□) and wheat bran (◆) with a particle size of 0-5 mm at 37°C for 120 h. Each value represents the average of triplicate determinations.

Abbildung 10: Klares, gut beschriftetes Kurvendiagramm mit unterstützender Legende[5].

Kommentar

- Da dreidimensionale Abbildungen oft sehr unübersichtlich sind, ist deren Aussagekraft gering. Versuchen Sie nur mal, einzelne Balken im vorderen Bereich mit Balken im hinteren Bereich zu vergleichen ... Dies ist auch der Grund, warum viele Journale die Verwendung dieser Darstellungsform nicht wünschen – und warum Sie generell von diesem Format Abstand nehmen sollten.
- Die Legende dieser Abbildung besteht fast nur aus einem sehr langen Satz. Für Leserin und Leser wird es dadurch sehr schwierig, die Inhalte zu erfassen. Kurze Sätze mit jeweils einer Aussage sind wesentlich leichter zu verstehen.
- In diesem Forschungsbereich ist es üblich, Signifikanzen mittels klein geschriebener Buchstaben, wie Sie sie in den Balken finden, anzugeben. Gleiche Buchstaben bedeutet, es besteht kein statistisch signifikanter Unterschied zwischen den Balken, verschiedene Buchstaben, dass sich die Werte signifikant voneinander unterscheiden (Erklärung in der vorletzten Zeile der Legende). Die Angabe des p-Werts ist korrekt.
- Die Abkürzungen AUDPC (Legende) und dai (y-Achsen) hätten in der Legende erklärt werden müssen (*Area under the disease progress curve, days after inoculation*).

Kommentar

- Obwohl in dieser Abbildung sehr viel Information gezeigt wird, findet man sich durch die unterschiedliche Musterung der Kurven und die verschiedenen Symbole gut zurecht. Die Symbole sind sehr schön in der Legende erklärt. Eine Alternative wäre, die Symbole und Linien in einer kleinen Box im Diagramm nochmals darzustellen und zu erklären (Die Grafik-Software generiert diese Box bei entsprechender Einstellung automatisch). Im Legendentext stände anstatt des langen Satzes mit den Symbolen nur mehr: *The bacterial cultures (16 h old) at 5% (v / w) were grown on various solid substrates (as indicated) with a particle size of 0.5 mm at 37 °C for 120 h.*
- Der Legendentext beginnt mit einem kurzen, klaren Titel (erster Satz). Dann folgen einige wenige methodische Details, die man zum Verständnis der Abbildung benötigt. Zuletzt wird angegeben, wie oft die jeweiligen Experimente wiederholt wurden (*triplicate*).
- Die Abkürzung SSC (*solid state cultivation*) hätte erklärt werden müssen.

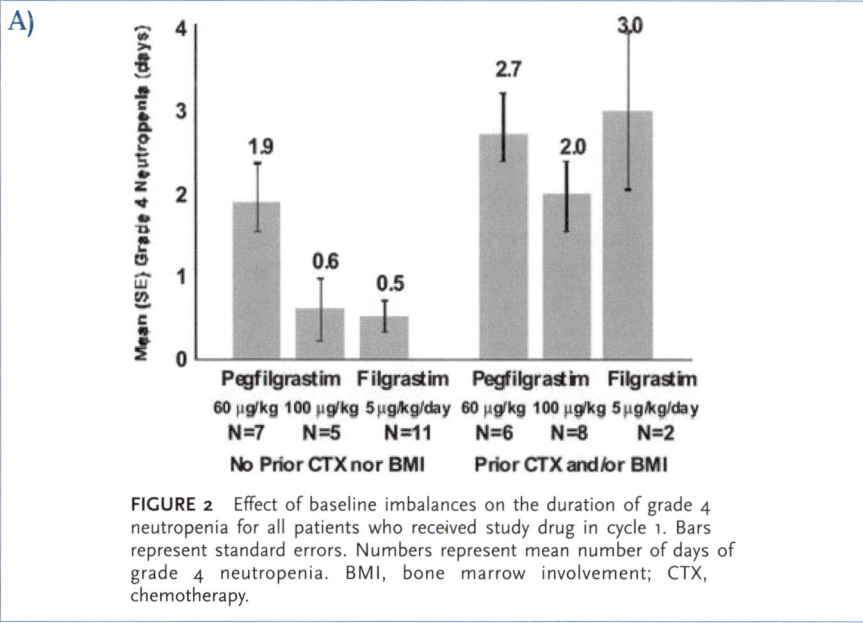

FIGURE 2 Effect of baseline imbalances on the duration of grade 4 neutropenia for all patients who received study drug in cycle 1. Bars represent standard errors. Numbers represent mean number of days of grade 4 neutropenia. BMI, bone marrow involvement; CTX, chemotherapy.

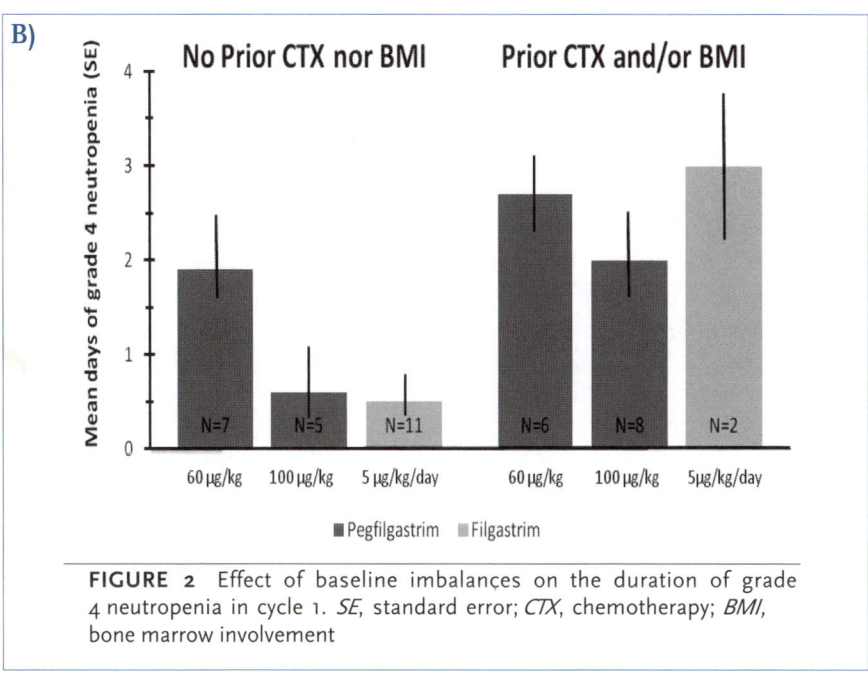

FIGURE 2 Effect of baseline imbalances on the duration of grade 4 neutropenia in cycle 1. *SE*, standard error; *CTX*, chemotherapy; *BMI*, bone marrow involvement

Abbildung 11: (A) Sehr unübersichtliches Balkendiagramm plus Legende[(6)] sowie (B) dieselbe Abbildung plus Legende überarbeitet und wesentlich übersichtlicher.

Kommentar

- Nicht so gut (A): Vieles in dieser Abbildung ist verwirrend. In der Grafik stehen direkt über den Fehlerbalken Zahlen. Durch diese Positionierung scheinen diese Zahlen auf den ersten Blick Auskunft über die Fehlerbalken zu geben. Dies trifft jedoch nicht zu, wie sich später im Legendentext herausstellt: *Numbers represent mean number of days of grade 4 neutropenia.* Die Beschriftung der x-Achse ist völlig „überladen", sodass man sich sehr schwer zurechtfindet. Außerdem gibt es pro Datenblock drei Balken, aber nur zwei Balkenbeschriftungen (Testsubstanzen *Pegfilgrastim, Filgrastim*).
- Besser (B): Die Zahlen über den Balken wurden weglassen. Sie waren nicht nur verwirrend, sondern auch unnötig, da sie ja nur die Balkenhöhe angaben, die man auch gut von der y-Achse ablesen kann (besonders, nachdem diese Markierungen in 0,5er-Schritten erhalten hat). In Folge konnte auch der dritte Satz der Legende (*Numbers represent...*) gestrichen werden.

  Die überfüllte Beschriftung der x-Achse wurde folgendermaßen aufgelockert: Die Verwirrung durch die drei Balken mit nur zwei Balkenbeschriftungen wurde durch unterschiedliche Balkenfarben und durch eine Legende, in der die beiden Balkenfarben den beiden Testsubstanzen zugeordnet sind, vermieden. Alternativ könnte man auch eine Box mit drei Balkenfarben + Substanzen + Konzentrationen einfügen und in der x-Achse nur mehr die Beschreibungen der beiden Datenblöcke (*No Prion CTX ...*) belassen (nicht gezeigt). Die Patientenzahlen (*N=7* etc.) wurden aus der Achsenbeschriftung herausgenommen und in der Grafik in die Balken gesetzt. Die Beschreibungen der zwei Datenblöcke in der letzten Zeile unter der x-Achse (*No Prior CTX ...*) wurden als Überschriften über die Datenblöcke gestellt.

  In der Legende war der zweite Satz überflüssig (*Bars represent standard errors*), da diese Information bereits in der Beschriftung der y-Achse gegeben wird (*SE*). Die fehlende Erklärung der Abkürzung *SE* wurde im Legendentext ergänzt.

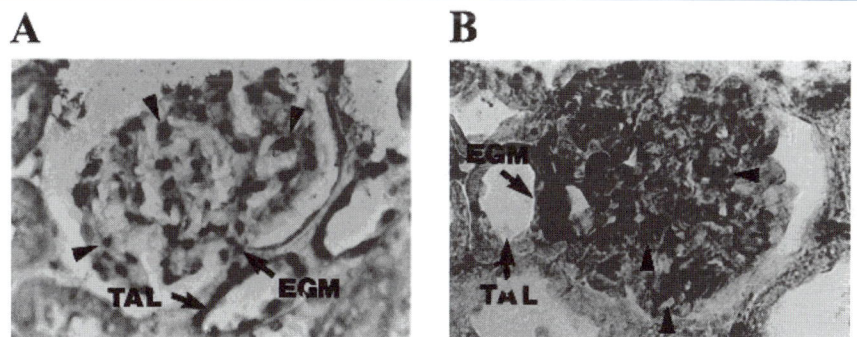

Fig. 1. Localization of HSP25 mRNA (A) and protein (B) in extraglomerular and intraglomerular mesangial cells (MCs) analyzed by immunohistochemistry. EGM, extraglomerular mesangium region; TAL, thick ascending limb of Henle's loop; arrowheads, intraglomerular MCs.

Abbildung 12: Gut beschriftete Fotos mit vollständiger Legende[7].

Kommentar

- In dieser zweiteiligen Abbildung werden zwei verschiedene Befunde gezeigt: *mRNA* und *protein*. Durch die Beschriftung mit *A* und *B* und die dazugehörigen Informationen in der Legende ist leicht zuzuordnen, in welchem Foto welcher Befund gezeigt ist.
- Um die Leserschaft auf relevante Aspekte in dieser Abbildung hinzuweisen, sind diese in den beiden Fotos beschriftet (*TAL, EGM, Pfeilköpfe*).
- Der Titel der Legende (erster Satz) enthält alle relevanten Informationen, die eine Leserin bzw. ein Leser benötigt, um auf den ersten Blick zu verstehen, was in der Abbildung gezeigt ist, inklusive einem kurzen Hinweis auf die Methodik (*immunohistochemistry*). In der Legende sind außerdem ganz korrekt alle verwendeten Abkürzungen und Symbole erklärt.
- Ein Mikrometerbalken, der angibt, bei welcher Vergrößerung das Foto aufgenommen wurde, fehlt.

5.1.4 *Data not shown* und *supplementary data* (betrifft vor allem Papers)

Wie schon erwähnt, sollten die wichtigsten Befunde Ihrer Arbeit in Form von Abbildungen oder Tabellen dargestellt werden. Ausnahmen sind sehr kleine, für eine Tabelle oder Abbildung nicht ausreichende Datensätze. Hier reicht es, die Ergebnisse im Text des Ergebnisteils in Worten zu beschreiben. Eine weitere Ausnahme, die vor allem Papers betrifft, sind Hintergrunddaten, die zwar für Ihre Studie wichtig sind, nicht aber im Fokus Ihrer Arbeit liegen. Mit dem Zusatz *(data not shown)* ist es möglich, derartige Ergebnisse nur in Worten vorzustellen. Ein Beispiel: *Negative controls confirmed the specificity of antibody X for protein Y (data not shown)*. Es ist wichtig, die Spezifität des Antikörpers X zu bestätigen. Viel wichtiger ist allerdings das Ergebnis, das unter Verwendung dieses Antikörpers erzielt wurde, und das deshalb sehr wohl in einer Abbildung oder Tabelle gezeigt werden sollte. Verwenden Sie den Hinweis *data not shown* aber nur ein- bis zweimal in Ihrem Text, sonst werden Ihre Gutachterinnen und Gutachter möglicherweise skeptisch (siehe auch Beispieltexte 2 und 3 plus Kommentare in Abschnitt 5.2). In einer Studienarbeit werden Sie Daten, wie sie im obigen Beispiel angeführt sind, dagegen sehr wohl präsentieren. Denn in solch einer Arbeit zeigen Sie möglichst alles, was Sie gemacht haben.

Betrifft nur Papers: Zuletzt noch ein paar Worte zu den **supplementary data**. Im Zeitalter der elektronischen Datenverwaltung ist es möglich, auf dem Webspace der Zeitschriften zusätzliches Datenmaterial (engl.: *supplementary data*) zu einem Artikel zu deponieren, das nur dort einsehbar ist, nicht aber im gedruckten Artikel aufscheint. Meist wird an der Stelle, wo diese *supplementary data* im Text besprochen werden, der entsprechende Weblink eingefügt. Schauen Sie aber wieder in den *Instructions to Authors* nach: Dort steht meist genau, wie der Verweis auf die *supplementary data* vom Journal gewünscht wird.

Wann verwenden Sie die Option *supplementary data*?

- Wenn Sie sehr viele Daten zeigen müssen, um Ihre Schlussfolgerungen zu untermauern, das aber den Rahmen des Manuskripts sprengen würde.
- Wenn Sie Hintergrundinformation für das bessere Verständnis Ihrer Daten zur Verfügung stellen möchten.
- Wenn Sie Ihre Rohdaten offen legen möchten oder müssen (weil das eine Gutachterin oder ein Gutachter von Ihnen verlangt hat).

Zu den *supplementary data* wird eine recht kontroverse Diskussion geführt. Für die eine Seite ist die Offenlegung aller Rohdaten als *supplementary data* Voraussetzung für eine gut belegte Studie. Die andere Seite hält umfangreiche *supplementary data* für wenig sinnvoll, da ihrer Meinung nach nur Wenige die Zeit finden, diese riesigen Datenmengen zu lesen. Was hier richtig ist, wird individuell entschieden und bedarf auch einiger Erfahrung mit den jeweiligen Journalen. Besprechen Sie diesen Punkt daher mit Wissenschaftlerinnen und Wissenschaftlern, die schon öfter in dem von Ihnen ausgewählten Journal publiziert haben. Noch eine kleine Hilfestellung für den goldenen Mittelweg: Der Artikel, so wie er in der Zeitschrift abgedruckt wird, muss für sich alleine stehen können, denn man hat ja nicht immer Zugang zum Internet und damit zu den *supplementary data.*

5.2 Text im Ergebnisteil

Sobald Ihre Abbildungen und Tabellen fertiggestellt sind, schreiben Sie den dazugehörigen Text. Wie bereits betont, sollten Sie in diesem Manuskriptabschnitt nur berichten, was Sie beobachtet haben, diese Befunde aber noch nicht interpretieren. Da Sie diese Beobachtungen in der Vergangenheit gemacht haben, ist die richtige **Zeitform** hierfür die Vergangenheit (*Der neu identifizierte Ligand interagierte mit Rezeptor A, nicht aber mit Rezeptor B. Growth rates increased after exposure to X.*). Wie schon bei den Tabellen und Abbildungen, möchte ich Ihnen auch hier die Vorgehensweise schrittweise vorstellen.

Schritt 1: Überlegen Sie zuerst nochmals, in welcher **Reihenfolge** Sie Ihre Ergebnisse vorstellen wollen. Oft gibt es eine inhaltlich bedingte Reihenfolge (Vorversuch, Schlüsselexperiment, ergänzende Experimente 1, 2 und 3), an die man sich dann auch im Text hält. Ist das nicht der Fall, beginnen Sie entweder mit dem wichtigsten Ergebnis, gefolgt von den anderen nach Wichtigkeit gereihten Befunden, oder Sie bauen Ihre Story vom weniger wichtigen Ergebnis hin zum bahnbrechendsten auf. Welche Variante Sie wählen, ist Geschmackssache. Denken Sie dabei immer an Kapitel 2.2 *Der rote Faden*: **Aus der Reihenfolge der Ergebnisse sollte sich eine Story ergeben, die so gut wie möglich zur Fragestellung Ihrer Arbeit passt.**

Schritt 2: Nachdem Sie die Reihenfolge festgelegt haben, nehmen Sie sich ein Ergebnis nach dem anderen vor – legen Sie die entsprechende Abbildung oder Tabelle tatsächlich vor sich auf den Tisch – und beginnen

Sie mit der Beschreibung. Bei Studienarbeiten hat man meist relativ viel Datenmaterial. Um den Ergebnisteil hier übersichtlich zu gestalten, ist es daher sehr angeraten, jeden Ergebnisblock in einem eigenen Abschnitt mit einer eigenen **Unterüberschrift** vorzustellen. Manche Journale erlauben ebenfalls, dass man den Ergebnisteils eines Papers mittels solcher Unterüberschriften untergliedert (z. B. in klinischen Artikeln: *Patients demographics and baseline characteristics, Efficacy endpoints, Saftey endpoints, Pharmacokinetic results etc.*). In jedem Fall sind Unterüberschriften für Ihr Publikum eine große Hilfe, um sich in Ihrem Text gut zurechtzufinden (Beispieltexte 1 und 3). Überlegen Sie jetzt also, welche Subtitel Sie in den Ergebnisteil Ihrer Studienarbeit oder Ihres Papers einfügen wollen. Erlaubt das von Ihnen ausgewählte Journal keine Unterüberschriften (siehe: *Instructions to Authors* oder andere Artikel aus diesem Journal), dann verwenden Sie einerseits **Absätze,** um zumindest eine optische Gliederung zwischen den einzelnen Ergebnisblöcken zu erzielen und andererseits **erklärende Sätze (hinführend, überleitend, zusammenfassend)**, wie bereits in Kapitel 3.1.1 *Aufbau eines Absatzes* besprochen.

Schritt 3: Wie gehen Sie nun bei der Beschreibung eines Ergebnisses vor? Beginnen Sie mit einem neuen Absatz, an dessen Anfang Sie einen **hinführenden Satz** stellen. Dieser Satz soll Ihre Leserinnen und Leser darauf vorbereiten, was im Folgenden besprochen wird: *Um die Wirksamkeit des Medikaments X zu testen, ….* Oder: *Characerisation of various ligands of receptor A by binding assays revealed …* Im ersten Beispiel verstehen wir sofort, dass uns im folgenden Absatz die Ergebnisse zur Wirksamkeit des Medikaments X präsentiert werden, im zweiten die mittels Bindungs-Assay identifizierten Charakteristika von verschiedenen Liganden des Rezeptors A. Und schon haben Sie die Aufmerksamkeit Ihre Leserschaft bei Ihren Ergebnissen. Die Beschreibung des nächsten Befunds beginnen Sie in einem neuen Absatz entweder wieder mit einem hinführenden Satz oder – falls passend – mit einem **überleitenden Satz**: *From the above data it was not clear whether … Therefore, …* Oder: *Next, this newly identified ligand of receptor A was compared to already characterised ligands of the receptor.* Im ersten Beispiel verstehen wir, dass nun die aus den vorangegangenen Daten hervorgegangenen Unklarheiten angepackt werden, im zweiten Beispiel, dass die Autorinnen bzw. Autoren den im vorigen Absatz beschriebenen neuen Liganden für Rezeptor A mit bekannten Liganden vergleichen. Schreiben Sie solche hinführenden/überleitenden Sätze auch, wenn Sie Unterüberschriften in Ihrer Studienarbeit oder in Ihrem

Paper verwenden – Ihre Leserinnen und Leser werden es Ihnen danken! Beispiele für einen hinführenden und einen überleitenden Satz finden Sie in Beispieltext 2, erster Satz von Absatz 1 bzw. Absatz 2. Einzige Ausnahme bilden hier Manuskripte zu klinischen Studien. Da diese meist sehr klar strukturiert sind und einen sehr ausführlichen Methodenteil haben, reichen dort Unterüberschriften für eine gute Verständlichkeit aus. Entsprechend finden sich im Ergebnisteil solcher Schriftstücke oft wirklich nur noch Zahlen, Fakten und Daten (Beispieltext 1). Abgesehen von dieser Ausnahme sind hinführende, überleitende und zusammenfassende Sätze, wie bereits in Kapitel 3.1 *Wie schreibe ich einen schlüssigen Text?* ausführlich besprochen, auch im Ergebnisteil **wichtige Orientierungshilfen** für Ihre Leserinnen und Leser.

Übung 1

Lesen Sie bitte die Beispieltexte 1, 2 und 3 durch und beantworten Sie folgende Frage:
Werden Sie durch Überschriften bzw. hinführende und/oder überleitende Sätze am Anfang der Absätze gut an das Thema des Absatzes herangeführt oder stellt sich erst im Laufe des Absatzes heraus, worum es eigentlich geht?
Die Antwort auf diese Frage finden Sie in den Kommentaren zu den drei Texten.

Schritt 4: Ihre Leserinnen und Leser sind jetzt auf das Thema des Absatzes vorbereitet. Als nächstes **beschreiben Sie Ihr Ergebnis**. Dafür betrachten Sie die entsprechende Abbildung oder Tabelle, überlegen, was deren **wichtigste Aussage** ist, und beschreiben diese in Worten – und zwar nur diese! Alle weiteren Details, die neben dieser wichtigsten Aussage im dargestellten Datensatz enthalten sind, sollen sich interessierte Leserinnen und Leser gegebenenfalls selber aus der Abbildung/Tabelle heraussuchen. Denn **Text und Abbildung/Tabelle dürfen nur in den wesentlichsten Aspekten redundant sein.** Warum? Einerseits, um Platz zu sparen. Darauf achten besonders die Gutachterinnen und Gutachter bei Journalen. Beschreiben Sie nämlich in einem Paper jede Einzelheit einer Abbildung auch im Text, dann bekommen Sie ziemlich sicher den folgenden Kommentar: *Figure 1 and text are redundant. Remove one.* Schade um die viele Arbeit, die Sie sich unnötigerweise gemacht haben. Andererseits – und das ist der bedeutsamere Grund – soll Ihre Leserschaft vor allem die wichtigsten Aussagen zu Ihren Ergebnissen im Kopf behalten und nicht durch Unmengen von überflüssigem Text davon abgelenkt werden. Beschränken Sie sich auch im Ergebnistext Ihrer Studienarbeit auf das Wesentliche.

Übung 2

Lesen Sie bitte Beispieltext 1 zusammen mit der dazugehörigen Abbildung (*Fig. 1*) und Tabelle (*Table 1*) (beides in Abbildung 13 zu sehen) durch und beantworten Sie folgende Fragen:
Wie viele Redundanzen bestehen zwischen Text und Abbildung bzw. Tabelle? Werden die Daten aus den grafischen Darstellungen (*Fig. 1*, *Table 1*) erneut sehr ausführlich im Text beschrieben oder werden nur deren wichtigste Aspekte im Text nochmals kurz angesprochen?
Die Antworten auf diese Fragen finden Sie im Kommentar zu Text und Abbildung.

Schritt 5: Zum Verständnis eines Ergebnisses benötigen Ihre Leserinnen und Leser einige Informationen zur Methode, mit der das Ergebnis erzielt wurde. Das heißt aber nicht, dass Sie die jeweilige Methode im Ergebnisteil ganz genau beschreiben müssen – das tun Sie im Methodenteil. Aber Ihre Leserschaft muss z. B. wissen, *in welcher Dosierung und mit welchem Behandlungsintervall Sie Ihre Zellen mit der Substanz X behandelt haben*, um die Tragweite Ihrer Beobachtungen einschätzen zu können. Führen Sie daher im Ergebnisteil die wenigen zum Verständnis des Ergebnisses erforderlichen **Details zur Methodik** an – ganz kurz und wirklich nur das Nötigste. Vergessen Sie außerdem nicht, im Text auf die jeweilige Abbildung oder Tabelle zu verweisen: **(Fig. 1)** oder **(Tab. 3)**.

Übungen 3 + 4

Vergleichen Sie bitte Beispieltext 2 und Beispieltext 3 unter folgenden Gesichtspunkten:
3: Wie viele methodische Details enthalten diese beiden Ergebnistexte? Zu viele/zu wenige/genau richtig?

4: Wie gut sind die Ergebnisse in den beiden Texten präsentiert? Achtung, die zwei in Beispieltext 3 erwähnten Abbildungen sind hier nicht gezeigt. Antworten auf diese Fragen finden Sie in den Kommentaren zu den beiden Texten.

Schritt 6: Bei komplexeren Ergebnisbeschreibungen unterstützen Sie Ihre Leserschaft, indem Sie das Ergebnis am Ende des Absatzes nochmals in einem kurzen **zusammenfassenden Satz** auf den Punkt bringen.

Übung 5

Gibt es in den Beispieltexten 1, 2 und 3 am Ende der Absätze zusammenfassende Sätze?
Die Antwort auf diese Frage finden Sie in den Kommentaren zu den drei Texten.

Noch ein paar Ergänzungen zum Ergebnisteil: Während man über die Abbildungen und Tabellen schreibt, wird oft klar, dass diese noch nicht ganz perfekt sind, im Sinne von *zu überladen, nicht eindeutig beschriftet, Aufbau passt nicht zum Text, etc.* Sehr gut! **Modifizieren Sie Ihre Darstellungen, sodass Text und Abbildung/Tabelle am Ende perfekt zusammenpassen.** Achten Sie außerdem darauf, dass Begriffe, Abkürzungen, Einheiten in Text und Abbildungen/Tabellen – bzw. in Ihrem ganzen Manuskript – einheitlich sind. Wenn Sie sich z. B. für die Abkürzung *CT* für Chemotherapie entschieden haben, dann bleiben Sie dabei und verwenden nicht zwischendurch andere Abkürzungen (z. B. *CTX*).

Wie bereits erwähnt, dürfen Sie Ihre Ergebnisse in diesem Abschnitt **noch nicht diskutieren.** Dazu gibt es **eine kleine Ausnahme.** In Beispieltext 1 wird unter anderem auf folgenden Befund hingewiesen: *Mean baseline haemoglobin concentration was slightly lower in the asynchronous (10.0 g/dl) than the synchronous group (10.5 g/dl).* In den folgenden Sätzen wird dann überlegt, warum das so ist, der Befund wird also diskutiert. Der Grund dafür ist, dass dieser Punkt zwar geklärt werden muss, nachdem er aber weder auf das Ergebnis noch auf die spätere Interpretation der Daten einen direkten Einfluss hat, wird er bereits in den Ergebnissen diskutiert und damit abgehakt. Generell gilt: Beobachtungen, die für die Aussage eines Manuskripts nicht relevant sind, können auch schon im Ergebnisteil besprochen werden, allerdings möglichst knapp.

> **Tipp**
>
> Sie müssen das Rad nicht neu erfinden! Schauen Sie sich die Ergebnisteile fertiger Studienarbeiten oder publizierter Artikel an. Sie werden schnell bemerken, dass ähnliche Ergebnisse fast immer nach dem gleichen Schema beschrieben werden. Lehnen Sie Ihre Ausführungen daran an.

Beispieltext 1:

Textabschnitt aus dem Ergebnisteil eines klinischen Papers plus dazugehöriger Abbildung und Tabelle (beides in Abbildung 13) [8]

3. Results

3.1. Patient demographics and baseline characteristics

Eighty-four patients were enrolled (Fig. 1). Three patients (all assigned to synchronous dosing) did not receive study drug; thus, 81 were included in the primary analysis set. A total of 74 patients (41 asynchronous, 33 synchronous) completed 6 weeks of study (time of the primary endpoint). The median duration of therapy was 10 weeks. Baseline demographics were well balanced between treatment groups, with slight differences in the proportion of patients with breast and gynaecologic malignancies observed (Table 1). Mean baseline haemoglobin concentration was slightly lower in the asynchronous (10.0 g/dl) than the synchronous group (10.5 g/dl); however, the baseline value of the asynchronous group was taken mid-cycle (7 d before the next chemotherapy administration) rather than immediately before the start of the next cycle as in the synchronous group. This difference may be the result of the impact of chemotherapy.

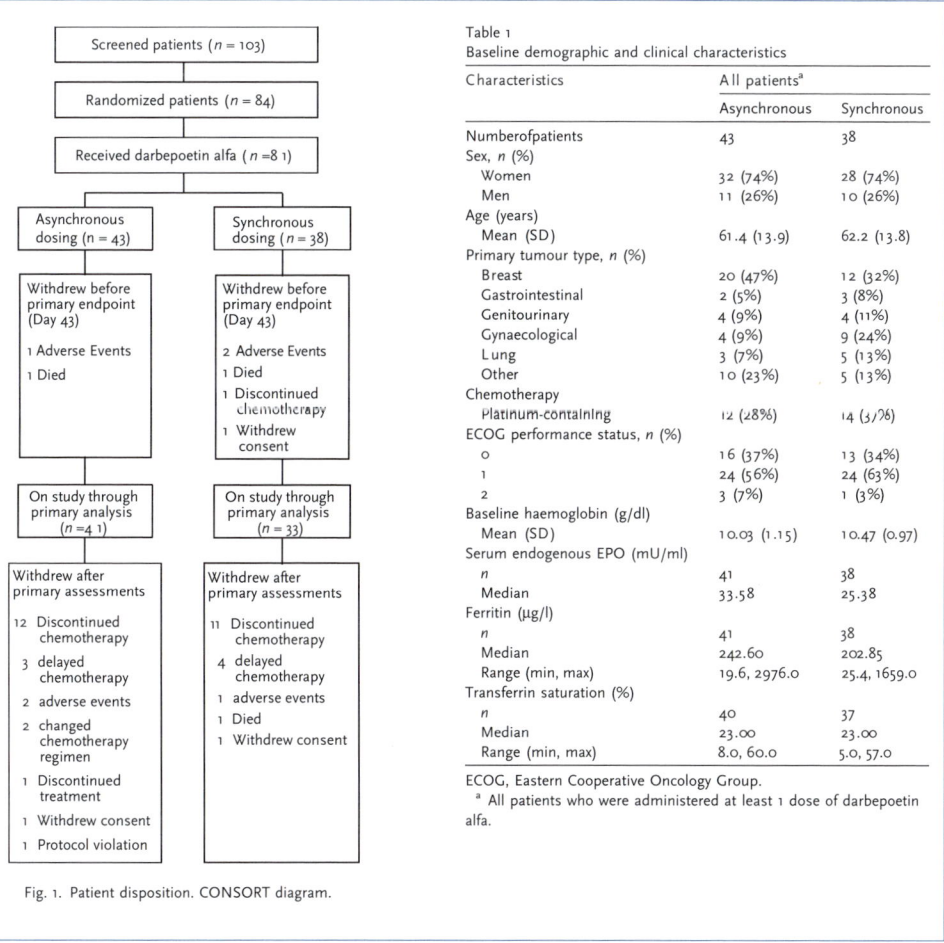

Fig. 1. Patient disposition. CONSORT diagram.

Table 1
Baseline demographic and clinical characteristics

Characteristics	All patients[a]	
	Asynchronous	Synchronous
Numberofpatients	43	38
Sex, n (%)		
Women	32 (74%)	28 (74%)
Men	11 (26%)	10 (26%)
Age (years)		
Mean (SD)	61.4 (13.9)	62.2 (13.8)
Primary tumour type, n (%)		
Breast	20 (47%)	12 (32%)
Gastrointestinal	2 (5%)	3 (8%)
Genitourinary	4 (9%)	4 (11%)
Gynaecological	4 (9%)	9 (24%)
Lung	3 (7%)	5 (13%)
Other	10 (23%)	5 (13%)
Chemotherapy		
Platinum-containing	12 (28%)	14 (37%)
ECOG performance status, n (%)		
0	16 (37%)	13 (34%)
1	24 (56%)	24 (63%)
2	3 (7%)	1 (3%)
Baseline haemoglobin (g/dl)		
Mean (SD)	10.03 (1.15)	10.47 (0.97)
Serum endogenous EPO (mU/ml)		
n	41	38
Median	33.58	25.38
Ferritin (µg/l)		
n	41	38
Median	242.60	202.85
Range (min, max)	19.6, 2976.0	25.4, 1659.0
Transferrin saturation (%)		
n	40	37
Median	23.00	23.00
Range (min, max)	8.0, 60.0	5.0, 57.0

ECOG, Eastern Cooperative Oncology Group.
[a] All patients who were administered at least 1 dose of darbepoetin alfa.

Abbildung 13: Zu **Beispieltext 1** gehörige Abbildung und Tabelle[8].

Kommentar

- In diesem klinischen Journal ist es erlaubt, den Ergebnisteil mit Unterüberschriften zu untergliedern (*Patient demographics and baseline characteristics*) (Übung 1). Während dies in Papers nicht immer erwünscht ist, sind Unterüberschriften in den meist sehr umfangreichen Studienarbeiten für ein gutes Verständnis unerlässlich. Auch die Nummerierung von Abschnitten ist in Studienarbeiten für eine bessere Orientierung sehr zu empfehlen. Nicht alle Journale wünschen dagegen eine Durchnummerierung der einzelnen Abschnitte, wie es in diesem Beispiel zu sehen ist (*3. Results, 3.1. ...*).
- Typischerweise sind in Manuskripten zu klinischen Studien die Daten, wie auch in diesem Beispieltext, ohne hinführenden Satz vorgestellt. Die hinführende Funktion übernehmen hier die Unterüberschriften. Auch auf einen zusammenfassenden Satz wurde verzichtet (Übungen 1 und 5).
- Im Text werden die wichtigsten Befunde aus den beiden graphischen Darstellungen (Flussdiagramm und Tabelle) nochmals ganz kurz angeführt (*84 patients enrolled, 81 included, 74 completed; baseline demographics well balanced with slight differences in proportion of breast and gynaecologic malignancies and baseline haemoglobin*). Alle weiteren Informationen können sich interessierte Leserinnen und Leser selbst aus den Darstellungen heraussuchen – ein sehr schönes Beispiel für ein gutes Maß an Redundanz (Übung 2).
- Wie es die *CONSORT*-Richtlinien zur Erstellung von klinischen Publikationen verlangen (siehe dazu Kapitel 2.1.1 *Richtlinien zu Aufbau und Inhalt von klinischen Publikationen*), ist die Patientenverteilung während des Studienverlaufs in Form eines Flussdiagramms dargestellt (*Fig. 1*).
- Zur Besprechung der Unterschiede im *baseline haemoglobin* in der zweiten Hälfte dieses Beispieltextes lesen Sie bitte die Erklärung im letzten Absatz dieses Kapitels vor den Beispieltexten: eine kleine Ausnahme.
- Tippfehler finden sich selbst in den besten Artikeln (*Fig. 1*, rechte untere Box, *1D ied*). Formale Fehler, wie die uneinheitliche Groß- bzw. Kleinschreibung der ersten Begriffe in den Aufzählungen (*Fig. 1*), sind allerdings wirklich nicht nötig und machen einen schlechten Eindruck.
- Beachten Sie bitte, dass die Patientencharakteristika (*Table 1*) im Ergebnisteil vorgestellt werden und nicht im Methodenteil. Die Vorstellung der Patientencharakteristika bereits im Methodenteil ist ein häufiger Fehler in klinischen Manuskripten. Siehe dazu auch Kapitel 6.2.1 *Patientenpopulation*.

Beispieltext 2:
Zwei Absätze mitten aus dem Ergebnisteil eines Papers aus der Grundlagenforschung[9].

... *In order to estimate if exogenously applied isoprene exhibits a similar effect
to that observed in PaIspS transformats, whole plants or detached leaves of
wild-type plants were treated with the same heat stress as applied above in
closed culture vessels to which isoprene was added. We employed three different isoprene concentrations, (i) 22.5 µl l⁻¹ headspace (Sharkey et al. 2001)*
*corresponding to 225 nmol l⁻¹ headspace; (ii) 670 nmol h⁻¹ l⁻¹ headspace accor-
ding to endogenously produced isoprene in P. alba; and (iii) 170 pmol h⁻¹ l⁻¹
headspace, which is the concentration of endogenously produced isoprene in
transgenic Arabidopsis. However, this experiment did not show any apparent
thermotolerance compared with the negative control where no isoprene was
added (data not shown). In addition to Arabidopsis, detached leaves of
P. alba were also treated with the same thermostress in the presence of hete-
rogenous isoprene added to the headspace, but we could not observe any
differences in the appearance of the leaves between the treatments with and
without isoprene (data not shown).*

*To assess if this stress tolerance is specific for heat, or also valid for other stres-
ses, we cultivated PaIspS-expressing Arabidopsis plants under drought stress
(3 weeks), cold stress (4°C, 3 weeks), oxidative stress with methyl viologen
(3 µM for 9d) or salt stress (100 mM NaCl for 9d) (Ohara et al. 2004).
Transgenic plants might be susceptible to drought stress (Supplementary Fig.
S2), whereas the difference was small compared with the thermotolerance.
No apparent differences in other stress treatments between wild-type and
transgenic plants were observed in the preliminary experiments (data not
shown), suggesting that the stress tolerance conferred by the isoprene emission was specific for heat. ...*

Kommentar

- Jeder Aspekt wird in einem separaten Absatz besprochen: perfekt!
- Die beiden Absätze beginnen mit sehr schönen hinführenden bzw. über-leitenden Sätzen: Man weiß sofort, worum es in den Absätzen gehen wird (Übung 1).
- Für einen Ergebnistext sind methodische Aspekte viel zu ausführlich beschrieben (sogar Zitate zu methodischen Details sind angegeben). Das gehört alles in den Methodenteil. Im Ergebnisteil sollte nur ganz kurz und eher prinzipiell angesprochen werden, was technisch gemacht wurde (Übung 3).
- Im Gegensatz dazu kommen die tatsächlichen Ergebnisse viel zu kurz: Dreimal der Hinweis *data not shown* und einmal *supplementary data* (und Sie sind gerade nicht online ...), also überhaupt keine Daten zu sehen. Auch wenn die Ergebnisse zum Teil negativ waren (... *we could not observe any differences* ...), sollte hier zumindest ein Datensatz gezeigt werden, sonst wird die ganze Sache unglaubwürdig. Für Absatz 1 würde sich z. B. eine Tabelle anbieten, in der sogar die vielen methodischen Details problemlos hätten angeführt werden können (Übung 4).
- Betrachten Sie bitte den letzten Satz. Wird hier schon diskutiert oder nur zusammengefasst? Nehmen wir mal Letzteres an, dann wäre der Satz in Ordnung (Übung 5). In der Mitte des zweiten Absatzes findet sich jedoch das Wort *might*. Das ist definitiv ein Diskussions-Wort, denn in den Ergebnissen sehen wir einen Effekt oder wir sehen keinen – nicht möglicherweise (*might*).

Beispieltext 3:
Absatz aus dem Ergebnisteil eines Papers aus der Grundlagenforschung
[10].

3 Results

3.1. Low temperature symptoms and total RNA integrity
We determined the specific time when low temperature symptoms appear in banana fruits. Fig. 1 shows a temporal course of banana fruits submitted at 10°C or 23°C (room temperature). The low temperature injury symptoms appear after 8h exposure to the low temperature treatment; where the banana subepidermal tissues revealed dark-brown streaks due to this stress. No degradation of total RNA was observed in different tissue of the banana fruit after the treatment. Fig. 2 shows no degradation of the rRNA from the total RNA extraction. Additionally total RNA was used to PCR using universal primers (actin) as indirect indicator of integrity of total RNA (data not shown). This result suggests that the time of incubation and temperature used does not cause a general degradation of ribonucleic acids in the banana fruits.

Kommentar

- Titel und erster Satz führen die Leserinnen und Leser sehr schön zum Thema des Absatzes hin (Übung 1).
- Nur die wichtigsten methodischen Details sind angeführt, die Ergebnisse sind knapp, aber gut verständlich präsentiert und es gibt zwei Abbildungen – genau das richtige Verhältnis zwischen Methodik und Ergebnis (Übungen 3 und 4)!
- *Data not shown* ist hier korrekt eingesetzt, denn die nicht gezeigten Daten sind nur eine Bestätigung der in *Fig. 2* (liegt hier nicht vor) präsentierten Daten.
- Der letzte Satz klingt ein bisschen nach Interpretation/Diskussion. Liest man im Ergebnistext weiter (liegt hier nicht vor), wird aber klar, dass es sich um einen zusammenfassenden Satz handelt (Übung 5).

Zusammenfassung

Im Ergebnisteil stellen Sie Ihre Ergebnisse in Wort und Bild dar, ohne diese jedoch zu interpretieren oder zu diskutieren. Stellen Sie die Bilder und Tabellen erst ganz fertig, bevor Sie mit dem Schreiben beginnen. Denn ohne diese ist das Schreiben eines passenden Ergebnistextes fast nicht möglich.

Die wichtigsten Befunde sollten Sie in Tabellen oder Abbildungen präsentieren. Dafür überlegen Sie zuerst, welches Darstellungsformat (Tabelle, Balken-, Kurvendiagramm, Foto, Übersicht u. v. m.) sich am besten eignet, um die spezifische Aussage jedes einzelnen Datensatzes möglichst anschaulich und leicht verständlich zu vermitteln.

Für die Darstellung großer Datenmengen bzw. wenn es auf die tatsächlichen Zahlenwerte ankommt, sind Tabellen besonders geeignet. Tabellen benötigen einen Titel. Sie bestehen aus Spalten und Zeilen, die ebenfalls jeweils einen kurzen Titel haben. Ergänzende Informationen werden einer Tabelle mittels Fußnoten zugefügt.

Zur sofort erkennbaren Darstellung von Effekten in Ihren Ergebnissen eignen sich Abbildungen jeder Art. Jeder Abbildung muss eine Legende zugefügt werden, die zusätzlich zum Verständnis der Abbildung nötige Informationen liefert. Abbildung zusammen mit der dazugehörigen Legende müssen selbsterklärend, d. h. auch ohne den Manuskripttext verstanden werden können. Alle Elemente in einer Abbildung müssen eindeutig beschriftet sein. Verwenden Sie zur Erstellung von Abbildungen eine geeignete Grafik-Software.

Im Text des Ergebnisteils stellen Sie Ihre Ergebnisse zusätzlich noch in Worten vor. Wichtig ist hierbei, dass Sie nur die wichtigsten Aspekte jedes einzelnen Ergebnisses beschreiben, sodass möglichst wenig Redundanzen zwischen Text und Abbildung/Tabelle bestehen. Führen Sie außerdem zum Verständnis der Ergebnisse benötigte methodische Details an – allerdings nur die allernötigsten. Verweisen Sie im Text auf die Abbildung bzw. Tabelle, die Sie gerade besprechen. Untergliedern Sie, wenn erlaubt, Ihren Ergebnisteil mit Unterüberschriften, oder zumindest mit Absätzen.

Den Ergebnisteil formulieren Sie in der Vergangenheitsform.

6 Material und Methoden

6.1 Grundlagenforschung
6.2 Klinische Forschung

Im Abschnitt *Material und Methoden* (oft *Mat&Met* abgekürzt) beschreiben Sie nun die Methoden, die Sie zur Generierung Ihrer Ergebnisse eingesetzt haben. Bevor ich hier auf die genaue Vorgehensweise beim Schreiben von *Mat&Met* eingehe, möchte ich **eine Lanze für den Methodenteil brechen**. Ich gebe zu, er ist nicht sehr spannend zu schreiben – dafür umso anstrengender, weil man ganz genau auf jedes Detail, jedes kleinste Schrittchen in den experimentellen Ansätzen, jeden Puffer, jede Substanzkonzentration etc. achten muss. Denn schleicht sich hier ein Fehler ein, oder vergisst man nur eine kleine, aber wichtige Information, dann kann das verheerende Auswirkungen auf die Aussage Ihrer Arbeit haben. Im Folgenden nur ein paar dieser „verheerenden" Missverständnisse, die ein nachlässig geschriebener Methodenteil hervorrufen kann:

Falsche Schlussfolgerung: *Was? Mit dieser niedrigen Konzentration der Substanz X sterben bereits 99% aller Zellen? Substanz X muss ja hochtoxisch sein!* X ist keineswegs hochtoxisch. Sie haben sich nur bei der Substanzkonzentration um eine Kommastelle vertippt.

Unglaubwürdig: *Jetzt habe ich doch wirklich jeden Schritt der in Artikel Y beschrieben Methode ganz genau befolgt, und trotzdem erhalte ich ganz andere Ergebnisse als die Autorinnen und Autoren des Artikels Y!?* Vielleicht haben die Autorinnen und Autoren von Studie Y wirklich nur vergessen, eine – wesentliche – Kleinigkeit in der Methodenbeschreibung zu erwähnen und deswegen klappt es nicht. Man könnte allerdings auch mutmaßen, dass die Daten im Artikel Y nicht korrekt sind.

Informationsverlust: *Das Medikament hat ja wirklich einen sehr positiven Effekt auf das Blutbild. Schade nur, dass aus dem Methodenteil nicht eindeutig hervorgeht, ob das Blutbild noch während der Gabe des Medikaments gemacht worden ist oder erst nach dessen Absetzen.* Durch den lückenhaften Methodenteil geht hier eine ganz wichtige Information verloren: Wirkt das Medikament nur, während man es verabreicht, oder bleibt die Wirkung auch nach Absetzen erhalten?

Mit diesen Beispielen möchte ich klar machen, welche folgenschweren Auswirkungen ein schlecht geschriebener Methodenteil haben kann und wie wichtig es daher ist, die Methoden in einem wissenschaftlichen Manuskript **gewissenhaft und nachvollziehbar** zu dokumentieren.

> **Tipp**
>
> Machen Sie sich das Schreiben leichter, indem Sie sich die Methodenteile anderer Studienarbeiten bzw. Papers zu Ihrem Fachgebiet anschauen. Sie wissen zwar, dass Sie von dort nicht abschreiben dürfen (Plagiat), aber Sie können sich durchaus einige Anregungen holen. Denn vor lauter Details übersieht man leicht den einen oder anderen Aspekt in der eigenen Methodenbeschreibung, auf den man durch das Lesen ähnlicher Methodenbeschreibungen schnell aufmerksam wird.

Die im Methodenteil übliche **Zeitform** ist die **Vergangenheit**. Die **Sprache** ist meist sehr einfach und die Sätze sind oft nur kurz. Wichtig ist hier nämlich, dass die Methodenbeschreibungen gut verständlich sind, und nicht ein ausgefeilter Sprachstil.

Meist besteht dieser Teil eines wissenschaftlichen Manuskripts nur aus Text. Manchmal ist es allerdings auch sinnvoll, **Abbildungen** einzufügen, um z. B. eine komplexe Versuchsanordnung (siehe Abbildung 7B in Kapitel 5.1 *Tabellen und Abbildungen plus Legenden*) oder die zeitliche Abfolge einer Studie zu veranschaulichen (Abbildung 14). Während Abbildungen im Methodenteil von Papers nur in Ausnahmefällen und nur bei bestimmten Studienarten zu finden sind (z. B. klinische Studien), sind sie im Methodenteil von Studienarbeiten durchaus üblich.

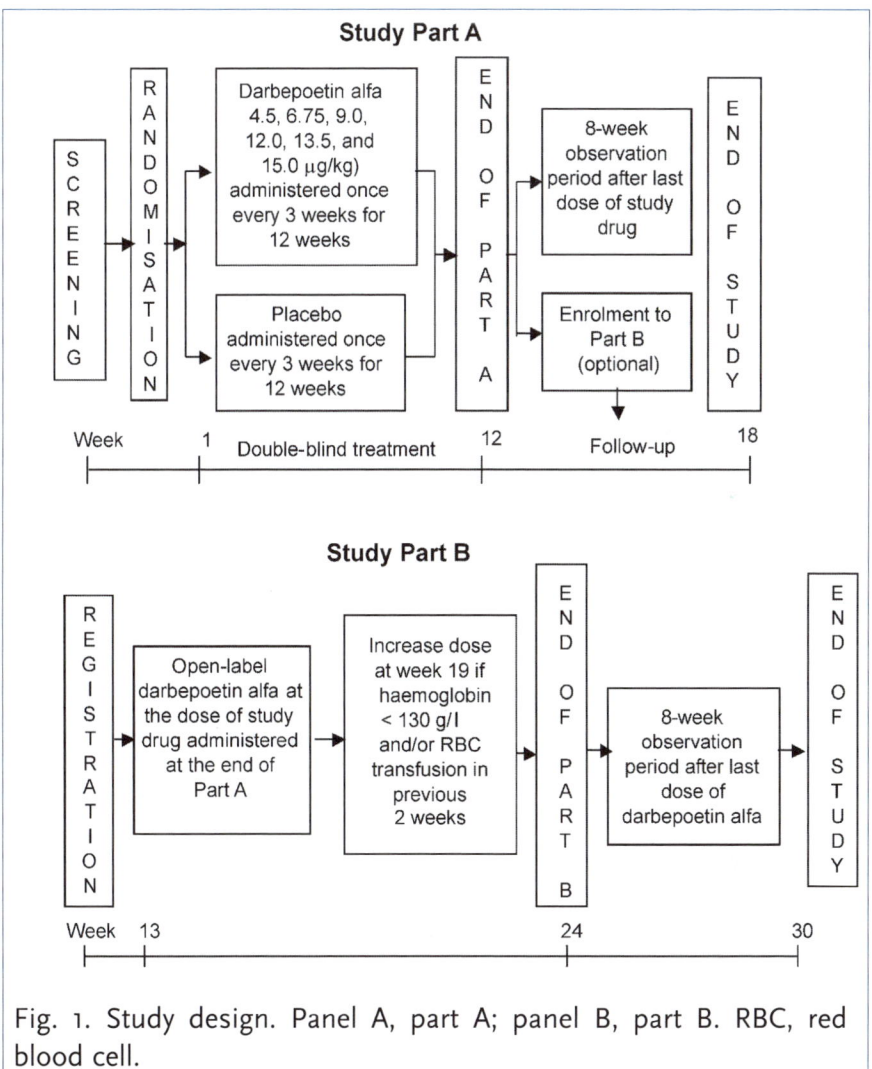

Fig. 1. Study design. Panel A, part A; panel B, part B. RBC, red blood cell.

Abbildung 14: Diagramm im Methodenteil eines klinischen Papers zur Veranschaulichung des zeitlichen Ablaufs einer komplexeren Studie[11].

Kommentar

- Um die zeitliche Abfolge der einzelnen methodischen Schritte in dieser Studie zu veranschaulichen, haben die Autorinnen und Autoren ein Diagramm gewählt. Zuerst erfolgte die Auswahl der Patientinnen bzw. Patienten (*Screening*), dann wurden sie nach dem Zufallsprinzip (*Randomisation*) entweder der Behandlungsgruppe (*Darbepoetin alfa* in verschiedenen Konzentrationen) oder der Plazebo-Gruppe (*Placebo*) zugeteilt. Zu diesem Zeitpunkt ist auch mit *Week 1* der eigentliche Studienbeginn festgelegt. Der zeitliche Verlauf der ganzen Studie ist auf den Linien unter den Diagrammen zu verfolgen. Nach zwölf Wochen ist der erste Teil der Studie beendet (*End of Part A*) und es folgt ein sechswöchiges *Follow-up*. Während dieser Zeitspanne können Patientinnen und Patienten, die *Darbepoetin alfa* weiter verabreicht bekommen, in den zweiten Teil der Studie (*Part B*) eingeschlossen werden. Sehen Sie nun selbst, wie sich der zeitliche Verlauf des Teil B gestaltet.
- Die in *Study Part B* verwendete Abkürzung *RBC* ist ganz korrekt in der Legende erklärt.

Sowohl in einer Studienarbeit als auch in einem Paper wird der Methodenteil in einzelne Abschnitte unterteilt. Jeder Abschnitt enthält die Beschreibung jeweils einer Methode. Schreibt man über eine Arbeit in der Medizin, also eine **klinische Studie**, sind die Abschnitte und deren Inhalte meist sehr genau definiert (Abschnitt 6.2). Schreibt man ein Manuskript in der **Grundlagenforschung**, ist die Gestaltung des Methodenteils wesentlich variabler (Abschnitt 6.1). Daher möchte ich diese beiden Manuskripttypen (Grundlagenforschung und klinische Forschung) im Folgenden getrennt besprechen.

6.1 Grundlagenforschung

In der Grundlagenforschung sind sowohl Anzahl als auch Inhalte der Abschnitte im Methodenteil sehr davon abhängig, welche Art von Untersuchung durchgeführt wurde. Ganz generell lässt sich allerdings ein **gängiger Aufbau** erkennen.

6.1.1 Erster Abschnitt: Materialien

Im ersten Abschnitt werden üblicherweise die verwendeten **Materialien** aufgelistet. Das sind zum Beispiel die verwendeten Zellen, Versuchstiere, Puffer, Kulturmedien etc. Wichtig ist hierbei, den jeweiligen **Hersteller** anzugeben. Haben Sie z. B. Ihre Zellen von der Firma *Merck* bezogen, dann geben Sie dies in Klammern an, ebenso wie Ort und Land des Firmensitzes (*Merck, Darmstadt, Deutschland*). Haben Sie weitere Materialien bei Merck bestellt, dann müssen Sie hinter den entsprechenden Produkten nur mehr den Namen der Firma angeben (*Merck*), jedoch nicht mehr Ort und Land. So tun Sie das für alle von Ihnen verwendeten Materialien, die Sie von Firmen bezogen haben. Dies trifft auch auf **Geräte** und **Software** zu: Auch hier geben Sie jeweils Stadt und Land sowie bei Software die Versionsnummer an. Allerdings ist hier nicht z. B. das „Allerwelts"-Mikroskop gemeint, mit dem Sie täglich Ihre Zellen betrachten, oder das Textverarbeitungsprogramm *Word*, mit dem Sie Ihr Manuskript geschrieben haben. Vielmehr betrifft dies nur spezielle Geräte, wie z. B. ein Rasterelektronenmikroskop oder eine Software, die für eine ganz spezielle Auswertung entwickelt wurde. Haben Sie z. B. einen Antikörper verwendet, den man nicht käuflich erwerben konnte, sondern den Ihnen eine andere Forschungsgruppe zur Verfügung gestellt hat, geben Sie auch dessen Ursprung an, nämlich den Namen und Kontakt der Forschungsgruppe (*zur Verfügung gestellt von ...*). Noch besser ist es, wenn diese Forschungsgruppe schon einen Artikel über diesen Antikörper geschrieben und ihn darin genau charakterisiert hat. Dann müssen Sie nur diese Referenz angeben und interessierte Leserinnen und Leser können dort Details zu diesem speziellen Antikörper nachlesen.

Warum diese genauen Angaben zum Ursprung Ihrer Materialien? Ganz einfach, damit jemand, der Ihre Methoden für eigene Untersuchungen verwenden möchte, genau die gleichen Materialien verwendet. Denn wie Sie wahrscheinlich wissen, kann sich die Verwendung anderer Ausgangsmaterialien drastisch darauf auswirken, ob eine Methode funktioniert oder nicht. Stellen Sie sich vor, eine kritische Wissenschaftlerin bzw. ein kritischer Wissenschaftler möchte Ihre Ergebnisse verifizieren, verwendet aber wegen mangelnder Angaben andere Materialien als Sie und erhält deswegen andere Ergebnisse. Was glauben Sie, was dann mit der **Glaubwürdigkeit Ihrer Untersuchungen** passiert?

Je nach Art der Studie ist der **Titel** dieses Abschnitts z. B. *Chemikalien und Reagenzien, Versuchstiere* oder *Cell culture and treatments* (siehe auch Beispieltext 4)

Beispieltext 4:
Ausschnitt aus dem Methodenteil einer Studienarbeit: Beschreibung der Herkunft der verwendeten Zelllinien[12].

4 Material und Methoden
4.1 Material
4.1.1 Zelllinien
Balb/c 3T3-Zellen, Klon A31 wurden bezogen von ICN-Flow, Eschwege, Deutschland (Kat.Nr.: 03-465-83) oder American Type Culture Collection (ATCC (Rockville, USA) Kat.Nr.: CCL-163; zur Verfügung gestellt von der ZEBET).
Murine Embryonale Stammzellen der Linie D3 (129/Sv+/+, Karyotyp XY) wurden in zwei verschiedenen Chargen eingesetzt:
D3-Zellen (ATCC): Diese Charge der D3-Zellen wurde von ATCC (Rockville, USA) bezogen.
D3-Zellen (ZEBET): Ein Aliquot dieser Charge D3-Zellen wurde dem Labor 1998 von der Zentralstelle zur Erfassung und Bewertung von Ersatz- und Ergänzungsmethoden zum Tierversuch (ZEBET) des Bundesinstitut für gesundheitlichen Verbraucherschutz und Veterinärmedizin (BgVV) zur Verfügung gestellt. Die dortige Arbeitsgruppe hatte die Zellen direkt aus der Arbeitsgruppe von Prof. Kemler erhalten, in dessen Labor sie 1985 isoliert wurden (Doetschman et al., 1985).
Für die D3-Zellchargen kann keine Aussage über die Anzahl der Passagen gemacht werden, die die Zellen vor Erhalt des Aliquots durchlaufen haben. Daher wurden definitionsgemäß die Passagen nach dem Auftauen eines Aliquots gezählt. Bei D3 (ATCC) wurden die unbekannten Passagen als P bezeichnet (nach dem Auftauen dementsprechend P1), bei D3 (ZEBET) als x. Sind mehrere Einfrier-Zyklen durchlaufen worden, steht die erste Zahl für die Passage der eingefrorenen Zellen, die zweite Zahl für die rezenten Passagen (z.B.: x12+3: eingefroren als x+12, seit 3 Passagen wieder in Kultur).

> **Kommentar**
>
> - In einer Studienarbeit ist es üblich, die einzelnen Kapitel und Unterkapitel zu nummerieren.
> - Die Herkunft der in dieser Studienarbeit verwendeten Zelllinien ist korrekt und ausführlich angegeben. Hersteller mit Namen der Firma, Stadt und Land sind genannt. Die Katalognummern müssen nicht unbedingt angegeben werden, erleichtern es aber einem interessierten Publikum, gegebenenfalls genau die gleichen Zellen zu bestellen. Beim wiederholten Erwähnen z. B. der Firma *ATCC* wurden Stadt und Land, ganz korrekt, nicht mehr angeführt. Eine der Zelllinien (*D3-Zellen (ZEBET)*) wurde von einer anderen Arbeitsgruppe zur Verfügung gestellt. Die Autorin hat sowohl den Namen der Arbeitsgruppe als auch ein Zitat, das Details zu jener Zelllinie enthält, angegeben.
> - Die Bedeutungen der verwendeten Abkürzungen (ATCC, ZEBET, BgVV) werden im Text erklärt, ZEBET allerdings nicht beim ersten Auftreten.

6.1.2 Folgende Abschnitte: die einzelnen Methoden

In den folgenden Abschnitten beschreiben Sie die einzelnen Methoden, die Sie verwendet haben und zwar in der Reihenfolge, in der Sie sie verwendet haben bzw. in Ihrem Ergebnisteil erwähnen. Denken Sie dabei an ein **Kochrezept** und schreiben Sie einfach Schritt für Schritt auf, was Sie gemacht haben, mit exakten Zeit- und Mengenangaben und der genauen Vorgehensweise. Erinnern Sie sich an den ersten Absatz dieses Kapitels: Ihr methodisches Vorgehen soll möglichst **nachvollziehbar** sein, um die Glaubwürdigkeit Ihrer Ergebnisse zu untermauern. Bei Studienarbeiten ist es meist üblich, vor der detaillierten Methodenbeschreibung noch das **Prinzip der Methode** vorzustellen (Beispieltext 5, *Prinzip des Mikrolymphozytotoxizitätstests*). In Papers ist das nicht gewünscht, dort beschränken Sie sich ausschließlich auf die einzelnen Schritte Ihrer Methode.

Die Titel dieser Abschnitte entsprechen den darin beschriebenen Methoden: *Immunfluoreszenz-Analysen, Wound closure assy*, oder was auch immer Sie gemacht haben. In einem Paper verwendet man üblicherweise einen Titel pro Methode und Abschnitt. In einer Studienarbeit hat man meist wesentlich mehr Platz und kann den Text daher durch Unterüberschriften übersichtlicher gestalten. Sie beschreiben beispielsweise eine von Ihnen neu entwickelte Operationstechnik zum Einsetzen eines Stents (medizinisches Implantat zum Offenhalten von z. B. Gefäßen). Dann könnte der erste Untertitel in der Beschreibung dieser neuen Operationstechnik *Anästhesie* sein, der nächste *Präparation des Gefäßes*, dann *Einsetzen des Stents*

usw. So ist z. B. im folgenden Beispieltext 5, einem Ausschnitt aus der Methodenbeschreibung einer Studienarbeit, die Methode *Typisierung der HLA-
Klasse I-Merkmale* in weitere Unterkapitel unterteilt (hier nur zwei gezeigt).

Bespieltext 5:
Ausschnitt aus dem Methodenteil einer Studienarbeit einschließlich Vorstellung des Prinzips der verwendeten Methode[13]. Die im Text angeführ-
te Referenznummer wurde durch *(REF)* ersetzt.

3.2.3. Typisierung der HLA-Klasse I-Merkmale
Prinzip des Mikrolymphozytotoxizitätstests
*Vitale Lymphozyten als Träger der HLA-Merkmale werden mit Anti-HLA-
Testseren und Komplement inkubiert. Diese Testseren enthalten zytotoxische
Antikörper, welche im Hinblick darauf selektiert wurden, bestimmte HLA-
Merkmale erkennen und binden zu können. Durch die Bildung eines Antigen-
Antikörper-Komplexes auf der Zelloberfläche wird Komplement aktiviert, was
zur Perforation der Zellmembran und folgend zur Lyse der Zelle führt (zytotoxische Reaktion). Der anschließend zugegebene Farbstoff kann in die lysier-
te Zelle eindringen und die Zelle färben (positive Reaktion). Tragen hingegen
die Lymphozyten das HLA-Merkmal nicht, gegen welches der spezifische Antikörper gerichtet ist, findet keine Antigen-Antikörper-Reaktion statt, es wird
kein Komplement aktiviert, die Zelle durch Perforation der Zellmembran nicht
zerstört und die Zelle folglich nicht angefärbt (negative Reaktion). (REF)*
Testdurchführung der HLA-Klasse I-(A,B,C)-Typisierung
*Die Typisierung der Klasse I-Merkmale erfolgte mit Hilfe von Typisierungs-
kammern, die ein Anti-HLA-Serum-Set enthalten, nach einer Methode von
Terasaki und McClelland (REF). Pro Kavität lagen 1 µl des Testserums vor.
Um ein Verdunsten zu vermeiden, waren die Seren mit jeweils 5 µl Paraffinöl
überschichtet. Die Testkammern wurden tiefgefroren bei -60 °C aufbewahrt,
vor der Benutzung mindestens für 1 Tag bei -24 °C zwischengelagert und vor
Testbeginn 20 min bei Raumtemperatur aufgetaut.
Benutzt wurden die kommerziell erworbenen HLA-Typisierungssets der Firmen Biotest AG, Dreieich (Italia-ABC 144), BAG Lich (BAG-ABC 144) sowie
One Lambda, Krefeld (BmT-C). Diese Kammern enthielten je nach Fragestellung ein Set von 30-144 standardisierten HLA-Klasse I-Antiseren, wobei
jede HLA-Spezifität durch mindestens zwei Antiseren vertreten war.
Ein multispezifisches Antilymphozytenserum diente für diesen MLCT als positive Kontrolle, ein antikörperfreies, nichtzytotoxisches AB-Serum als negative Kontrolle. ...*

- Die Methodenbeschreibung in dieser Studienarbeit hat einen Titel (einschließlich Nummerierung) und ist in Unterkapitel mit entsprechenden Unterüberschriften gegliedert. Das macht diesen doch sehr komplexen Abschnitt des Manuskripts leichter verständlich.
- Im ersten Abschnitt hat der Autor sehr anschaulich das Prinzip der Methode vorgestellt einschließlich des entsprechenden Zitats *(REF)*. Ob Sie in Ihrer Studienarbeit das Prinzip jeder verwendeten Methode vorstellen müssen oder nicht, hängt in erster Linie von Ihrer Betreuerin bzw. Ihrem Betreuer ab. Generell ist es allerdings eine wunderbare Hilfe für noch unerfahrene Wissenschaftlerinnen und Wissenschaftler, sich mit den Methoden vertraut zu machen.
- Im zweiten Abschnitt beginnt der Autor mit der Methodenbeschreibung inklusive Konzentrationen, Inkubationszeiten, Temperaturen, etc. – alles, was gemacht wurde und wie es gemacht wurde, ist ganz genau angegeben. Die Methode ist somit nachvollziehbar beschrieben.

Methodenbeschreibungen sind oft sehr umfangreich. Mit folgendem Vorgehen können Sie sich einiges an Arbeit, Zeit und Platz sparen; Platz ist vor allem bei Papers ein Thema, da hier meist sehr strenge Längenvorgaben für das gesamte Manuskript vorliegen. Existiert ein Artikel, in dem die von Ihnen verwendete Methode ganz genau so beschrieben ist, wie Sie sie auch durchgeführt haben, dann dürfen Sie statt der ausführlichen Methodenbeschreibung einfach dieses **Zitat** anführen: *Methode X wurde durchgeführt, wie von Blatterer et al. (1972) beschrieben.* Folgende Dinge sollten Sie hierbei allerdings unbedingt beachten:

Studienarbeit:
- Fragen Sie Ihre **Betreuerin** bzw. Ihren **Betreuer**, ob sie oder er damit einverstanden ist oder eine ausführliche Methodenbeschreibung vorzieht.

Jede Art von Manuskript:
- Zitieren Sie nur Papers, worin die **Methode auch tatsächlich beschrieben** ist, und nicht bloß über ein weiteres Zitat darauf hingewiesen wird, wo Sie die tatsächliche Methodenbeschreibung finden können. Stellen Sie sich vor, Sie als Leserin oder Leser benötigen für Ihre Forschungen unbedingt das Rezept für eine bestimmte Methode und werden von einem Zitat zum nächsten verwiesen (oft findet man hier richtiggehen-

de „Zitatketten"!). Das ist sehr ärgerlich. Und entdeckt eine Gutachterin bzw. ein Gutachter solch eine Schlamperei beim Zitieren, dann wirkt sich das sicher nicht sehr positiv auf die Beurteilung Ihres Manuskripts aus.

• Sie haben das richtige Zitat gefunden und verweisen, wie oben beschrieben, darauf. Belassen Sie es nicht bei diesem kurzen Verweis, sondern geben Sie außerdem noch ganz kurz die **wesentlichsten Schritte** dieser Methode an (*In Kürze .../Briefly, ...*) (Beispieltext 6). Warum? Unerfahrene Leserinnen und Leser werden mit der Methodenbezeichnung *SDS-Page* vielleicht nichts anfangen können. Indem Sie ihnen die wesentlichsten Schritte präsentieren, werden sie schnell verstehen, dass es sich um eine Art Proteinanalyse handelt, und Ihnen sehr dankbar sein. Außerdem kann man in diese Kurzbeschreibung eventuelle **Modifikationen zu der im Zitat beschriebenen Methodenbeschreibung** einfügen. *Method X was performed as described elsewhere*[Referenz] *with minor modifications.* Geben Sie die Modifikation (z. B. andere Inkubationszeiten, Substanzkonzentrationen etc.) dann an der entsprechenden Stelle in der Kurzbeschreibung an.

Beispieltext 6:
Verwendung eines Zitats, um die Methodenbeschreibung in einem Paper kurz zu halten[14].

Wound closure assay
To analyse dynamic changes in migrating cells, ‚wound-closure' assay was carried out as described (Doshi et al. 2008). Briefly, cells were plated out as a monolayer of confluent cells, and a pipette tip or cell scraper was used to make a ‚wound' in this monolayer. Cells were then treated with Dox or vehicle control for different times before analyses were carried out. Changes in the morphology of cells migrating from the edge of the ‚wound' were analysed using bright-field microscopy. Immunostaining, using fluorescent-tagged secondary antibody, was used to detect protein localisation in migrating cells, and this was analysed using epifluorescence microscopy (i.e. Zeiss inverted microscope and Axiovision software).

> **Kommentar**
>
> - Wie in einem Paper üblich, hat die Methodenbeschreibung hier einen Titel, ist jedoch nicht durch Unterüberschriften weiter unterteilt.
> - Das Zitat, in dem die Methode ausführlich beschrieben ist, ist angegeben *(Doshi et al. 2008)*. Im Anschluss werden nur ganz kurz *(Briefly, ...)* die wesentlichen Schritte der Methode vorgestellt.
> - Der Einsatz eines Geräts *(Zeiss inverted microscope)* und einer Software *(Axiovision software)* werden erwähnt. Falls nicht schon an anderer Stelle im Methodenteil angegeben, hätte der Hersteller (plus Stadt, Land) des Mikroskops bzw. der Software (zusätzlich auch Versionsnummer) aufgeführt werden müssen.

6.1.3 Letzter Abschnitt: Statistik

Der letzte Abschnitt im Methodenteil ist immer der **Statistik** vorbehalten. Geben Sie hier an, welche statistischen Tests Sie für die Auswertung welcher Datensätze angewendet haben (*Chi-Quadrat-Test, Student's-T-Test, Kaplan-Meier-Methode, 2-tailed log-rank test, Cox Regressionsanalyse* etc.), zusammen mit allen relevanten Parametern dazu (*Konfidenzintervall, p-Wert, median/mean, Power* etc.). Der Titel ist ganz einfach *Statistische Analysen/Statistical Analysis* (Beispieltexte 7A und B). Während dieser Abschnitt in einem Paper wieder in einem Stück geschrieben wird (ohne Unterüberschriften), beschreiben Sie in einer Studienarbeit die einzelnen Tests oft in separaten Unterkapiteln mit entsprechenden Unterüberschriften (Name des jeweiligen Tests).

> **Tipp**
>
> Wenn Sie die statistischen Analysen nicht selber durchgeführt haben und daher mit der Terminologie nicht allzu vertraut sind, dann lassen Sie sich beim Verfassen dieses Abschnitts von Ihrer Statistikerin bzw. Ihrem Statistiker helfen, denn sie oder er kennt die richtigen Fachausdrücke und Formulierungen.

Beispieltexte 7:

Letzte Abschnitte aus **(A)** dem Methodenteil einer Studienarbeit[15] und **(B)** eines Papers[16] mit Details zur statistischen Auswertung.

A – Studienarbeit

2.2.22 Statistik

Die Messwerte einer Gruppe wurden gemittelt und die Mittelwerte zweier Gruppen durch den Student's T-Test auf ihre Signifikanz hin geprüft. Dabei erfüllte ein P-Wert von $P<0,1$ die Signifikanzkriterien bei der 2D-Gelanalyse, während für alle anderen Untersuchungen $*P<0,05$ und $**P<0,01$ als signifikant angesehen wurde. Für die Berechnung der Druck-Volumen-Beziehung bei den isolierten Herz-Versuchen wurde außerdem folgendes lineares Regressionsmodell benutzt: $Y=b_0 + b_x X + b_x^2 X^2 + b_d D + b_{dx} D*X + b_{dx}^2 D*X^2$, wobei Y die abhängige Variable (Wandstress), X die unabhängige Variable (V), D die Dummyvariable, b_0 der Intercept und b_i der Regressionskoeffizient ist. Daraus ergab sich $R2 \geq 0,90$. Die Regressionskurven wurden anschließend mit dem F-Test verglichen und als signifikant $P<0,05$ befunden.

B – Paper

Statistical Analyses

Averages of values for single comparison analyses are displayed with the calculated standard error of the mean. Normality was assessed by qualitative analysis of histogram distributions. Comparisons between two samples were performed using Student's t-test. For multiple comparisons, averages are displayed with calculated standard deviation. Statistical comparisons for these experiments were performed using two-way ANOVA followed by Tukey's W procedure post-hoc test. Calculated p-values of less than or equal to 0.05 were considered statistically significant.

Kommentar

- In beiden Abschnitten sind die eingesetzten statistischen Tests angeführt (z. B. *Student's T-Test, F-Test, two-way ANOVA, Tukey's W procedure post-hoc test*) sowie Signifikanzgrenzen ($P<0,05$), Formeln und weitere für das Verständnis der statistischen Auswertung wichtige Parameter.
- In der Studienarbeit ist der Methodenteil durchnummeriert, im Paper nicht.
- Bitte nicht wundern: Aus dem Zusammenhang gerissene statistische Details, wie in diesen kurzen Textbeispielen, sind inhaltlich oft etwas schwer zu verstehen.

6.2 Klinische Forschung

Fassen Sie die Ergebnisse einer klinischen Studie in einem Manuskript zusammen (Studienarbeit oder Paper), so ist die Struktur für den Methodenteil relativ genau vorgegeben. Mit kleinen Abweichungen in Abhängigkeit von der Art der Studie sind die **üblichen Abschnitte** hier: *Patientenpopulation, Studiendesign, Endpunkte der Studie* (engl.: *main outcome measures*) und *statistische Analysen*. In jeden dieser Abschnitte gehören ganz bestimmte Inhalte, vor allem aber die in den **offiziellen Richtlinien zur Erstellung von klinischen Publikationen** (Kapitel 2.1.1 *Richtlinien zu Aufbau und Inhalt von klinischen Publikationen*) aufgelisteten Punkte. Im Folgenden werden die Inhalte der einzelnen Abschnitte unter Berücksichtigung einer dieser Richtlinien vorgestellt. Beispielhaft für die Erstellung eines Manuskripts zu einer randomisierten klinischen Studie wird dies hier die *CONSORT*-Richtlinie (Kapitel 2.1.1, Abbildungen 1 und 2) sein. Sollten Sie über eine andere Art von klinischer Studie berichten, dann wählen Sie natürlich die entsprechende Richtlinie aus (Kapitel 2.1.1).

6.2.1 Patientenpopulation

Hier beschreiben Sie genau, nach welchen Kriterien die Patientinnen und Patienten für Ihre Studie ausgewählt wurden. Dies erfolgt mittels **Einschluss- und Ausschlusskriterien**, wie z. B. Alter, Erkrankung, bestehende Therapien, sonstige Begleitmedikationen (außer Studienmedikation), Performancestatus etc.

Bitte beachten Sie, dass Sie hier nur beschreiben, welche Patientinnen und Patienten Sie einschließen wollten und nicht, welche Sie dann tatsächlich eingeschlossen (und ausgewertet) haben. Denn Letzteres ist erst nach Abschluss der Studie klar und damit ein Ergebnis.

Beispiel: *Sie hatten geplant, während eines definierten Beobachtungszeitraums insgesamt 100 Brustkrebspatientinnen in Ihre Studie einzuschließen, haben dann aber tatsächlich nur 60 passende gefunden und eingeschlossen.* Die geplante Patientinnenzahl 100 ist ein methodisches Detail und sollte im Methodenteil aufscheinen, die Anzahl tatsächlich eingeschlossener Patientinnen (60) ist dagegen ein Ergebnis und sollte entsprechend im Ergebnisteil dargestellt werden, üblicherweise in Form einer Tabelle mit dem Titel *Patientencharakteristika*. Leider wird oft der Fehler gemacht, dass die Patientencharakteristika in den Methodenteil hinein genommen werden.

Um nochmals klar zu machen, dass dies nicht korrekt ist, lesen Sie bitte den folgenden Tipp:

Tipp

Das *International Committee of Medical Journal Editors* (www. icmje.org, siehe auch Kapitel 2.1.1 *Richtlinien zu Aufbau und Inhalt von klinischen Publikationen*) hat Richtlinien zur Erstellung von Manuskripten zu klinischen Studien herausgegeben. Zum Methodenabschnitt finden Sie dort folgendes wichtige Statement:

The Methods section should include only information that was available at the time the plan or protocol for the study was being written; all information obtained during the study belongs in the Results section.

Außerdem geben Sie im Abschnitt Patientenpopulation an, **woher** die Versuchspersonen kamen (nur aus Ihrem Krankenhaus, aus allen Krankenhäusern Österreichs mit einer onkologischen Abteilung, europaweit etc.) und, falls passend, über welchen **Zeitraum** hinweg sie eingeschlossen wurden (z. B.: 01/2008 bis 12/2011). Klinische Studien müssen eine Begutachtung durch eine **Ethikkommission** durchlaufen. Geben Sie an, welche Ethikkommission Ihre Studie begutachtet und genehmigt hat, z. B. eine nationale oder internationale Ethikkommission oder ein krankenhausinterner Überprüfungsausschuss, sowie Vorgangsnummer und eventuell Datum der Genehmigung. Zuletzt verweisen Sie noch darauf, ob Sie eine schriftliche **Patienteneinverständniserklärung** (engl.: *written informed consent*) eingeholt haben (Beispieltexte 8).

In der *CONSORT*-Richtlinie (Kapitel 2.1.1, Abbildung 1) ist für diesen Abschnitt im Methodenteil der Punkt *Participants (4a+b)* zu berücksichtigen.

Beispieltexte 8:
Beschreibung der Patientenpopulationen von klinischen Studien aus **(A)** einer Studienarbeit[17] und **(B)** einem Paper[18].

A – Studienarbeit
2.2. Studienaufbau
2.2.1. Daten, Datenerfassung und -auswertung
Die Datenerfassung erfolgte für 34 Patienten (Dezember 1984 bis Juli 2000) retrospektiv anhand der dem Archiv entnommenen Patientenunterlagen. Die Befunde der Langzeitnachsorge, die sich auf einen Zeitraum bis zu 20 Jahren erstreckten, konnten zum Teil auch den Aufzeichnungen der Ambulanzen der Universitätskliniken Rudolf Virchow und Benjamin Franklin entnommen werden, darüber hinausgehende Informationen wurden von den behandelnden Hausärzten erfragt. Zur Auswertung zugelassen wurden ausschließlich Patienten mit einem histologisch gesicherten, metastasierten neuroendokrinen Tumor, die zu einem Zeitpunkt ihrer Erkrankung palliativ mit Streptozotocin, 5-Fluorouracil und Folinsäure chemotherapiert wurden.

...

B – Paper
PATIENTS AND METHODS
Patient Population
The study was designed to sequentially enroll patients having a variety of tumor types with minimal selection and minimal disruption to the community oncology clinic. Eligible patients were at least 18 years old with a pathologically confirmed diagnosis of any cancer other than leukemia or myelodysplastic syndrome and planned administration of a new myelosuppressive chemotherapy regimen. Patients who had planned concomitant cytotoxic, biologic, or immunologic therapy for other conditions, prior stem cell transplantation, chronic neutropenia (not related to cancer), active infection, or who tested positive for HIV were excluded. Our study population included patients who are not generally enrolled into clinical trials, such as patients with a comorbid illness or poor performance status, who are at a higher risk for chemotherapy-induced neutropenia.

The study was conducted primarily at community-based oncology practices in the U.S. The appropriate institutional review boards (IRBs) reviewed and approved the protocol and informed consent forms. Per protocol, all patients were to sign an IRB-approved informed consent before any study-specific procedures, including chemotherapy initiation, were performed.

Kommentar

- In der Studienarbeit ist bereits im Methodenteil angegeben, wie viele Patientinnen und Patienten (34) in die Studie eingeschlossen wurden. Genau genommen ist das nicht korrekt. Denn bei der Planung der Studie stand ja nur fest, dass man alle Patientinnen und Patienten mit den im Folgenden beschriebenen Charakteristika während des definierten Zeitraums (*Dezember 1984 bis Juli 2000*) einschließen wollte. Erst während des Studienverlaufs, d. h. nachdem die Autorin das Archiv durchsucht hatte, stellte sie fest, dass es insgesamt 34 solcher Patientinnen und Patienten gab. Damit ist die Patientenzahl ein Ergebnis und sollte erst im Ergebnisteil vorgestellt werden (siehe dazu auch vorangegangenen Tipp).
- In beiden Texten ist angegeben, welche Patientinnen und Patienten ausgewählt und in die Studie eingeschlossen (engl.: *enroll*) werden sollten. In der Studienarbeit wird nicht zwischen Einschluss- und Ausschlusskriterien unterschieden, im Paper sehr wohl (*eligible patients/patients excluded*). Beides ist korrekt, solange die Patientenpopulation eindeutig definiert ist.
- Woher die Patientinnen und Patienten kamen, geht aus der Studienarbeit nicht ganz klar hervor (... *anhand der dem Archiv entnommenen Patientenunterlagen* ... Welches Archiv?), aus dem Paper schon (*community-based oncology practices in the U.S.*). Als retrospektive Studie und damit nicht-interventionelle Studie (keine Intervention am Patienten) musste die Studienarbeit keine Begutachtung durch eine Ethikkommission durchlaufen und die Patientinnen und Patienten mussten nicht um ihr Einverständnis gebeten werden. Für die im Paper beschriebene Studie (prospektiv) war dagegen beides erforderlich. Entsprechend ist auch korrekt angegeben, welche Institution das Studienprotokoll begutachtet und genehmigt hat (*institutional review boards* – institutsinterner Überprüfungsausschuss) und dass die Patientinnen und Patienten eine Einverständniserklärung (*informed consent*) unterzeichnet haben.
- In der Studienarbeit ist der Zeitraum, innerhalb dessen Patientinnen und Patienten eingeschlossen werden sollten, angegeben (*Dezember 1984 bis Juli 2000*), im Paper nicht. Grund für Letzteres ist, dass in die im Paper beschriebene Studie eine festgelegte Anzahl von Patientinnen und Patienten eingeschlossen werden musste und die Studie daher so lange dauerte, bis diese Zahl erreicht war. Diese Information zum Studiendesign ist im Abschnitt *Statistische Analyse* dieses Papers beschrieben (hier nicht gezeigt).

6.2.2 Studiendesign

In diesem Abschnitt eines klinischen Manuskripts wird zuerst das **Protokoll** der Studie vorgestellt: multizentrisch/monozentrisch, offen/verblindet, national/international, plazebo-/aktiv-kontrolliert, Phase I, II oder III, Beobachtungszeitraum, Nachbeobachtung (engl.: *follow up*), etc. zusammen mit Details zu **Screening** und **Randomisierung**. Anschließend beschreiben Sie die **Interventionen pro Studienarm**: Welche neue und zu testende Behandlung (Medikament, Operationstechnik, psychologische Intervention etc.) wurde im Behandlungsarm durchgeführt und welche im Kontrollarm (Placebo oder Kontrollbehandlung)? Seien Sie hier ganz genau: Wann wurde welche Behandlung wie lange durchgeführt, wurde ein Medikament subkutan oder intramuskulär verabreicht, war die Patientin oder der Patient nüchtern, wie wurde vor einer Operation die Narkose durchgeführt, gab es irgendwelche geplanten Notfallmaßnahmen im Fall von Komplikationen – um nur einige Beispiele für die Informationen zu nennen, die Sie angeben sollten. Falls Sie ein Medikament getestet haben, geben Sie Hersteller, Substanzbezeichnung (Acetylsalicylsäure) und Handelsname (*Aspirin*) an und, zusätzlich zu der von Ihnen verwendeten Konzentration, auch in welcher Konzentration diese Substanz vorliegt. Im weiteren Verlauf des Textes verwenden Sie dann nur mehr den Substanznamen. Als Nächstes folgen Angaben zur **Datenerhebung**: Wann haben Sie während der Studie welche Parameter erhoben? Das können Blutbildkontrollen bei Studienanfang und täglich während der Behandlung sein, aber auch wiederholte Befragungen der Patientinnen und Patienten, der Fortschritt der Wundheilung, Tumorprogression oder Überlebensraten. Ganz abhängig vom Studiendesign, das ja sehr unterschiedlich sein kann, fügen Sie hier noch **weitere, zum Verständnis Ihrer Untersuchung nötige Details** ein (Beispieltexte 9).

In der *CONSORT*-Richtlinie (Kapitel 2.1.1, Abbildung 1) sind für diesen Abschnitt im Methodenteil die Punkte *Trial design (3a+b)*, *Interventions (5)*, *Randomisation (8-10)* und *Blinding (11a+b)* zu berücksichtigen.

Beispieltexte 9:
Beschreibung des Studiendesigns von klinischen Studien aus **(A)** einer Studienarbeit[17] und **(B)** einem Paper[11]. Q3W: einmal alle drei Wochen

A – Studienarbeit

... Um die Anwendung eines einheitlichen Bewertungsmaßstabes zu gewährleisten, wurde ein Erfassungsbogen erstellt. Protokolliert wurden Patientendaten, Größe, Lokalisation, Differenzierungsgrad sowie Wachstumsrate des Primärtumors, Klassifikation nach Klöppel (1994)[27], Funktionalität, Symptomatik, Ansprechen auf Somatostatin-Analoga, Befund der Somatostatinrezeptor-Szintigraphie, Operationen, Vortherapien, Lokalisation, Anzahl und Größe der Metastasen (Quer- und Längsdurchmesser), Laborbefunde (Chromogranin A, 5-Hydroxyindolessigsäure, Kreatinin, Serotonin), Folgetherapien, Auftreten einer MEN 1, Vor- bzw. Begleiterkrankungen, Komplikationen, Zeit bis zur Progression, Langzeitnachsorge sowie die Überlebensdauer nach Diagnosestellung.

Der Verlauf der Chemotherapie wurde anhand der Anzahl der Zyklen, der Dosierung, der Nebenwirkungen und des Ergebnisses der Chemotherapie nach 12 Monaten (6 Zyklen) und im Verlauf der Nachuntersuchungen erfasst. Nach WHO-Definition besteht hierbei eine stabile Erkrankungsphase (stable disease), wenn der Rückgang der Tumorgröße weniger als 50% und das Tumorwachstum nicht mehr als 25% des Produktes der senkrechten Durchmesser des Tumors beträgt. Ein Tumorprogress (progressive disease) hingegen ist definiert durch eine mehr als 25% betragende Zunahme des Produktes der senkrechten Durchmesser des Tumorausmaßes oder durch das Auftreten neuer Metastasen.[69]

Alle Patienten wurden in dreimonatigen Abständen nach Therapiebeginn nachuntersucht. Neben der Kontrolle der klinischen Symptomatik und einer laborchemischen Untersuchung mit Bestimmung des biochemischen Markers Chromogranin A im Serum, wurden dabei jeweils ein transabdomineller Ultraschall sowie eine abdominelle Computertomographie mit intravenöser und oraler Kontrastmittelgabe durchgeführt. ...

2.3. Therapieschema

Alle Patienten erhielten entsprechend einem vorgegebenen Schema über maximal 12 Zyklen eine Polychemotherapie mit ...

Zur Senkung der Nephrotoxizität erfolgten jeweils die zusätzliche Gabe von ...

B – Paper

2.3. Study design

This was a two-part, multicentre, international, randomised, double-blind, placebo-controlled study (Fig. 1). In part A, anaemic patients with solid tumours who were receiving chemotherapy had up to 12 weeks of s.c. therapy with darbepoetin alfa or placebo. Patients were randomised in a 4:1 ratio to receive darbepoetin alfa (4.5, 6.75, 9.0 or 13.5 mg/kg) or placebo, administered Q3W. Later, after review of data by the safety monitoring committee, darbepoetin alfa dose cohorts of 12.0 and 15.0 mg/kg were added. In part B, patients who had completed part A and were continuing to receive multicycle chemotherapy had the option of receiving open-label darbepoetin alfa for up to 12 additional weeks.

No dose increase for inadequate initial response was allowed in part A of this study. The study drug was withheld if a patient's haemoglobin value increased to >150 g/l for men or >140 g/l for women. Once the haemoglobin value was 4130 g/l, the study drug could be reinstated at a lower dose level.

Trough and 48-h serum samples for the determination of darbepoetin alfa concentration were collected at weeks 1, 4 and 10 of part A. Quality-of-life assessments were done at weeks 1, 4, 7 and 10. The quality-of-life evaluation in this study was designed to assess the feasibility, reliability, validity, sensitivity and timing of quality-of-life surveys in this setting, rather than to evaluate fatigue.

Kommentar

- Der *Text A* ist die Fortsetzung des Beispieltextes 8A. In dieser Doktorarbeit wurden die Unterpunkte Population, Studiendesign, Endpunkte des Methodenteils ohne Unterüberschriften in einem Kapitel *(2.2.1. Daten, Datenerfassung und -auswertung)* zusammengefasst (Beispieltexte 8A und 9A). Das ist prinzipiell in Ordnung, besonders wenn die erforderlichen Erklärungen nicht allzu lang sind. Unterüberschriften, wie *Population, Studiendesign, Endpunkte,* etc., unterstützen allerdings die Übersichtlichkeit und sind daher generell zu empfehlen. *Text B* bezieht sich auf die Abbildung 14 (Diagramm eines Studiendesigns) am Anfang dieses Kapitels. In einem klinischen Paper werden fast immer Unterüberschriften verwendet, manchmal, wie in diesem Beispiel, werden diese auch durchnummeriert.

- Bei der Studienarbeit haben wir bereits am Anfang dieses Abschnitts (Beispieltext 8A) über die Art der Studie gelesen, dass es sich um eine *retrospektive Analyse von Patientendaten* handelt. Im ersten Satz des Textes aus dem Paper wird ebenfalls die Studienart – auch Protokoll genannt – vorgestellt (*two-part, multicentre, international, randomised, double-blind, placebo-controlled study*).
- Details zu Screening und Randomisierung fehlen im Paper-Text, hätten aber angeführt werden sollen. In der Studienarbeit war weder ein Screening noch eine Randomisierung nötig, weshalb es dazu keine Informationen im Text gibt.
- Im Paper folgt als Nächstes die Intervention pro Studienarm. Es handelt sich um eine zweiteilige Studie (*Part A* und *Part B*). In *Part A* wird die Testsubstanz *Darbepoetin alfa* in verschiedenen Konzentrationen oder Plazebo verabreicht. Während des Studienverlaufs hat eine Aufsichtsbehörde (*safety monitoring committee*) außerdem verlangt, die Testsubstanz noch zusätzlich in zwei weiteren Konzentrationen zu testen (*12.0 and 15.0 µg/kg*). In *Part B* können die Patientinnen und Patienten die Substanz für weitere zwölf Wochen erhalten. Im zweiten Absatz finden sich zusätzliche Vorgaben zur Dosierung der Testsubstanz. In der Studienarbeit wurde der Intervention ein eigenes Kapitel gewidmet (*2.3 Therapieschema*). Dieses ist aus Platzgründen im Beispieltext nur auszugsweise zu sehen. Darin hat die Autorin die Chemotherapie sowie Begleitmedikationen genau beschrieben.
- Im letzten Absatz des Papers ist angegeben, wann welche Daten erhoben wurden (*darbepoetin alfa concentration, quality-of-life*). Die Erklärungen sind hier eher knapp und teilweise nicht ganz vollständig. Z. B. geht aus dem Text nicht hervor, wie genau das *Quality-of-Life-Assessment* durchgeführt wurde (Mittels Fragebogen? Welcher Fragebogen? Wie lauteten die Fragen? Etc.). In einem Paper fasst man sich oft aus Platzgründen so kurz und fügt diese Informationen nur ein, wenn eine Gutachterin oder ein Gutachter dies ausdrücklich wünscht. In einer Studienarbeit sollten Sie dagegen wirklich alle Details Ihres Studiendesigns angeben, so wie es im vorliegenden Beispieltext zur Studienarbeit gemacht wurde (*Um die Anwendung eines einheitlichen Bewertungsmaßstabes zu gewährleisten ...*). Hier gibt die Autorin genau an, welche Parameter in den Erfassungsbogen eingetragen (Absatz 1), wie der Verlauf der Chemotherapie erfasst (Absatz 2) und wann welche Daten erhoben wurden (Absatz 3). Zusätzlich sind auch für die Beurteilung relevante Definitionen angegeben (*stable disease, progressive disease*). Während

dies in Papers eher unüblich ist, da dieses Wissen vorausgesetzt wird, ist es in Studienarbeiten durchaus gewünscht, da es sich hier um Prüfungsarbeiten handelt, mit denen Sie Ihr umfassendes Wissen unter Beweis stellen sollen.

6.2.3 Endpunkte der Studie

Wie definiert sich der Erfolg der von Ihnen getesteten Intervention? Beispiel: *Die Therapie mit dem neuen und zu testenden Erythropoetin wird als erfolgreich eingestuft, wenn der Hämoglobinwert eines Patienten nach zwölf Wochen Behandlung über einen Wert von 12 g/dl gestiegen ist.* D. h. geben Sie genau an, welche Messparameter Sie in welchem Zeitraum inwieweit verändert sehen wollen, damit Ihre Intervention als erfolgreich einzustufen ist.

Wichtig ist hierbei, zwischen dem **primären** und (meist) mehreren **sekundären Endpunkten** zu unterscheiden. Der Terminus „Endpunkt" entspricht hier der „Fragestellung" einer Studie. Jede klinische Studie hat eine Hauptfragestellung (primärer Endpunkt) und Nebenfragestellungen (sekundäre Endpunkte). Ziel ist es, die Hauptfragestellung möglichst umfassend zu analysieren und zu beantworten. Um das zu erreichen, ist das gesamte Studiendesign spezifisch auf diese Hauptfragestellung zugeschnitten. Dieses Zuschneiden wirkt sich entscheidend auf das Studiendesign aus: Untersucht man z. B. ein selten auftretendes Ereignis (*Reduktion der Mortalitätsrate von Patientinnen und Patienten mit niedrig-malignen Tumoren durch Behandlung mit Substanz X*), dann wird man einen sehr langen Beobachtungszeitraum (Jahre) und eine sehr große Patientenzahl wählen. Bezieht sich der primäre Endpunkt dagegen auf ein relativ häufiges Ereignis (*Reduktion der allergischen Rhinitis bei Heuschnupfenpatientinnen und -patienten durch Substanz Y*), dann wird die Beobachtungszeit wesentlich kürzer (Tage bis Wochen) und die Population kleiner sein. Dieses spezifische Anpassen des Studiendesigns an den primären Endpunkt bedingt, dass die Antwort auf die Hauptfragestellung sehr aussagekräftig wird. Nebenfragen (sekundäre Endpunkte) können auch beantwortet werden. Da das Studiendesign aber nicht speziell auf diese Nebenfragestellungen ausgerichtet ist, wird die Aussagekraft hier weniger hoch sein. Geben Sie also an, welches Ihr primärer Endpunkt und welches Ihre sekundären Endpunkte sind, damit Ihre Leserinnen und Leser wissen, wo sie die stärkste Aussage (primärer Endpunkt) erwarten können (siehe dazu Beispieltexte 10A und B).

In der *CONSORT*-Richtlinie (Kapitel 2.1.1, Abbildung 1) ist für diesen Abschnitt im Methodenteil der Punkt *Outcomes (6a+b)* zu berücksichtigen.

Beispieltexte 10:

Beschreibung der Studienendpunkte von klinischen Studien aus **(A)** einer Studienarbeit[17] und **(B)** einem Paper[19].

A – Studienarbeit

... Als Indikator für das primäre Ansprechen auf die Streptozotocin-Therapie wurde die Größenveränderung einer definierten Indikatorläsion herangezogen. Ein sekundäres Ansprechen wurde anhand der Anzahl und Größe der weiteren Metastasen, der laborchemischen Untersuchungen (Ansprechen wurde definiert als eine 50-prozentige Reduktion des Ausgangs-5HIES-Wertes) und klinischen Parameter wie Symptomatik und Gewicht nachgewiesen.

B – Paper

Efficacy measurements

The primary efficacy end point was the duration of grade 4 neutropenia (defined as ANC <0.5 × 109/l) in cycle 1. The secondary efficacy end points were the duration of grade 4 neutropenia in each of cycles 2–4, and the depth of the ANC nadir in each of cycles 2–4. Incidence of febrile neutropenia and time to neutrophil recovery (ANC ≥2.0 × 109/l) were also assessed, as was the incidence of i.v. antibiotic administration and hospitalization.

Safety assessments

Safety was assessed by the incidence of adverse events, antibody formation and changes in laboratory values. Patients were monitored for the formation of specific antibodies against pegfilgrastim or filgrastim using both an immunoassay (BIACore® 3000) and a cell-based bioassay.

> **Kommentar**
>
> - In der Studienarbeit sind alle Endpunkte in einem Absatz beschrieben, im Paper bekommen verschiedene Arten von Endpunkten (*efficacy* = Wirksamkeit, *safety* = Verträglichkeit) separate Kapitel.
> - In beiden Texten ist eindeutig angegeben, was der primäre Endpunkt und was die sekundären Endpunkte sind.
> - In der Studienarbeit hätten manche Endpunkte ruhig etwas genauer definiert werden können. Z. B., ab welcher *Größenveränderung der definierten Indikatorläsion* spricht man von *Ansprechen*? Was ist am Ende des Absatzes genau mit *Symptomatik* gemeint? Das Ansprechen auf Basis von laborchemischen Untersuchungen ist dagegen sehr klar definiert: *Ansprechen wurde definiert als eine 50-prozentige Reduktion des Ausgangs-5HIES-Wertes.* Im Paper sind alle Endpunkte ganz genau definiert.

6.2.4 Statistische Analysen

Der letzte Abschnitt im Methodenteil ist auch im klinischen Manuskript den statistischen Analysen vorbehalten. Wie im Manuskript zur Grundlagenforschung geben Sie auch hier – zusammen mit allen relevanten Parametern – an, welche **statistischen Tests** Sie für die Auswertung welcher Daten angewendet haben. Der **Umfang dieses Abschnitts** hängt allerdings sehr stark von der Art Ihrer Studie ab. Bei rein deskriptiven Untersuchungen liest man hier oft nur *Statistical analysis was descriptive in nature. Data were analysed using ...* und dann ist der entsprechende Test oder die verwendete Auswertungs-Software angegeben. In Studien, in denen eine etwas umfassendere statistische Auswertung durchgeführt wurde, findet man schon etwas mehr Details (Beispieltext 11).

Beispieltext 11:

Abschnitt aus den statistischen Analysen einer Studienarbeit[20].

2.4.1 Statistische Analyse

Für den Vergleich sowohl der Tiam1, als auch der Rac-Expressionen in Normalgewebe, high-grade PIN Läsionen und Tumorgewebe wurde der Wilcoxon-Test verwendet. Der Fisher's Exakt Test wurde für die Korrelationsuntersuchung sowohl der Tiam1, als auch der Rac-Expression mit den klinisch-pathologischen Parametern verwendet. Als rezidivfreies Intervall wurde der Zeitraum zwischen radikaler Prostatektomie und dem Nachweis eines Rezidives definiert. Die Patienten, die bis zum Zeitpunkt der letzten Datenerhebung rezidivfrei waren oder ohne Tumorrezidiv verstarben, wurden für die statistische Analyse zensiert. Die Darstellung des rezidivfreien Überlebens erfolgte in Form von Kaplan-Meier-Kurven. Für die univariate Analyse wurde der Log-Rank-Test verwendet. Die multivariate Analyse erfolgte unter Verwendung eines „Cox Proportional Hazards"-Modells. Als Signifikanzniveau wurde jeweils eine 2-seitige Irrtumswahrscheinlichkeit von 5% angenommen. Sämtliche statistische Analysen erfolgten mit SPSS Statistical Software Version 12.0 (SPSS GmbH, München, Deutschland).

Kommentar

Sehr übersichtlich sind hier die zur Auswertung der einzelnen Fragestellungen jeweils herangezogenen statistischen Tests angegeben *(Wilcoxon-Test, Fisher's Exakt Test, Log-Rank-Test, Cox Proportional Hazards)* sowie die dafür verwendete Software *(SPSS).*

In prospektiven klinischen Studien ist der Abschnitt *Statistische Analysen* dagegen oft der längste Abschnitt im Methodenteil (aus Platzgründen hier kein Beispieltext) – und auch der **wichtigste**! Denn ohne eine adäquate und umfassende statistische Analyse der Befunde können aus dem meist sehr umfangreichen Datenmaterial keine aussagekräftigen Schlussfolgerungen gezogen werden. Wie wichtig eine gute Statistik ist, soll Ihnen Folgendes verdeutlichen: Gute Journale haben sehr hohe Ansprüche an die Qualität der statistischen Analysen in den von ihnen veröffentlichten Papers. Genügen Ihre statistischen Analysen diesen nicht, wird Ihr Paper umgehend abgelehnt. Da Statistik nicht jedermanns Sache ist, **eine klinische Studie aber nur so gut ist, wie ihre Statistik,** lassen Sie sich sowohl bei

Planung und Auswertung Ihrer Studie als auch beim Verfassen dieses Manuskriptabschnitts unbedingt von einer **Statistikerin** bzw. einem **Statistiker** helfen. Diese Personen sollten mit naturwissenschaftlichen Fragestellungen vertraut sein, denn sonst kommt es schnell zu Verständigungsschwierigkeiten. Tun Sie das, selbst wenn Sie eine kleine Studie planen. Denn die Statistikerin bzw. der Statistiker wird Ihnen schon bei der Studienplanung sagen, welche Parameter Sie unbedingt erheben müssen, um Ihre Fragestellungen auch beantworten zu können. Aus eigener Erfahrung weiß ich, dass man hier sehr leicht sehr grobe und bei der Auswertung äußerst schmerzhafte Fehler machen kann.

Zusammenfassung

Beschreiben Sie Ihr methodisches Vorgehen so genau wie möglich, sodass Ihre Leserinnen und Leser exakt nachvollziehen können, was Sie gemacht haben. Andernfalls könnte Ihre Studie falsch interpretiert, nicht verstanden oder sogar für unglaubwürdig gehalten werden.

Schreiben Sie in einer einfachen Sprache mit knappen Sätzen und unkomplizierten Formulierungen. Denken Sie daran: Sie präsentieren Ihrer Leserschaft Kochrezepte. Wenn es die Anschaulichkeit Ihrer Ausführungen unterstützt, verwenden Sie Abbildungen. Nehmen Sie sich die Methodenteile anderer Studienarbeiten bzw. Papers zum Vorbild und machen Sie sich dadurch das Schreiben leichter. Wenn vorhanden, ersetzen Sie detaillierte Methodenbeschreibung durch ein entsprechendes Zitat.

In der Grundlagenforschung sind die üblichen Abschnitte im Methodenteil *Materialien*, *Beschreibung der einzelnen Methoden* sowie *der statistischen Analysen*, im klinischen Paper *Patientenpopulation*, *Studiendesign*, *Endpunkte der Studie* und *statistische Analysen*. Beachten Sie bei der Erstellung eines klinischen Manuskripts außerdem die offiziellen Richtlinien zur Erstellung von klinischen Publikationen (*CONSORT* etc.).

Eine wissenschaftliche Studie ist nur so gut wie ihre Statistik. Ziehen Sie daher sowohl bei Planung und Auswertung als auch bei der Beschreibung der statistischen Vorgehensweise in Ihrem Manuskript unbedingt eine Statistikerin bzw. einen Statistiker hinzu.

Material und Methoden formulieren Sie in der Vergangenheitsform.

7 Diskussion

7.1 Was versteht man unter „diskutieren"?
7.2 Wie wird meine Diskussion schlüssig und überzeugend?

In Kapitel 2.2 *Der rote Faden* wurde besprochen, wie wichtig es ist, einen klaren und schlüssigen roten Faden zu entwickeln, an dem sich die einzelnen Inhalte und Gedanken Ihres Manuskripts wie auf einer Perlenschnur aufgefädelt aneinanderreihen (Abbildung 3C in Kapitel 2.2). Haben Sie das gemacht, so liegt Ihnen jetzt für das Schreiben der Diskussion eine **klare Struktur** vor, welche Sie nun genau wie die Struktur für den Ergebnis- und Methodenteil mit Text füllen.

> **Tipp**
>
> Sollten Sie bisher keine Struktur für Ihr Manuskript entwickelt haben, für die Diskussion sollten Sie das unbedingt tun. Denn die Diskussion ist ein sehr komplexes Textstück, in dem Ihre Ergebnisse und Schlussfolgerungen sowie die zahlreicher anderer Wissenschaftlerinnen und Wissenschaftler miteinander verknüpft und in sinnvolle Beziehungen gebracht werden müssen. Ohne gute Planung ist das eine kaum zu bewältigende Herausforderung!

Bevor Sie jetzt, nach entsprechender Planung und Strukturierung, bereit sind, Ihre Diskussion zu schreiben, möchte ich erklären, was man in einem wissenschaftlichen Manuskript eigentlich unter „diskutieren" versteht (Kapitel 7.1), und Ihnen dann zeigen, wie Sie Schritt für Schritt eine schlüssige und überzeugende Diskussion verfassen (Kapitel 7.2).

Studienarbeit und **Paper** unterscheiden sich in diesem Abschnitt nicht allzu sehr, außer in Länge und Formatierung. Da Sie in Ihrer Studienarbeit möglichst umfassend darstellen wollen, was Sie erarbeitet haben, wird auch die Diskussion entsprechend länger ausfallen. Um solch einen umfangreichen und inhaltlich doch recht komplexen Text gut verständlich zu gestalten, untergliedern Sie diesen durch **Subtitel**. Bei der Strukturierung (Kapitel 2.2 *Der rote Faden*) haben Sie bereits die einzelnen

Themenschwerpunkte definiert, die Sie in der Diskussion ansprechen wollen – das sind dann auch Ihre Gliederungspunkte, die Sie mit Subtiteln versehen. Papers dagegen sind kurze Schriftstücke, in denen nur ausgewählte Datensätze dargestellt werden. Entsprechend kürzer ist auch die Diskussion. Eine Untergliederung in Unterkapitel wäre auch hier hilfreich für ein leichteres Verständnis, sie ist allerdings nur möglich, wenn es das Journal erlaubt (*Instructions to Authors*). Auch wenn man in der Diskussion eines Papers ebenfalls viel zu sagen hat, so muss man sich hier – einfach aus Platzgründen – sehr kurz fassen. Bringen Sie Ihre Aussagen daher rasch auf den Punkt und führen Sie nur wirklich relevante Literaturzitate an. Scheuen Sie sich nicht, einen fertigen Textabschnitt im Dienste einer Fokussierung auch mal drastisch zu kürzen. Hier gilt mit Sicherheit: **Weniger ist mehr!**

Die in der Diskussion verwendeten **Zeitformen** sind: Die Vergangenheit für Ihre eigenen und publizierte Daten (*we/others observed* ...), die Gegenwart für Ihre Schlussfolgerungen und Interpretationen (*we conclude* ..., *the data suggest* ...) und manchmal auch die Zukunft, wenn Sie am Ende der Diskussion noch einen Ausblick geben möchten: *Diese vielversprechende Beobachtung sollte in einer groß angelegten Studie weiter untersucht werden.*

7.1 Was versteht man unter „diskutieren"?

Wie der Name schon sagt, diskutieren Sie in diesem Manuskriptabschnitt Ihre Daten und Ihre daraus abgeleiteten Interpretationen. Aber was ist damit eigentlich gemeint? Unter „diskutieren" versteht man, dass Sie Ihre Beobachtungen in Beziehung zu anderen, bereits zu Ihrem Thema publizierten Daten bringen und daraus Ihre Schlüsse ziehen. Dabei gibt es unterschiedliche Herangehensweisen:

- Sie vergleichen Ihre und publizierte Daten miteinander bzw. stellen sie einander kritisch gegenüber.
- Sie nutzen publizierte Daten, um Ihre eigenen Beobachtungen zu untermauern.
- Sie erklären bzw. interpretieren Diskrepanzen zwischen Ihren und publizierten Daten.
- Sie ziehen auf Basis Ihrer Daten und publizierter Daten neue Schlüsse.
- Sie führen Ihre Befunde und publizierte Beobachtungen zu einem großen Ganzen zusammen.

Zu den ersten zwei Punkten haben Sie bereits in Kapitel 4.1.1 *Wofür benötigen Sie Literaturzitate in einem wissenschaftlichen Manuskript?* einiges gelesen, da diese auch bei der Literatursuche eine Rolle spielen. Hier möchte ich nochmals kurz auf beide Punkte eingehen, um jetzt zu erklären, wie Sie diese in der Diskussion verwenden, und anschließend die restlichen Punkte besprechen.

Miteinander vergleichen/kritisch gegenüberstellen: Sie haben etwas Neues ausprobiert (Methode, Therapie, Denkansatz, etc.). Wie gut funktioniert diese neue Vorgehensweise im Vergleich zu herkömmlichen Ansätzen? Gleich gut, besser, schlechter oder vielleicht gänzlich anders? Beschreiben Sie das in Ihrer Diskussion und ziehen Sie dann einen Schluss daraus oder leiten Sie davon eine Empfehlung ab: *Basierend auf unseren Daten empfiehlt sich daher die Verwendung des neu entwickelten Düngers X, da sowohl Pflanzenwachstum als auch Umweltverträglichkeit deutlich besser waren als mit dem herkömmlichen Dünger Y.*

Mit publizierten Daten untermauern: Während Ihrer wissenschaftlichen Arbeit haben Sie neue Dinge entdeckt: *ein bisher noch nie beschriebenes Klimaphänomen, den bisher ungeklärten Wirkmechanismus eines Medikaments, dass bestimmte Tumoren bei älteren Patientinnen durchschnittlich größer sind als bei jüngeren,* etc. Wenn Sie jetzt Ihre Arbeit darüber schreiben, dann sollten Sie nicht nur Ihre eigenen Daten dazu vorstellen, sondern außerdem versuchen, diese mit Literaturbefunden zu untermauern – besonders, wenn Sie etwas „bahnbrechend Neues" gefunden haben! Denn je bahnbrechender und je neuer etwas ist, desto kritischer wird es von anderen (z. B. den Gutachterinnen und Gutachtern eines Journals) betrachtet. Womit können Sie Ihre Daten untermauern? Z. B. mit Studien, in denen etwas Ähnliches beobachtet wurde (Beispieltext 12) oder die erste Hinweise auf ein mögliches Phänomen liefern, das Sie dann tatsächlich beobachtet haben. Geeignet sind aber auch unterschiedliche „Indizien" aus mehreren Studien, die alle darauf hinweisen: *So – wie Sie es dann auch tatsächlich nachgewiesen haben – könnte der Wirkmechanismus des Medikaments funktionieren.* Generell gilt: Was auch immer Sie entdeckt haben, suchen Sie untermauernde Daten dazu.

Beispieltext 12:

Abschnitt aus der Diskussion einer Dissertation, in dem Literaturdaten zur Untermauerung der eigenen Befunde aufgeführt werden[21].

In dem dieser Arbeit zugrunde liegenden Kollektiv waren die Tumoren, gemessen am pT-Stadium, im Alter zwischen 50 und 69 Jahren gleich groß. Im Vergleich dazu waren die Tumoren zwischen 70 und 79 Jahren größer und ab 80 Jahren noch einmal größer. Ältere Patientinnen hatten also größere Tumoren bei Diagnosestellung.

Dies findet Bestätigung durch die Arbeit von Diab (2000), bei dem Patientinnen ab 85 Jahren größere Tumoren hatten als Jüngere. ...

Auch bei Molino (2006) hatten ältere Patientinnen größere Tumoren (p<0.001). Der deutlichste Unterschied im pT-Stadium zeigte sich hier zwischen den 65-74 Jährigen und Älteren. Aber auch zwischen den 55-64 und 65-74 Jährigen war der Unterschied statistisch hoch signifikant. (Molino 2006).

Kommentar

Der eigene Befund (*Ältere Patientinnen hatten also größere Tumoren bei Diagnosestellung.*) wird sehr schön durch Studien, in denen ähnliche Beobachtungen gemacht wurden, untermauert/bestätigt. Dafür wird zuerst auf die anderen Studien hingewiesen (*Diab 2000* und *Molino 2006*) und diese dann kurz beschrieben (Beschreibung von *Diab* aus Platzgründen hier nicht vollständig gezeigt).

Diskrepanzen zwischen Ihren und publizierten Daten erklären bzw. interpretieren: Leider findet man nicht nur Studien, die in die gleiche Richtung weisen wie die eigenen Daten, im Sinne von vergleichbar oder untermauernd, sondern auch solche, die im Widerspruch zu den eigenen Befunden stehen. Hier gilt es herauszufinden, woher diese Diskrepanzen zwischen Ihren und den Befunden der anderen rühren, um klar zu machen, dass die eigenen Daten (auch) „richtig" sind, bzw. was man aus diesem Widerspruch lernen kann. Diskrepanzen ergeben sich meist aus Unterschieden im methodischen Ansatz. Man findet sie heraus, indem man die eigene Untersuchung ganz genau mit der widersprüchlichen Studie vergleicht.

Ein Beispiel:

Eigenes Ergebnis: *Tumorzellen überleben nach Behandlung mit xy-Toxin noch vier Monate;*

Das Ergebnis anderer: *Tumorzellen überleben nach Behandlung mit xy-Toxin nur eine Woche.*

Mögliche methodische Unterschiede: *eine längere Inkubationszeit mit XY-Toxin als in der eigenen Studie* oder *eine höhere Dosis des XY-Toxins.* Beides sind Faktoren, die eine höhere Toxizität von XY und damit ein kürzeres Überleben der Tumorzellen bedingt haben können. Nutzen Sie so identifizierte Unterschiede, indem Sie sie als mögliche Ursache für den beobachteten Widerspruch anführen. Bleiben Sie dabei aber bitte so sachlich wie möglich, d. h. machen Sie die anderen nicht schlecht (z. B. durch Formulierungen wie *falsche Inkubationszeit* oder *viel zu hohe Dosis*). Eine gewisse Ausnahme: Das Unterscheidungsmerkmal zwischen Ihrer und der widersprüchlichen Studie ist Qualität, wie das im folgenden Beispieltext 13 der Fall ist.

Beispieltext 13:

Umgang mit Diskrepanzen zwischen publizierten und eigenen Daten in der Diskussion eines Papers[22]. *IU*: international units, *t.i.w.*: dreimal pro Woche, *q.w.*: einmal pro Woche.

A previous study has examined the effect of a once weekly epoetin regimen on Hb levels, transfusion requirements and quality of life in patients with solid and haematological malignancies (Gabrilove et al, 2001). This study showed that a dose of 40 000 IU once weekly provided improvements in haemoglobin and quality of life similar to the conventional thrice weekly dosing ($3 \times 10\,000\,IU$). However, this study had many potential flaws (Nguyen & Trinh 2002): (a) it was non-randomized and compared the once-weekly results with those of historical, rather than parallel, control subjects receiving epoetin t.i.w.; (b) there was no adjustment for potential baseline confounding variables and for handling of the relatively large dropout rate; (c) different weekly doses of epoetin alpha (40 000 in q.w. group vs 30 000 in t.i.w. group) were compared. In contrast, the current study was randomized, and directly compared results between patients receiving identical doses of epoetin beta (30 000 IU) q.w. or t.i.w., thus producing a more robust assessment. The results are consistent with those of recent randomized trials of epoetin beta in the maintenance treatment of renal anaemia, which demonstrated that the efficacies of once weekly and three times weekly epoetin beta regimens are equivalent (Weiss et al, 2000; Locatelli et al, 2002).

Kommentar

- In diesem Textabschnitt, welcher mitten aus einer Diskussion herausge-griffen ist, wird beschrieben, dass die Studie von *Gabrilove et al.* 2001 Ergebnisse liefert, die denen der Autorinnen und Autoren widerspre-chen. Diese wollen jetzt klar machen, dass ihre Daten die richtigen sind, und rechtfertigen diese Behauptung, indem Sie die mindere Qualität der *Gabrilove*-Studie im Vergleich zur eigenen Studie aufzeigen. Wie gehen Sie vor?
- Kurze Beschreibung der Ergebnisse der widersprüchlichen Studie (1. Absatz).
- Verweis darauf, dass diese Studie zahlreiche Schwächen (= *flaws*) hat (a – c).
- Verweis darauf, dass die eigene Studie in mindestens zwei Punkten qualitativ hochwertiger ist (*randomized, compared identical doses*).
- Zusätzlich werden noch zwei Studien angeführt, die die eigenen Daten untermauern.
- Hat die Studie von *Gabrilove et al.* nach dieser Argumentationsführung noch irgendeine Chance? Nein!
- Auch wenn die Autorinnen und Autoren hier behaupten, dass die *Gab-rilove*-Studie *schlechter* war als die eigene, so haben sie diese nicht *schlecht gemacht*, da sie ganz sachlich Punkt für Punkt aufzählen, was die Schwachpunkte waren und worin die eigene Studie besser ist. Die Qualität wurde hier also nicht kritisiert, sondern war lediglich das Un-terscheidungsmerkmal zwischen den beiden Arbeiten. Wäre das Unter-scheidungsmerkmal z. B. Abweichungen im methodischen Ansatz, dann würden Sie diese Abweichungen ebenso Punkt für Punkt aufzählen und dann als Grundlage für die Erklärung widersprüchlicher Beobachtungen verwenden.
- Eine kleine Anmerkung möchte ich allerdings zu dem Begriff *flaws* (Feh-ler, Mangel, Schwachstelle) machen. Unter dem Gesichtspunkt, dass Sie andere nicht schlecht machen sollen, ist *flaws* schon ein recht heftiges Wort. Höflicher wäre das im wissenschaftlichen Jargon recht übliche *li-mitations* oder eventuell auch *weaknesses*. Vielleicht fanden die Autorin-nen und Autoren solch eine heftige Formulierung angebracht, weil schon andere Wissenschaftlerinnen und Wissenschaftler *(Nguyen & Trinh 2002)* die *Gabrilove*-Studie „zerlegt" hatten?

Oft kann man aus widersprüchlichen Daten aber auch eine **neue Schluss-folgerung** ableiten.

- *Sie haben einer Zelllinie die Substanz X in einer niedrigen Konzentration zugefügt, wodurch die Zellen stärker proliferierten.*
- *Andere haben derselben Zelllinie genau dieselbe Substanz X zugefügt, allerdings in einer deutlich höheren Konzentration. Die Zellen reagierten hier nicht mit einer gesteigerten Proliferation, sondern mit der Entwicklung migratorischer Eigenschaften.*

Als Ursache für die unterschiedlichen Befunde (*stärkere Proliferation* versus *migratorische Eigenschaften*) würde hier die Methodik (*verschiedene Konzentrationen von Substanz X*) angeführt werden. Allerdings ist die Diskrepanz hier nicht ein Widerspruch, sondern liefert vielmehr eine Zusatzinformation. Man könnte daraus nämlich den folgenden neuen Schluss ziehen: *Durch Titration der Substanzkonzentration ist es offensichtlich möglich, in ein und derselben Zelllinie unterschiedliche Reaktionen auszulösen, nämlich entweder Proliferation oder Migration.* Also keine Angst vor Diskrepanzen zwischen Ihren und publizierten Daten, oft verstecken sich dahinter interessante neue Erkenntnisse.

Auf Basis Ihrer <u>und</u> publizierter Daten neue Schlüsse ziehen: Ein Beispiel dazu haben Sie gerade im letzten Absatz gelesen. Generell werden Sie in Ihrer Diskussion sehr häufig eine derartige Beziehung zwischen Ihren und den Daten anderer bilden. Denn Ihre Daten stehen nicht allein im wissenschaftlichen Raum. Meist gibt es zahlreiche andere Studien, die sich mit ganz ähnlichen Fragestellungen beschäftigt haben wie Sie. Und diese Ergebnisse bilden oft wunderbare Ergänzungen zu Ihren Befunden, sodass Sie dann schreiben werden: *Basierend auf dem eigenen und den Befunden anderer...* und dann folgt die Schlussfolgerung aus all diesen Informationen.

Zu einem großen Ganzen zusammenführen: Diese Vorgehensweise entspricht generell der im vorigen Absatz beschriebenen, nur spielt sich hier das „in Beziehung bringen" auf einer höheren Ebene ab. Mehrere Ergebnisse aus Ihrer Studie zusammen mit mehreren Ergebnissen aus zahlreichen anderen Studien ergeben jetzt endlich ein klares Verständnis dafür, *wie der Wirkmechanismus eines neuen Medikaments funktioniert.* Es ist wichtig, auf solche großen Zusammenhänge hinzuweisen, denn damit bekommt z. B. auch eine kleine Entdeckung Ihrerseits plötzlich eine große Bedeutung: *Sie haben auf molekularer Ebene am Wirkmechanismus des Medikaments geforscht. Aber erst zusammen mit publizierten Daten aus Studien an histologischen Präparaten und in einem Tiermodell war Ihnen die Aufklärung des Mechanismus tatsächlich möglich.*

7.2 Wie wird meine Diskussion schlüssig und überzeugend?

Nachdem Sie jetzt wissen, auf welche verschiedenen Arten Sie Ihre Ergebnisse zusammen mit der Literatur diskutieren können, beginnen Sie, die Diskussion zu schreiben. Dafür gehen Sie folgendermaßen vor:

Schritt 1: Sehr oft beginnt die Diskussion mit einem **ersten, einleitenden Abschnitt** (Studienarbeit) **bzw. Absatz** (Paper), in dem noch nicht diskutiert wird. Dieser erste Abschnitt/Absatz wird unterschiedlich genutzt. Im Folgenden finden Sie die verschiedenen Möglichkeiten. Suchen Sie sich eine davon aus.

- Sie beschreiben nochmals ganz kurz, warum Sie die Studie gemacht haben bzw. warum sie wichtig ist (**Relevanz**) und was **Ziel** (= Fragestellung) Ihrer Studie war.
- Sie beschreiben nochmals ganz kurz das **Ziel** Ihrer Studie und die **wichtigsten Ergebnisse.**
- Sie liefern noch etwas **Hintergrundinformation**, die Sie in der Einleitung noch nicht gegeben haben (eher bei Studienarbeiten). Bei dieser Variante kann der erste Abschnitt/Absatz auch etwas länger werden.
- Sie beginnen **ohne ersten Absatz** direkt mit der Diskussion Ihrer Ergebnisse.

Generell soll dieser erste Teil der Diskussion Ihre Leserinnen und Leser wieder ein bisschen zum roten Faden zurückholen. Denn nach den vielen Details, die sie im Methoden- und im Ergebnisteil gelesen haben, haben sie diesen vielleicht etwas aus den Augen verloren. Für welche der vier Möglichkeiten Sie sich entscheiden, bleibt ganz Ihnen überlassen. Hilfreich für die Entscheidung ist hier wiederum das Studium bereits publizierter Arbeiten. Dabei bekommen Sie schnell ein Gefühl dafür, welche Variante auch für Ihr Manuskript passen könnte. Wenn Ihr Manuskript z. B. eine sehr klare und einfache Struktur hat, dann wird vielleicht sogar die letzte Variante (*ohne ersten Absatz*) passen.

Schritt 2: Als nächstes machen Sie sich an die Diskussion der einzelnen Ergebnisse. Die **Reihenfolge**, in der Sie diese diskutieren, lehnt sich meist an die Reihenfolge an, die Sie im Ergebnisteil definiert haben. Denn der Handlungsstrang, den Sie sich für den Results-Teil überlegt haben, passt meist auch für die Diskussion. D. h., der als erstes im Ergebnisteil vorgestellte Datensatz wird als erstes in der Diskussion besprochen, der zweite an zweiter Stelle usw.

Schritt 3: Bevor Sie jetzt mit dem Diskutieren loslegen, überlegen Sie nochmals für jedes einzelne Ihrer Ergebnisse ganz genau, **welche Schlüsse** Sie daraus ziehen und **warum**. Vielleicht erinnern Sie sich noch an das Beispiel mit dem *MM-Dünger*, das ich in Kapitel 4.1.1 *Wofür benötigen Sie Literaturzitate in einem wissenschaftlichen Manuskript?* als Unterstützung für die Literatursuche gegeben habe. Das passt auch für diesen Schritt in der Diskussion, da es dabei genau um die beiden Punkte *welcher Schluss* und *warum* geht. Zur Erinnerung: Sie haben in Ihrer Studie beobachtet, *dass Weizen mit MM-Dünger schneller wächst*. Weil Sie in der Literatur gelesen haben, *dass der MM-Dünger das Wachstum anderer Getreidesorten steigert, indem er die Nährstoffaufnahme in deren Wurzeln unterstützt*, haben Sie folgenden Schluss gezogen: *Höchstwahrscheinlich steigert der MM-Dünger auch im Weizen das Wachstum, indem er die Nährstoffaufnahme in dessen Wurzeln unterstützt.* Die Literaturdaten sind in diesem Beispiel das *Warum*, denn auf Basis dieser Daten haben Sie Ihren Schluss gezogen.

Leider wird das *Warum* oft vergessen. Nicht selten finde ich in Texten, die ich zur Korrektur erhalte, ein perfekt beschriebenes Ergebnis und einen faszinierenden Schluss daraus, aber kein *Warum* – und frage dann immer ganz verwundert: *Ja, wie kommen Sie denn von dieser Beobachtung (Weizen + MM-Dünger = gutes Wachstum) auf diesen Schluss (MM-Dünger verbessert Wachstum von Weizen, indem er Nährstoffaufnahme in dessen Wurzeln unterstützt)?* Die Antwort ist dann meist *Ja, weil man aus der Literatur weiß, dass ...* (siehe oben). *Ach so, jetzt ist alles klar ...* Das *Warum* ist also ein sehr wichtiger Punkt, auch wenn es für Sie meist sonnenklar ist. Denn Sie kennen die Literatur in- und auswendig – im Gegensatz zu Ihrer Leserschaft. Beschreiben Sie in Ihrer Diskussion daher nicht nur Ihre Schlussfolgerungen, sondern geben Sie Ihren Leserinnen und Lesern auch die Möglichkeit, diese zu verstehen, indem Sie erklären, wie Sie dazu gekommen sind.

Übung

Lesen Sie ein bisschen in den Diskussionen publizierter Manuskripte und suchen Sie nach den *Warums*. Sie werden sie nicht bei allen diskutierten Ergebnissen entdecken, aber bei vielen. Manchmal ist das *Warum*, wie im oben genannten Beispiel mit dem Dünger, ein Literaturzitat, ein anderes Mal eine Überlegung der Autorin bzw. des Autors oder manchmal auch nur eine Hypothese.

Schritt 4: Um in Schritt 3 keine relevanten Aspekte zu übersehen, sollten Sie außerdem alle Ihre Ergebnisse nochmals sehr kritisch hinterfragen: Was kann ich mit meinen Ergebnissen wirklich **beweisen** und was kann ich nur **vermuten** bzw. wo sind die **Grenzen meiner Untersuchung**? Wieder ein Beispiel: *Die Zelllinie X wächst in ihrem Fläschchen. Sie kippen die Substanz 0815 darüber und die Zellen sterben.* Mit diesem Versuch haben Sie bewiesen, dass die Substanz 0815 für Ihre Zelllinie X toxisch ist. Wissen Sie aber, wie die Zellen gestorben sind? Es gibt doch eine Unzahl von Todesarten für Zellen: Induziert 0815 vielleicht Apoptose oder zerstört es das Zellskelett oder die Zellmembran, ist es eine zytolytische Substanz oder verursacht es osmotischen Stress und bringt damit die Zellen zum Platzen? Nein, Sie wissen es nicht, weil Sie Ihre Zellen dahingehend nicht untersucht haben. Aber Sie haben eine publizierte Studie gefunden, in der die Substanz 0815 auf die Zelllinie Y gegeben wurde. Diese Zellen sind auch gestorben und die Autorinnen und Autoren dieser Studie haben festgestellt, *dass diese Y-Zellen gestorben sind, weil 0815 ihre Membran zerstört hat.* Auf Basis dieser Daten vermuten Sie, dass 0815 auch Ihre X-Zelllinie durch Zerstörung der Zellmembran getötet hat. Sehen Sie den Unterschied zwischen beweisen und vermuten? Es ist sehr wichtig, sich dieses Unterschieds bei den eigenen Daten bewusst zu sein, denn das sind zwei grundlegend verschiedene Ausgangssituationen für das Diskutieren. Bei einem Beweis können Sie in Ihrer Diskussion in die Vollen gehen, Konkurrenten, die bisher „nur" Hypothesen aufgestellt haben, vom Tisch fegen, uneindeutige Daten anderer klar zurückweisen, etc. Im Gegensatz dazu werden Sie im Fall einer Vermutung wesentlich vorsichtiger an die Sache herangehen und Befunden anderer genauso viel Gewicht und Bedeutung zuweisen wie Ihren eigenen.

Auch der Grenzen *(limitations)* Ihrer Untersuchungen sollten Sie sich bewusst sein. Denn jeder wissenschaftliche Ansatz hat seine Grenzen. Die Limitation des gerade beschriebenen Ansatzes ist, dass nicht untersucht wurde, wie die X-Zellen starben. Wenn die Todesart aber nicht die Hauptfragestellung dieser Studie war, sondern nur generell, ob Substanz 0815 für Zelllinie X toxisch ist oder nicht, dann ist das eher eine *minor limitation*. Wenn Sie aber z. B. in eine klinische Untersuchung insgesamt nur zehn Patientinnen und Patienten eingeschlossen haben, dann kann das durchaus eine *major limitation* sein, denn für eine aussagekräftige klinische Studie ist das eine viel zu kleine Population.

Im Fall von **minor limitations** müssen Sie im Text nicht unbedingt auf diese eingehen. Entweder Sie sprechen sie gar nicht an, oder Sie erwähnen sie nur kurz in einem Nebensatz. Legen Sie den Schwerpunkt vielmehr auf das, was Sie zeigen konnten (0815 ist toxisch für Zelllinie X) und nicht auf das, wozu Sie keine Daten haben (Todesart), denn sonst laden Sie Ihr Publikum förmlich dazu ein, an Ihrer Arbeit herumzumäkeln (*Und warum wurde die Todesart nicht untersucht?*).

Im Fall von **major limitations** sollten Sie diese dagegen unbedingt ansprechen. Damit machen Sie klar, dass Sie sich derer sehr wohl bewusst sind und sie nicht einfach unter den Teppich verschwinden lassen wollen. Wichtig hierbei ist allerdings, deutlich zu machen, dass Ihre Ergebnisse trotz der Schwächen immer noch relevant sind. Im folgenden Beispieltext 14 wurde das sehr schön mit Hilfe eines Literaturzitats gemacht.

Beispieltext 14:

Entschärfen der Schwäche einer Studie durch ein Literaturzitat[23]. *REF*: Referenz

Our study design did not allow us to draw conclusions concerning the association of cryptosporidial infection and clinical symptoms, and we cannot exclude that children of the same area are asymptomatically infected. In an Australian study, however, it was shown that the vast majority (89%) of children who tested positive for Cryptosporidium on fecal microscopy indeed suffered from diarrhea.[REF]

Kommentar

Ein Schwachpunkt dieser Studie ist, dass die Autorinnen und Autoren nicht sicher sein konnten, dass sie wirklich alle Kinder im Untersuchungsgebiet mit einer *Cryptosporidium*-Infektion in ihre Untersuchung eingeschlossen haben, da manche Kinder möglicherweise infiziert waren, ohne Symptome (Durchfall) zu zeigen. Mit einer Studie (*REF*), die zeigte, dass *Cryptosporidium*-Infektionen zu 89% mit Symptomen einhergehen, konnten sie diesen Schwachpunkt fast ganz aus dem Weg räumen.

In **klinischen Studien** findet man inzwischen übrigens fast immer einen Absatz in der Diskussion, in dem die *limitations* (*minor* und *major*) aufgeführt sind. In meinen Augen eine sehr positive Entwicklung, denn eine Leserin bzw. ein Leser kann die Tragweite neuer Befunde nur dann wirklich einschätzen, wenn sie oder er sowohl die positiven als auch die negativen Aspekte einer Studie kennt.

Übung

Nehmen Sie sich jedes einzelne Ihrer Ergebnisse vor und überlegen Sie, welche Schlüsse und Interpretationen Sie daraus ableiten wollen. Wo nötig, ergänzen Sie das *Warum*.
Analysieren Sie außerdem die Qualität jedes Ergebnisses: Haben Sie etwas bewiesen oder können Sie etwas nur vermuten? Gibt es *limitations* in Ihrem Studienansatz? Wie könnten Sie diese – zumindest bis zu einem gewissen Grad – entkräften?

Schritt 5: Jetzt wissen Sie, in welcher Reihenfolge Sie Ihre Daten besprechen wollen (Schritt 2), welche Schlüsse Sie aus ihnen ziehen wollen (Schritt 3) und haben sich Gedanken zur Qualität Ihrer Daten gemacht (bewiesen, vermutet, *limitations*) (Schritt 4). Legen Sie nun los und **diskutieren** Sie, wie in Kapitel 7.1 *Was versteht man unter „diskutieren"?* beschrieben, jedes einzelne Ihrer Ergebnisse. Als kleine Hilfe möchte ich Ihnen im Folgenden zwei Beispiele geben, wie Sie einen **Diskussionsabschnitt** zu einem Ergebnis aufbauen können.

Beispiel 1:
- Ausgangssituation/Fragestellung/Problem: *Als nächstes sollte geklärt werden, ob das Essen von Schokolade tatsächlich dick macht* (hinführender Satz).
- Eigenes Ergebnis ganz kurz erwähnen: *In der vorliegenden Arbeit konnte kein signifikanter Gewichtsunterschied zur Kontrollgruppe ohne Schokolade beobachtet werden.*
- Literatur (untermauernd, widersprüchlich, etc.): *Mehrere in der Schweiz durchgeführte Studien zeigten ganz ähnliche Ergebnisse, ... (kurz die wesentlichsten Details der schweizerischen Studien). Eine europaweite Studie berichtet dagegen signifikante Gewichtszunahmen bei Kindern, ... (kurz die wesentlichsten Details zur europaweiten Studie).*
- Schlussfolgerung aus <u>allen</u> vorliegenden Daten: *Alle oben besprochenen Studien einschließlich unserer wurden an Erwachsenen durchgeführt mit Ausnahme der europaweiten Studie. Diese untersuchte ausschließlich Kinder und stellt damit keine adäquate Vergleichsgruppe zu unserer Population dar. Daher kann auf Basis unserer und der publizierten Daten zu Erwachsenen der Schluss gezogen werden, dass das Essen von Schokolade beim Erwachsenen nicht zur Gewichtszunahme führt.*

Beispiel 1 zeigt den **klassischen Aufbau** eines Abschnitts in der Diskussion. Damit liegen Sie nie falsch. Wichtig: Obwohl das **Ergebnis** im Ergebnisteil schon ausführlich dargestellt wurde, wird es hier in der Diskussion nochmals erwähnt, allerdings **nur ganz kurz**, ohne allzu viele Details. Oft reicht – wie hier in diesem Beispiel – ein Satz.

Beispiel 2:
- Ausgangssituation/Fragestellung/Problem: *Was auch immer.*
- Literatur: *Müller et al. 1999 haben schon vor einiger Zeit versucht, dieses Problem zu lösen, aber keine eindeutigen Ergebnisse liefern können. Meier et al. 2002 haben sich ebenfalls an diesem Problem versucht, allerdings mit einem anderen methodischen Ansatz als in der vorliegenden Studie. Auch diese Studie war nicht erfolgreich. Schmidt et al. 2005 gingen der Fragestellung auf klinischer Ebene nach. Die Patientenpopulation in dieser Studie war jedoch sehr klein (n = 10), weshalb die Befunde mit Skepsis zu betrachten sind.*
- Eigene Ergebnisse: *In der vorliegenden Studie konnte mit einer neuen Methode an insgesamt 188 Patienten eindeutig nachgewiesen werden, dass...* = Lösung der obigen Fragestellung
- Schlussfolgerung aus den Ergebnissen der vorliegenden Studie

In Beispiel 2 wird eine Technik angewendet, die man auch „Überzeugungsstruktur" nennt. Indem nämlich aufgeführt wird, dass sich bereits
drei Arbeitsgruppen (*Müller, Meier, Schmidt und Kollegen*) an einem Problem erfolglos die Zähne ausgebissen haben, wird klar, dass es wirklich
schwer zu lösen ist. Wenn Sie das Problem dann schließlich mit einer
neuen Methode und an vielen Patienten lösen, wird jede Leserin und jeder
Leser von Ihrer Arbeit beeindruckt sein.

Man kann diese Überzeugungsstruktur wie hier nutzen, um klar zu
machen, dass Sie ein wirklich schweres Problem gelöst haben, aber auch,
um **Spannung aufzubauen** (Beispieltext 15). Ja, Sie haben richtig gelesen:
Ein wissenschaftlicher Text kann – und darf – auch spannend sein.

Beispieltext 15:
Absatz aus der Diskussion eines Papers, in dem „Spannung" aufgebaut
wird[24].[REFs]: Referenzen

*In this population, a major consequence of prolonged neutropenia is fungal
infection with organisms such as Aspergillus. The incidence of fungal infection
is increasing in patients with hematologic malignancies.[REFs] The persistence
of fever for more than 48 hours after the start of broad-spectrum antibacte-
rials usually necessitates the introduction of systemic antifungal therapy, such
as amphotericin-B, which is associated with significant toxicity.[REFs] In this
study, filgrastim significantly reduced the number of patients requiring systemic antifungal therapy. This is an important clinical benefit, not previously
documented in studies of growth factors in the oncology setting, and serves
to reduce the burden of toxicity in these patients.*

Kommentar

- **Hintergrund:** In dieser Studie geht es um Neutropenien. Von einer Neutropenie spricht man, wenn die Anzahl an neutrophilen Zellen im Blut
  von Patientinnen und Patienten unter einen bestimmten Wert absinkt
  (in der vorliegenden Arbeit wurden die neutrophilen Zellen durch die
  Chemotherapie zerstört). Diese Zellen schützen vor bakteriellen und
  Pilzinfektionen, die ohne Behandlung tödlich sein können. Je länger die
  Neutropenie besteht, desto höher ist das Risiko für diese gefährlichen
  Infektionen. Daher sollen die neutrophilen Zellen möglichst schnell
  nachwachsen. Das Medikament Filgrastim ist ein Neutrophilen-stimu-

lierender Wachstumsfaktor, der das Wachstum dieser Zellen beschleunigt. In der Studie sollte getestet werden, ob Filgrastim durch seine Wirkung die Dauer einer durch Chemotherapie induzierten Neutropenie reduzieren kann.

* **Wie wird nun Spannung aufgebaut?** Am Anfang des Absatzes kann man vielleicht noch denken: *Naja, die Anzahl der neutrophilen Zellen ist vielleicht ein bisschen niedrig.* Im Folgenden wird allerdings aufgelistet, welche fatalen Konsequenzen eine Neutropenie haben kann: Zuerst können Pilzinfektionen auftreten. Diese gehen meist mit lang anhaltendem Fieber einher. Infektion plus Fieber müssen umgehend mit Breitspektrum-Antibiotika behandelt werden, eine für die bereits durch Tumorerkrankung, Chemotherapie, Fieber und Pilzinfektion geschwächten Patientinnen und Patienten sehr belastende Therapie. Hält das Fieber trotzdem länger als 48 Stunden an, dann muss zusätzlich noch eine systemische (= den ganzen Körper betreffende) Antipilztherapie verabreicht werden und das ist dann wirklich schlimm. Denn diese hat so starke Nebenwirkungen (= *toxicity*), dass sehr geschwächte Patientinnen und Patienten allein aufgrund dieser Nebenwirkungen zu Tode kommen können (Diese Information steht nicht im Text, sondern findet sich in den Referenzen). Hat man all das gelesen, ist man wahrscheinlich nicht mehr so entspannt bezüglich Neutropenien wie am Anfang des Absatzes, sondern wird vielmehr denken: *Wir müssen die Neutropenie unbedingt gleich im Keim ersticken! Denn sonst rutschen wir in diese extreme Behandlungsschleife (Antibiotika, Antipilztherapie plus Nebenwirkungen) hinein, und dann sieht es wirklich schlecht aus für meine Patientinnen und Patienten. Hoffentlich schafft das das Filgrastim!?* Und Filgrastim schafft es: Signifikant weniger Patientinnen und Patienten benötigten die hochtoxische antifungale Therapie!

Wie Sie in Beispiel 2 zum Aufbau eines Absatzes in der Diskussion und in Beispieltext 15 gesehen haben, können Sie bei Ihren Leserinnen und Lesern Interesse und Spannung aufbauen. Und zwar, ohne zu schreiben: *Das war ein extrem schwieriges Problem!* oder *Diese Situation ist für die Patientinnen und Patienten richtiggehend lebensgefährlich!*, sondern einfach mithilfe von Fakten, die Sie in Ihrer Diskussion so arrangieren, dass Ihre Leserschaft von selber denkt: *Das war ein extrem schwieriges Problem!* oder *Diese Situation ist für die Patientinnen und Patienten richtiggehend lebensgefährlich!* Alles nur eine Frage der Dramaturgie.

Wo können Sie Spannung in Ihren Text hineinbringen? Nehmen Sie sich dafür jedes einzelne Ergebnis zusammen mit den Literaturzitaten, die Sie dazu besprechen wollen, vor und schauen Sie, ob Sie diese so arrangieren können, dass Ihre Leserinnen und Leser richtiggehend neugierig werden.

Schritt 6: Am Ende Ihrer Diskussion schreiben Sie dann eine **kurze Zusammenfassung**. Beim **Paper** ist das meist nur ein Absatz, der oft mit *Taken together, ...* oder *In conclusion, ...* beginnt. Manchmal gibt es dafür sogar einen Titel wie *Summary* oder *Conclusions*. Dort erwähnen Sie nochmals sehr kurz Ihre Hauptbefunde ohne jedes Detail (keine Zahlen, Signifikanzen, etc.), vielmehr als knappe, eingängige Take-Home-Messages. Der allerletzte Satz enthält schließlich oft einen Ausblick *Further investiagtions should clarify ...* oder einen Hinweis darauf, welche Relevanz Ihre Studie auf einer höheren Ebene hat: *The elucidation of this mechanism will help disect the molecular bases of human infertility*. Ihre Studie durch diesen letzten Satz nochmals in ein gutes Licht zu stellen, hinterlässt bei Ihren Leserinnen und Lesern einen positiven Eindruck.

Lesen Sie bitte Beispieltext 16 durch und beantworten Sie folgende Fragen:
1: Wie viele Hauptbefunde werden in diesem zusammenfassenden Absatz aus einem Paper nochmals kurz erwähnt?
2: Denken Sie an die obige Beschreibung, was in diesem Textabschnitt nochmals erwähnt werden soll und was nicht. Was fällt Ihnen diesbezüglich in Beispieltext 16 auf?
Antworten auf diese Fragen finden Sie im Kommentar zum Text.

Beispieltext 16:
Zusammenfassung im letzten Absatz eines Papers[25]. *UFRF*: urea form-aldehyde resin foam, *Hydrocell™*: in der vorliegenden Studie verwendeter UFRF.

5. Conclusions
UFRFs are a relatively new class of soil amendment compared with hydrogels. Under plant nursery conditions, incorporation of 30% (v/v) Hydrocell™ into composted pine bark media and also into sand and loam soils led to limited, but significant (P ≤ 0.05), growth benefits (e.g., increased leaflet number) for potted F. schottiana saplings. In addition, the period to plant wilting in pine bark media upon cessation of irrigation was increased significantly (P ≤ 0.05), by 1-2 days, at the 10% (v/v) incorporation rate. In view of these promising tendencies with potted F. schottiana saplings, further studies into optimum UFRF rates (v/v) for individual plant species, media types and nursery irrigation regimes are probably warranted.

Kommentar

- Übung 1: In dieser Zusammenfassung sind zwei Hauptbefunde erwähnt: (1) ... *limited, but significant (P ≤ 0.05) growth benefits* ... (2) ... *period to plant wilting ... was increased significantly (P ≤ 0.05)* ...
- Übung 2: Für eine Zusammenfassung sind hier viel zu viele konkrete Zahlen angegeben: *p*-Werte, % *incorporation rates*, *1-2 days*. Das sollte man hier nicht mehr tun, sondern nur mehr einfache, kurze Take-Home-Messages formulieren. Denn solche kurzen Botschaften merkt sich Ihre Leserschaft auch langfristig, Zahlen dagegen sicher nicht.
- Viele Leserinnen und Leser schauen sich, bevor sie das ganze Paper durchlesen, schnell den letzten Absatz an. Wenn sie diesen interessant finden, dann nehmen sie sich das ganze Paper vor. Der Aufbau im vorliegenden Beispiel liefert für solche Leserinnen und Leser alle relevanten Informationen (1. Satz: Kurz erwähnt, worum es in dieser Studie geht; 2. + 3. Satz: einige wenige Hauptbefunde; 4. Satz: Ausblick) und erfüllt diese Anforderung damit sehr gut.
- Im letzten Satz finden sich zwei Wörter, die ich an dieser Stelle nicht mehr verwenden würde: *tendencies* und *probably*. In den Naturwissenschaften spricht man von *tendency*, wenn man einen Effekt beobachtet hat, der allerdings keine statistische Signifikanz erreicht hat (übersetzt mit *Trend*). Warum sprechen die Autorinnen und Autoren hier von *ten-*

dencies, wenn sie signifikante Effekte beobachtet haben (siehe p-Werte im Text)? Und warum sagen sie ... *probably warranted*? Halten sie ihre eigenen Befunde für so irrelevant, dass eine weitere Untersuchung zwar nett wäre, aber nicht unbedingt – *probably* – nötig? Merken Sie, wie diese beiden Worte die Gesamtaussage des Papers schwächen? Und das im letzten Satz! Das Bauchgefühl, das Leserinnen und Leser gerade aus dem letzten Satz mitnehmen, hinterlässt einen bleibenden Eindruck. Und das Bauchgefühl hier ist – gelinde gesagt – „mau"!

- Es ist durchaus üblich und sogar sinnvoll, die Schwächen einer Studie in der Diskussion zu besprechen. Fügen Sie den Absatz mit den *limitations* entweder nach dem ersten, einleitenden oder vor dem letzten, zusammenfassenden Absatz ein oder wo auch immer er sonst gut hineinpasst, aber nicht als letzten Abschnitt (oder Satz, wie in diesem Beispieltext) Ihres Manuskripts.

In der **Studienarbeit** wird dem Abschnitt *Zusammenfassung* etwas mehr Platz eingeräumt (mehrere Absätze). Allerdings sollte er auch hier nicht allzu lang sein. Denn Ihr Publikum will die Zusammenfassung meist nur schnell überfliegen und dabei rasch die wichtigsten Botschaften aus einer vielleicht hundert Seiten langen Arbeit mitnehmen. Im Gegensatz zum *Abstract*, das ja auch eine Zusammenfassung Ihrer Studie ist, werden hier keine konkreten Zahlen mehr genannt.

Zusammenfassung

In einem wissenschaftlichen Manuskript versteht man unter „diskutieren", dass Sie eigene Daten mit bereits publizierten Daten zu Ihrem Thema in Beziehung bringen. Dafür vergleichen Sie diese verschiedenen Datensätze bzw. stellen sie einander kritisch gegenüber. Bestehen Diskrepanzen zwischen Ihren Daten und den Daten anderer, so versuchen Sie, die eigenen Daten im Vergleich zu den Literaturdaten zu begründen bzw. die Widersprüche zu interpretieren. Um die Aussagekraft der eigenen Daten zu stärken, untermauern Sie diese möglichst mit passenden Literaturdaten. Sehr häufig kann man aus den eigenen Daten zusammen mit den Literaturdaten ganz neue Schlüsse ableiten, welche sich letztendlich zu einem großen Ganzen zusammenführen lassen.
Üblicherweise beginnt die Diskussion mit einem einleitenden Abschnitt/ Absatz. Danach diskutieren Sie jedes einzelne Ihrer Ergebnisse meist in

derselben Reihenfolge, wie Sie diese im Ergebnisteil vorgestellt haben. Dafür überlegen Sie, welche Schlüsse Sie aus Ihren Ergebnissen ziehen und warum Sie diese ziehen können. Verknüpfen Sie anschließend Ihre Ergebnisse und Schlussfolgerungen mit bereits bestehendem Wissen aus der Literatur. Machen Sie sich dabei bewusst, ob Sie etwas bewiesen haben oder nur vermuten können bzw. wo die Schwächen Ihrer Studie liegen und berücksichtigen Sie diese unterschiedlichen Qualitäten Ihrer Daten bei deren Besprechung. Überlegen Sie außerdem, wie Sie die einzelnen Informationen in Ihrer Diskussion präsentieren wollen. Denn mit der entsprechenden Dramaturgie kann Ihr wissenschaftliches Manuskript sogar spannend werden. Im letzten Abschnitt/Absatz geben Sie neben einer sehr kurzen Zusammenfassung Ihrer wichtigsten Ergebnisse (Take-Home-Messages) entweder einen sich aus Ihren Daten ableitenden Ausblick und/oder weisen auf die Relevanz Ihrer Ergebnisse auf einer höheren Ebene hin.

Die in der Diskussion verwendeten Zeitformen sind Vergangenheit, Gegenwart und Zukunft.

8 Einleitung

Wenn Sie Ihre Manuskriptabschnitte entsprechend der in diesem Buch vorgeschlagen Reihenfolge schreiben, dann haben Sie soeben die Diskussion fertiggestellt. Sie wissen daher jetzt ganz genau, welche Interpretationen und Schlussfolgerungen Sie aus Ihrer Arbeit ziehen können. In der Einleitung werden Sie jetzt die Gedanken und die Neugier Ihrer Leserschaft genau in Richtung dieser Take-Home-Messages lenken. Und zwar so, dass Ihre Leserinnen und Leser bereits bei der Einleitung „anbeißen". Nachdem sie diese gelesen haben, sollen sie denken:

- Was für eine **große Wissenslücke** und noch dazu bei so einem **wichtigen Thema**!
- Wie gut, dass das **endlich jemand anpackt** und dann auch noch mit so einem **cleveren methodischen Ansatz**!
- **Gut, dass diese Studie gemacht wurde**!

Die Aufgabe der Einleitung ist nämlich nicht nur, Ihr Thema und das dazugehörige Hintergrundwissen vorzustellen, sondern auch klar zu machen, warum Ihre Untersuchungen wichtig sind und unbedingt gemacht werden mussten. Denn je besser Sie Ihre Leserinnen und Leser von der Wichtigkeit Ihrer Arbeit überzeugen können, desto ernster werden sie Ihre Ergebnisse nehmen und desto interessierter Ihre daraus gezogenen Schlussfolgerungen lesen.

Wie erzielen Sie nun diese Neugierde und dieses Interesse in den Köpfen Ihrer Leserschaft? Ganz einfach, indem Sie in Ihrer Einleitung die folgenden Punkte einen nach dem anderen abhandeln:

(1) **Allgemeine Hintergrundinformation** zum Forschungs- oder klinischen Bereich, in dem Ihre Arbeit angesiedelt ist.

(2) Welche **Wissenslücken/Probleme** existieren in diesem Bereich – mit Schwerpunkt auf jenen, die Sie in Ihrer Studie angepackt haben?

(3) Warum ist es so wichtig, diese Wissenslücke(n) zu schließen (**Relevanz Ihrer Studie**)?

(4) Was haben **andere Forschungsgruppen** – oder Sie selbst – zu diesen Problemen bereits erarbeitet und publiziert?

(5) Was sind **Ihre Überlegungen** zu neuen Lösungsansätzen für das Problem?

(6) Was war die konkrete **Fragestellung** Ihres Forschungsprojekts?

(7) Wie sind Sie in der vorliegenden Studie **methodisch** vorgegangen?

Eine kleine Anmerkung zu Punkt (2). Ich habe hier ganz bewusst sowohl den Begriff *Wissenslücke* als auch den Begriff *Problem* verwendet, denn man untersucht ja nicht immer ein Problem (*Das Medikament hat viel zu starke Nebenwirkungen*), sondern sehr oft einfach eine Wissenslücke (*Der Ligand für den Rezeptor XY ist bisher noch nicht bekannt*).

Bevor ich diese sieben Punkte im Folgenden ausführlich vorstellen werde, möchte ich noch zwei Dinge besprechen: Die in der Einleitung verwendeten Zeitformen und die Unterschiede zwischen der Einleitung in einer Studienarbeit und in einem Paper. Die in der Einleitung üblicherweise genutzten **Zeitformen** sind die Gegenwart und die Vergangenheit. Die Gegenwart verwenden Sie für die Vorstellung allgemeiner Behauptungen, wie *Die Sterblichkeitsrate aufgrund von Tumorerkrankungen steigt stetig an*, die Vergangenheit für die Besprechung bereits publizierter, eigener oder fremder Daten. Am Ende der Einleitung ist es üblich, die Fragestellung vorzustellen und einen kurzen Überblick über die methodische Vorgehensweise zu geben. Dafür verwenden Sie ebenfalls die Vergangenheit: *Ziel der Studie war ... Dafür wurde eine Patientenbefragung durchgeführt ...*

Der augenfälligste **Unterschied** zwischen der Einleitung zu einer **Studienarbeit** und der zu einem **Paper** ist die Länge. Während dieser Manuskriptabschnitt bei einem Paper oft nur drei bis vier Absätze lang ist, erstreckt er sich in einer Studienarbeit meist über sehr viele Seiten (die tatsächliche Länge ist abhängig von den internen Vorgaben Ihrer Institution und Ihrer Betreuerin bzw. Ihrem Betreuer). Grund dafür ist einerseits, dass in einem Paper generell nur sehr wenig Platz zur Verfügung steht, und andererseits, dass Sie mit einer Studienarbeit nachweisen möchten und müssen, wie umfassend Sie sich mit Ihrem Thema auseinandergesetzt haben. Während in der Einleitung eines Papers oft nur ein Absatz mit Hintergrundinformation zu finden ist, demonstrieren Sie Ihre umfassende Auseinandersetzung mit Ihrem Thema in einer Studienarbeit mit einem möglichst ausführlichen Literaturüberblick. Die kurze Einleitung eines Papers ist selten untergliedert, während man die wesentlich längere Einleitung einer Studienarbeit sehr wohl in Unterkapitel unterteilen darf bzw. der Übersichtlichkeit halber auch soll. Die üblicherweise verwendeten **Gliederungsabschnitte** sind hier *Hintergrund* (1), *Problemstellung* (2-5), *Wissenschaftliche Fragestellung* (6) und *Geplante Methodik* (7). Die Nummern in den Klammern geben an, welchen der sieben anfangs vorgestellten Punkte Sie in welchem Gliederungsabschnitt bearbeiten. Die Bezeichnung der Gliederungsabschnitte und deren gewünschte Inhalte können von Institution zu Institution allerdings beträchtlich variieren. Konsultieren Sie dafür die *Internen Richtlinien zur Erstellung einer Studienarbeit* Ihrer Institution. Neben diesen allgemeinen Gliederungsebenen unterteilt man die Einleitung einer Studienarbeit meist auch noch nach inhaltlichen Gesichtspunkten. Packen Sie in Ihrer Arbeit z. B. mehrere Probleme an, dann werden Sie jedem dieser Probleme und der dazugehörigen Fragestellung einen eigenen Abschnitt in der Einleitung widmen, in dem Sie Hintergrundinformationen zu dem jeweiligen Problem sowie dessen Relevanz vorstellen.

> **Tipp**
>
>
>
> Zäumen Sie Ihre Einleitung von hinten auf! Überlegen Sie sich für jede Ihrer Fragestellungen (meist sind es ja mehrere pro Forschungsprojekt), welche Hintergrundinformationen zu dessen Verständnis nötig sind, welche Wissenslücke Sie zu dieser Fragestellung geführt hat und warum es wichtig ist, diese zu bearbeiten (Relevanz). Anschließend bringen Sie all diese Informationen entsprechend der sieben anfangs erwähnten Punkte in eine sinnvolle Reihenfolge. So wird Ihre Einleitung „automatisch" vollständig und bekommt eine klare Struktur.

Lesen Sie nun, welche Funktion jeder der sieben oben genannten Punkte in der Einleitung übernimmt und welche Inhalte Sie darin jeweils vorstellen sollten. Um meine theoretischen Ausführungen zu diesen beiden Themen zu veranschaulichen, finden Sie gegen Ende dieses Kapitels zwei Beispieltexte, auf die ich mich immer wieder beziehen werde. Beim ersten handelt es sich um eine Einleitung aus einem Paper (Beispieltext 17). Obwohl das Thema dieses Textes im **klinischen Bereich** angesiedelt ist, treffen alle meine dazu gemachten Ausführungen bezüglich Aufbau, Inhalten, Funktion etc. einer Einleitung auch auf Einleitungen in der **Grundlagenforschung** zu. Der zweite Beispieltext (Beispieltext 18) stammt aus einem Paper aus der angewandten Forschung und zwar aus dem Bereich Agrarwissenschaften. Dieser steht Ihnen vor allem für die Übungen zur Verfügung. Eine Einleitung aus einer Studienarbeit ist leider zu lang, um sie hier als Beispieltext zu zeigen. Allerdings ist dieser Textabschnitt in Paper und Studienarbeit – trotz unterschiedlicher Länge – sehr ähnlich aufgebaut. Wo es dennoch Unterschiede gibt, werde ich explizit darauf eingehen.

(1) Allgemeine Hintergrundinformation zum Forschungs- oder klinischen Bereich, in dem Ihre Arbeit angesiedelt ist. Die Funktion dieses Abschnitts ist es, Ihre Leserschaft auf das Thema Ihrer Arbeit vorzubereiten. Dafür erwähnen Sie den Forschungsbereich, in dem Sie arbeiten (*Grundwasserverschmutzung im urbanen Bereich, Tumordiagnostik anhand von Markerproteinen, Aufklärung der Signaltransduktion bei der Kontaktsensibilität von Mimosen*) und liefern dann die Hintergrundinformationen, die Ihre Leserinnen und Leser benötigen, um die nachfolgenden Ausführungen zu Ihrem wissenschaftlichen Projekt zu verstehen.

Für ein **Paper** schreiben Sie zu diesem Punkt nur wenige Sätze. Meist wird er in einem einzigen kurzen Absatz (dem ersten) abgehandelt. Im Beispieltext 17 erfahren wir dort, dass der Forschungsbereich – kurz zusammengefasst – *die durch Chemotherapie ausgelöste Anämie bei Tumorpatienten* ist und *dass man diese gut mit Erythropoetin behandeln kann.* Mehr braucht es in einem Paper nicht. Ein kleiner „Trick", um auch in solch einem knappen Textabschnitt ausreichend Hintergrundinformation geben zu können: Verweisen Sie auf Übersichtsartikel (engl.: *review*). *Drug X exerts its antineoplastic activity via inhibition of the EGF-pathway (**for review see** Schmid et al. 2008).* Interessierte Leserinnen und Leser können sich dort gegebenenfalls ausführlich über das Thema informieren.

> **Tipp**
>
> Schauen Sie sich die ersten Absätze verschiedener Papers zu einem bestimmten Thema an. Steht in all diesen *Hintergrund*-Absätzen nicht immer fast das Gleiche? Machen Sie es sich leicht, lehnen Sie Ihren ersten Absatz an diese Vorlagen an. Damit liegen Sie immer richtig. Vorsicht, nicht eins zu eins abschreiben! Das wäre dann ein Plagiat.

In einer **Studienarbeit** kann dieser Abschnitt in Abhängigkeit von den internen Anforderungen entweder kurz gehalten werden (einige Seiten) oder muss sehr umfassend sein. Manchmal wird sogar eine **umfangreiche Literaturübersicht** zu Ihrem Thema gewünscht, die auch mal 20 Seiten umfassen kann. Dafür gibt es dann oft einen separaten Gliederungspunkt mit dem Titel *Literaturübersicht, Forschungsüberblick* o. Ä.

Wenn für Ihre Studienarbeit nur ein **kurzer Hintergrund** verlangt ist, dann geben Sie einen kurzen Abriss über den derzeitigen Wissensstand in Ihrem speziellen Forschungsbereich. Für den speziellen Forschungs-

bereich von Beispieltext 17 (*Chemotherapie löst bei Tumorpatienten eine Anämie aus, die gut mit Erythropoetin behandelt werden kann*) würden Sie dafür
z. B. folgende Themen ausführlicher abhandeln:

- Die Erkrankung – chemotherapie-induzierte Anämie: Durch welche
  Chemotherapien induziert und warum? Wie häufig? Welche schwerwiegenden Folgen hat die Anämie für Tumorpatientinnen und -patienten
  etc.? Ca. vier bis sechs Seiten, die Sie durchaus mit Unterüberschriften
  wie *Ursachen und Häufigkeit chemotherapie-induzierter Anämie* und *Folgen chemotherapie-induzierter Anämie* untergliedern könnten.
- Die Therapie – Erythropoetine im klinischen Einsatz: physiologische
  Funktion des körpereigenen Erythropoetins – ganz kurz; künstlich her-
  gestellte (– rekombinante) Erythropoetine; Wirksamkeit bei chemotherapie-induzierter Anämie; Wirksamkeit derzeitig verfügbarer rekombinanter Erythropoetine im Vergleich. Ebenfalls ca. vier bis sechs Seiten,
  die in die Unterkapitel *Die klinische Bedeutung von Erythropoetinen* und
  Wirksamkeit verschiedener rekombinanter Erythropoetine im Vergleich untergliedert sein könnten.

Für einen **ausführlichen Forschungsüberblick** (entspricht der umfangreichen Literaturübersicht) informieren Sie Ihre Leserinnen und Leser im
Prinzip über dieselben Punkte, allerdings wesentlich ausführlicher (pro
Aufzählungspunkt ca. zehn Seiten). So könnten Sie z. B. zusätzlich noch
erklären, ob es bestimmte Risikofaktoren für das Auftreten einer Anämie
gibt, welche zusätzlichen therapeutischen Maßnahmen es neben der Erythropoetin-Therapie gibt, die physiologische Funktion des natürlichen
Erythropoetins ausführlich vorstellen, die rekombinanten Erythropoetine
mit dem natürlichen Erythropoetin vergleichen, Vor- und Nachteile der
verschieden künstlichen Erythropoetine besprechen, usw. Wie genau Sie
da ins Detail gehen müssen, besprechen Sie am besten mit Ihrer Betreuerin bzw. Ihrem Betreuer. Auch wenn manch eine oder einer hier eine
möglichst umfangreiche Abhandlung wünscht, so ist die Mehrzahl doch
dankbar, wenn Sie auch hier knapp und auf das Thema fokussiert bleiben.

**(2) Welche Wissenslücken/Probleme existieren in diesem Bereich – mit
Schwerpunkt auf jenen, die Sie in Ihrer Studie angepackt haben?** Ihre
Leserinnen und Leser wissen jetzt ein bisschen (Paper), einiges (kurzer
Hintergrund) oder sehr viel (ausführlicher Hintergrund) über die Anämie
beim Tumorpatienten und deren Behandlung mit Erythropoetinen. Nach
diesen allgemeinen Hintergrundinformationen führen Sie Ihre Leser-

schaft jetzt langsam zu dem/den spezifisch/en Problem/en hin, die Sie in Ihrer Forschungsarbeit angepackt haben.

In Beispieltext 17 wird das Problem im zweiten Absatz angesprochen *(... anaemic patients frequently do not receive this [erythropoietin] treatment ...)* und zusätzlich noch vier mögliche Ursachen dafür angeführt *(Factors that may contribute to the current low rate of treatment include ...)*. Damit werden wir in einem ersten Schritt zu dem Problem hingeführt, nämlich der zu seltenen Gabe durch die Ärztin/den Arzt und den zugrundeliegenden Ursachen. Am Anfang des nächsten Absatzes wird dann in einem zweiten Schritt vermittelt, dass die vorliegende Studie sich vor allem auf das Problem der hohen Dosierungsfrequenz *(dreimal pro Woche)* konzentriert, indem nur mehr diese, aber keine der drei anderen Ursachen für die seltene Gabe angesprochen wird. Damit ist klar, dass das in der vorliegenden Studie angepackte **spezifische Problem** die zu seltene Gabe von Erythropoetinen aufgrund der hohen Dosierungsfrequenz ist.

Während Sie das Thema *Wissenslücke* in einem **Paper** in wenigen Sätzen abhandeln (müssen), wie in Beispieltext 17, werden Sie für die **Studienarbeit** auch diesen Textteil – wie bereits für den Abschnitt *Hintergrund* beschrieben – um ein Vielfaches aufblasen. Mögliche Untergliederungen wären hier z. B. *Nutzungsrate von Erythropoetinen im klinischen Alltag* (Inhalte: Welche Patientinnen und Patienten in welchen Institutionen bekommen unter welchen Umständen Erythropoetine verabreicht und wann nicht? Etc.) und *Ursachen für die niedrigen Behandlungsraten* (Inhalte: die oben genannten vier *factors* mit jeweils ausführlicher Besprechung auf Basis von Studiendaten). Stellen Sie das Problem/die Wissenslücke wirklich anschaulich dar, denn das ist die Basis für den nächsten Punkt in Ihrer Einleitung, die Relevanz.

(3) Warum ist es so wichtig, diese Wissenslücke(n) zu schließen (Relevanz Ihrer Studie)? Zu diesem Zeitpunkt werden sich manche Leserinnen und Leser von Beispieltext 17 denken: *Wenn es irgendeine Möglichkeit gäbe, Erythropoetine seltener zu spritzen, dann würden es vielleicht auch mehr Ärztinnen und Ärzte einsetzen?* Perfekt! Denn damit haben sie bereits <u>selber</u> die **Relevanz** dieser Studie erkannt: *Dass es wichtig wäre, das Verabreichungsintervall zu verlängern, weil dann eventuell mehr Patientinnen und Patienten eine Erythropoetin-Therapie erhielten und damit vor den schwerwiegenden Folgen einer Anämie geschützt wären.* Die Darstellung der Relevanz ist ein essentieller Punkt in der Einleitung. Denn je deutlicher Sie die Wichtigkeit und Notwendigkeit Ihrer Arbeit vermitteln können, desto ernster wird Ihr Publikum Ihre Arbeit nehmen. Besonders wichtig ist die Darstellung der

Relevanz bei scheinbar irrelevanten Themen. Sie wollen z. B. *ein neues Medikament zur Blutdrucksenkung* testen. Kritische Leserinnen oder Leser könnten denken: *Das ist doch kein relevantes Problem! Es gibt doch schon so viele gute Blutdrucksenker auf dem Markt.* Machen Sie Ihrem Publikum klar, warum wir trotzdem einen neuen Blutdrucksenker brauchen (*weniger Nebenwirkungen, niedrigere Produktionskosten, soll auch von sehr alten Menschen gut vertragen werden,* etc.) – und rechtfertigen Sie damit die Relevanz Ihrer Arbeit. Schaffen Sie es dabei, Ihre Einleitung so zu schreiben, dass Ihre Leserschaft selbst die Relevanz Ihrer Studie erkennt, wie in Beispieltext 17, dann haben Sie sie uneingeschränkt auf Ihrer Seite.

So wichtig es ist, die Relevanz einer Studie in der Einleitung herauszuarbeiten, so oft wird es vergessen. Warum? Nicht aus Unwissenheit, sondern vielmehr aufgrund von „zu viel Wissen". Ihnen als Autorin oder Autor und damit Urheberin oder Urheber Ihrer Daten ist nämlich sonnenklar, warum Ihre Studie unbedingt durchgeführt werden musste. So sonnenklar, dass Sie gar nicht auf die Idee kommen, die Gründe dafür im Text zu erwähnen: *Das weiß doch jeder.* Leider nicht. Vergessen Sie daher nie, die Relevanz Ihrer Studie in der Einleitung klar darzustellen.

Eine kleine Ausnahme bezüglich der Relevanz bildet die **Grundlagenforschung**. Dort werden, wie der Name schon sagt, Grundlagen erforscht (z. B. *Aufklärung der Signaltransduktion bei der Kontaktsensibilität von Mimosen.*). Die Relevanz solcher Studien besteht vor allem im Wissenszuwachs und muss daher nicht gesondert erklärt werden. Trotzdem ist es nicht falsch, den manchmal winzig kleinen und/oder hochspezifischen eigenen Befund in einen größeren Zusammenhang zu stellen. *The elucidation of this mechanism might be the basis for the development of a plant sensitivity-based screening tool for environmental pollutants.* So kann man die generelle Wichtigkeit derartiger Forschungsergebnisse doch unterstreichen.

Im **Paper** haben Sie nicht viel Platz, um diese Relevanz herauszuarbeiten. Den Autorinnen oder Autoren des Erythropoetin-Papers (Beispieltext 17) ist es in wenigen Sätzen trotzdem gelungen. In der **Studienarbeit** nutzen Sie den vielen Platz, der Ihnen zur Verfügung steht, und vertiefen diesen wichtigen Aspekt.

(4) Was haben andere Forschungsgruppen – oder Sie selbst – zu diesen Problemen bereits erarbeitet und publiziert? Meist sind Sie nicht die oder der Einzige, die oder der erkannt hat, dass hier eine Wissenslücke besteht. Eventuell haben sich bereits zahlreiche andere Forscherinnen und Forscher mit dem gleichen Problem beschäftigt und auch schon einiges dazu publiziert. Oder Sie selbst haben schon in diese Richtung geforscht und Interessantes herausgefunden. Das Problem, das Sie in Ihrer aktuellen Studie angehen, wurde dabei zwar noch nicht gelöst, Sie finden in diesen publizierten Studien aber sicher einige Befunde, die als **Grundlage oder Ausgangspunkt** für Ihre aktuelle Studie fungieren können: Erste Erkenntnisse zur *Signaltransduktion bei der Kontaktsensibilität von Mimosen* existieren bereits; sie bilden die Basis für Ihre fortführende Studie zu diesem Thema. Auch Studien zu **ähnlichen Problemen** sind hier interessant, insofern, als sie bereits potentielle Lösungen für Ihr Problem enthalten können. „Ihre" Wissenslücke wurde bereits in *afrikanischen* Mimosen aufgeklärt. Das wäre eine wichtige Studie für Sie, denn vielleicht gibt es Parallelen zwischen diesen und den von Ihnen untersuchten *indischen* Mimosen. Stellen Sie solche Studien daher in der Einleitung vor, sie sind wichtig für das Verständnis Ihrer Studie.

In einem **Paper** erledigen Sie das mit einigen wenigen Sätzen, in der **Studienarbeit** zieht sich dieser Punkt meist über mehrere Seiten. Ausnahme: Wenn es bisher nur sehr wenige Studien in Ihrem Forschungsbereich gibt, dann wird dieser Abschnitt der Einleitung auch in einer Studienarbeit relativ kurz.

Übung 1, 2, 3 + 4

Lesen Sie bitte die Einleitung in Beispieltext 17 durch und beantworten Sie dann folgende Fragen:

1: Haben die Autorinnen oder Autoren bereits existierende Studien zu ihrer Wissenslücke angeführt?

2: Wenn ja, inwieweit sind die Ergebnisse dieser Studie/n wichtig für die vorliegende Studie?

3: Besteht trotzdem noch eine Wissenslücke/ein Problem?

4: Wenn ja, welche/s?

Antworten auf diese Fragen finden Sie im Kommentar zu Beispieltext 17.

---

(5) Ihre Überlegungen zu neuen Lösungsansätzen für das Problem. Nach all dem Hintergrund und den Studien anderer sind wir jetzt endlich bei Ihrer aktuellen Studie angelangt. In diesem Abschnitt der Einleitung bringen Sie Ihrer Leserschaft nun Ihre eigenen Überlegungen zur Lösung des Problems/der Wissenslücke nahe – und zwar jener Lösung, die Sie auch tatsächlich in Ihrer Studie getestet haben. Das tun die Autorinnen und Autoren von Beispieltext 17 in Absatz 4, indem sie uns dort ein neues, künstlich hergestelltes Erythropoetin, *Darbepoetin alfa*, vorstellen, das sich durch eine besonders lange Verweildauer im Blut (*extended residence time*) auszeichnet. Obwohl nicht explizit niedergeschrieben, stellt man sich sofort die Frage: *Vielleicht muss man dieses „langanhaltende" Erythropoetin nur ganz selten verabreichen?* Und das ist exakt der geplante Lösungsansatz dieser Studie, nämlich *Darbepoetin alfa* nur ganz selten (d. h. einmal alle drei Wochen) zu verabreichen!

Auch diese eigenen Überlegungen zu neuen Lösungsansätzen werden im **Paper** nur sehr kurz präsentiert, was oft gar nicht so einfach ist. Denn nicht immer ist die eigene Lösungsidee so schlüssig und leicht nachvollziehbar wie in Beispieltext 17. Je besser Sie Ihre Leserschaft allerdings mit Hilfe eines eindrücklich geschilderten Problems und einer klar dargestellten Relevanz sowie entsprechenden Literaturdaten darauf vorbereitet haben, desto weniger werden Sie hier noch erklären müssen. Schaffen Sie es, Ihre Einleitung so zu schreiben, dass Ihre Leserinnen und Leser mehr oder weniger selbst auf die neue Lösungsidee kommen (wie in Beispieltext 17), dann haben Sie automatisch eine interessierte Leserschaft! Dasselbe gilt für **Studienarbeiten**, allerdings haben Sie hier deutlich mehr Platz, um zu erklären, warum Sie sich für Ihren speziellen Lösungsansatz entschieden haben. Nehmen wir das Thema von Beispieltext 17. Hier würden Sie zum Beispiel wesentlich genauer auf die einzigartigen strukturellen Eigenschaften des *Darbepoetin alfa*-Moleküls eingehen (*... darbepoetin alfa has 2 additional carbohydrate side chains ...*) und dazu auch mehr Literatur zitieren. Des Weiteren könnten Sie hier sehr schön erste publizierte Erfahrungen zu der *extended residence time* dieses Moleküls und dem ebenfalls erwähnten *consequential increase in potency compared with recombinant human erythropoietin* vorstellen. Durch diese Informationen wird es für Ihr Publikum noch leichter, Ihre Überlegungen nachzuvollziehen und damit Ihren Lösungsansatz als sinnvoll zu erachten.

(6) Was war die konkrete Fragestellung Ihres Forschungsprojekts? Jetzt wollen es Ihre Leserinnen und Leser aber wissen: *Was hat sie/er denn jetzt tatsächlich untersucht? Etwa das, was ich mir aus der bisherigen Einleitung schon zusammengereimt habe?* Wenn die Antworten auf diese beiden Fragen übereinstimmen: Herzlichen Glückwunsch! Denn dann haben Sie Ihre Leserschaft perfekt zu Ihrer Fragestellung hingeführt und damit eines der Hauptziele Ihrer Einleitung erfüllt.

Um Ihnen zu veranschaulichen, wie Sie dieses „Führen der Leserschaft"
bewerkstelligen, möchte ich an dieser Stelle einen kleinen Einschub zum
Thema **zielgerichtete Einleitung** bringen:

> **Tipp**
>
> Stellen Sie sich Ihre Einleitung als umgekehrtes Dreieck vor.
> Genau so sollte sich die thematische Fokussierung in Ihrer Ein-
> leitung verhalten: Von ganz breit am Anfang bis spezifisch auf
> Ihre Fragestellung zugespitzt am Ende.

Lassen Sie uns mit diesem Bild vor Augen Beispieltext 17 durchgehen:

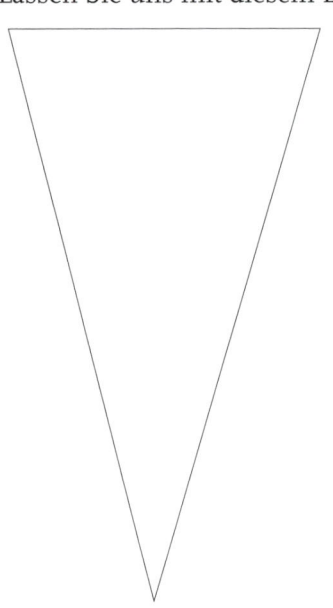

- Thematisch wurde **ganz breit** begonnen: *chemotherapie-induzierte Anämie bei Tumorpatienten + Erythropoetine.*
- Dann wurde das Thema **Schritt für Schritt eingegrenzt**:
- *zu seltene Verabreichung*
- *vier Gründe dafür*
- *nur einer davon aufgegriffen: die häufige Dosierung*
- *Dosierungsintervall kann verlängert werden (QW)*
- *noch länger wäre allerdings besser (Q3W)*
- *Darbepoetin alfa mit seiner langen Verweildauer*
- und schließlich **auf die Fragestellung zugespitzt**: *Kann man Darbepoetin alfa nur einmal alle drei Wochen verabreichen?*

Für die Praxis bedeutet das: **Behalten Sie Ihre Fragestellung(en) während
des Schreibens Ihrer Einleitung immer vor Augen!** Denn nur so können
Sie auch zielgerichtet auf diese hinschreiben. Zielgerichtet bedeutet hier
einerseits, wie bereits besprochen, dass Sie Ihre Leserschaft Schritt für
Schritt an Ihre Forschungsfrage heranführen. Zielgerichtet bedeutet aber
auch, dass Sie alles, was nicht zu Ihrer Fragestellung passt, weglassen. Das
ist ein extrem wichtiger Punkt in der Einleitung. Auf keinen Fall sollten
Sie alles „hineinstopfen", was Sie jemals zu Ihrem Thema gelesen haben
oder was irgendwie, wenn auch nur im entferntesten Sinne, dazupasst.

Nein, hier gehören nur Informationen hinein, die auch wirklich etwas mit dem Ziel Ihrer Studie – die Beantwortung Ihrer Fragestellung – zu tun haben. Seien Sie hier absolut **selektiv**! Ihre Betreuerinnen/Ihr Betreuer, Gutachterinnen/Gutachter und überhaupt alle Ihre Leserinnen und Leser werden es Ihnen danken. Nicht nur, weil sie dann nicht so viel lesen müssen, sondern auch, weil sie von einer Einleitung **erwarten** – ja, erwarten! –, zielgerichtet auf die Forschungsfrage der jeweiligen Studie hingeführt zu werden. Denken Sie hier einfach an Ihre eigenen Erwartungen an eine Einleitung: Nachdem Sie eine unendlich lange Einleitung gelesen haben, merken Sie, dass eigentlich nur auf den letzten beiden Seiten die tatsächlich relevanten Hintergründe für die Fragestellungen der Studie zu finden waren. Wie fühlen Sie sich? *Verärgert. Schade um die Zeit.* Oder *Da waren so viele interessante Themen drinnen, und dann pickt sie/er sich nur den einen (langweiligen) Punkt heraus?* Der letzte Kommentar soll Ihnen zeigen, dass Sie mit einer überladenen Einleitung auch **falsche Erwartungen** und damit Enttäuschungen bei Ihrer Leserschaft auslösen können.

Obwohl ich jetzt ein Plädoyer für eine kurze, knappe und zielgerichtete Einleitung gehalten habe, besprechen Sie diesen Punkt im Falle einer Studienarbeit unbedingt mit Ihrer Betreuerin oder Ihrem Betreuer; denn hier müssen Sie natürlich deren Erwartungen erfüllen. Für ein Paper gilt immer: **Kommen Sie auf den Punkt!**

Übung 5, 6, 7, 8 + 9

Lesen Sie bitte die Einleitung in Beispieltext 18 durch und beantworten Sie dann folgende Fragen:

5: Wie ist Ihr Bauchgefühl zu diesem Text?

6: War die gelieferte Hintergrundinformation ausreichend, zu wenig oder zu viel?

7: Ist das Problem klar dargestellt und die Relevanz der Studie deutlich herausgearbeitet?

8: Wurden Sie gut zur Fragestellung hingeführt – haben Sie ein umgekehrtes Dreieck erkannt?

9: Haben Sie den roten Faden gespürt, der sich ja auch durch die Einleitung ziehen soll?

Antworten auf diese Fragen finden Sie im Kommentar zu Beispieltext 18.

Nach diesem kleinen Einschub zur zielgerichteten Einleitung, zurück zum Thema **Was war die konkrete Fragestellung Ihres Forschungsprojekts?** Schreiben Sie diese jetzt auf. In einem **Paper** ist es üblich, hier mit einer, wie in Beispieltext 17 (letzter Absatz) verwendeten, Phrase einzuleiten: *The purpose of the study was* .... In einer **Studienarbeit** steht die Fragestellung entweder einfach in einem neuen Absatz, ebenfalls mit einer einleitenden Phrase beginnend (*In der vorliegenden Studie wurde untersucht...*), in einem Unterpunkt in der Einleitung (*Forschungsfrage*) oder in einem eigenen Gliederungsabschnitt nach der Einleitung bzw. dem Forschungsüberblick (falls vorhanden). Da in Studienarbeiten meist mehrere Aspekte einer großen Forschungsfrage untersucht werden, führen Sie auch sämtliche sich aus der großen Fragestellung ableitenden Unterfragen auf. Besonders übersichtlich ist es, wenn Sie hier das Format der Aufzählung verwenden. Abhängig von der Art der wissenschaftlichen Arbeit besteht auch die Möglichkeit, dass Sie basierend auf der Wissenslücke keine Forschungsfrage aufwerfen, sondern eine **Hypothese** formulieren, in der Sie Ihre Erwartungen bezüglich möglicher Resultate Ihrer Studie zum Ausdruck bringen. In diesem Fall schreiben Sie anstelle der Fragestellung diese Hypothese nieder.

(7) Wie sind Sie in der vorliegenden Studie methodisch vorgegangen? Zuletzt geben Sie dann noch einen sehr kurzen Überblick über Ihre methodische Herangehensweise an die Forschungsfrage. Im Paper ist das meist ein Satz (Beispieltext 17, letzter Absatz: *... a large, international, randomised, double-blind, placebo-controlled, dose-finding study of darbepoetin alfa given subcutaneously (s.c.) Q3W to patients with cancer receiving chemotherapy*). In einer Studienarbeit schreiben Sie ein bisschen mehr. Allerdings geben Sie auch hier nur **prinzipielle Hinweise** zur methodischen Vorgehensweise und keine ausführliche Methodenbeschreibung.

Schreiben Sie ein Paper, beachten Sie außerdem Folgendes: Einige wenige Journale wünschen sich nach diesem letzten Punkt in der Einleitung noch eine kurze **Zusammenfassung** der wichtigsten Ergebnisse Ihrer Arbeit. Hinweise dazu finden Sie in den *Instructions to Authors*. Bezüglich des Umfangs dieses Abschnitts orientieren Sie sich an bereits publizierten Artikeln aus diesem Journal.

Beispieltext 17:

Einleitung aus einem klinischen Paper[11]. *TIW*: dreimal pro Woche, *QW*: einmal pro Woche, *Q3W*: einmal alle drei Wochen, *Zahlen in eckigen Klammern*: Referenzen des Beispieltextes.

1. Introduction

Anaemia is a common side-effect in many patients with cancer receiving chemotherapy and contributes to the fatigue experienced by these patients [1–4]. Recombinant human erythropoietin is effective in relieving anaemia in this setting [2–4,5–7]. Approximately 40–60% of patients in these studies achieved a haemoglobin increase of at least 20 g/l, and improvements in clinical outcomes (transfusion requirements and quality-of-life measures) were demonstrated.

Despite the rationale for the use of erythropoietic therapy for cancer-related anaemia, anaemic patients frequently do not receive this treatment until their haemoglobin level has dropped as low as 90 g/l [8]. Factors that may contribute to the current low rate of treatment include the cost of therapy, the lack of perception of the importance of anaemia by treating physicians, the indicated administration schedule of 3 times per week (TIW), and the relatively high degree of non response to therapy.

A recent study demonstrated the effectiveness of once-weekly (QW) dosing of recombinant human erythropoietin, although at this schedule a 33% increase in dose was required compared with the registered dosing recommendations of TIW administration [4]. These results have led to the adoption of a QW schedule in many community practices in the United States. Further reductions in dosing frequency would be desirable, particularly if an erythropoietic agent could be administered at the same schedule as many common chemotherapy regimens (e.g., Q3W).

Darbepoetin alfa stimulates erythropoiesis by the same mechanism as endogenous erythropoietin and recombinant human erythropoietin through binding to the erythropoietin receptor [9]. However, darbepoetin alfa has 2 additional carbohydrate side chains, which result in an extended residence time and a consequential increase in potency compared with recombinant human erythropoietin [9].

We report the results of a large, international, randomised, double-blind, placebo-controlled, dose-finding study of darbepoetin alfa given subcutaneously (s.c.) Q3W to patients with cancer receiving chemotherapy. The purpose of the study was to assess the safety of darbepoetin alfa in patients receiving chemotherapy, to assess the feasibility of administering darbepoetin alfa Q3W, and to characterise the dose–response relationships for darbepoetin alfa when given Q3W.

Kommentar

- In dieser Einleitung wird das Publikum sehr schön Schritt für Schritt an die Fragestellung der Studie herangeführt. In der folgenden Besprechung des Beispieltextes entsprechen die Zahlen in den Klammern (1-7) den Nummern der am Anfang dieses Kapitels angeführten sieben Punkte.

- Im ersten Absatz erfährt man, in welchem Forschungsbereich (1) die Arbeit angesiedelt ist: *chemotherapie-induzierte Anämie beim Tumorpatienten, die gut mit Erythropoetin behandelt werden kann.*

- Im zweiten Absatz werden Probleme (2) in diesem Bereich aufgezeigt: *zu seltene Verabreichung wegen … vier Faktoren.*

- Im dritten Absatz fokussieren die Autorinnen und Autoren auf das in der Studie angepackte Problem: *zu häufige Dosierung (dreimal pro Woche, TIW)* und stellen bereits publizierte Daten (4) zu diesem Problem vor: *Verlängerung des Dosierungsintervalls auf einmal pro Woche (QW).* Außerdem wird die Sinnhaftigkeit einer *weiteren Verlängerung des Intervalls (Q3W)* erklärt (*Further reductions in dosing frequency would be desirable, …*), wodurch die Relevanz (3) der vorliegenden Studie deutlich wird.

- Der vierte Absatz enthält dann die eigenen Überlegungen zu einem potentiellen Lösungsansatz (5): *Darbepoetin alfa mit der längeren Verweildauer im Blut.*

- Im letzten Absatz wird ganz kurz der methodische Ansatz (7) vorgestellt: *large, international, randomised, double-blind, placebo-controlled, dose-finding study* (so beschreibt man im klinischen Bereich die „Methode") und die konkrete Fragestellung (6) ausformuliert: *The purpose of the study was …* Die Reihenfolge dieser beiden Punkte (6 und 7) ist in diesem Text umgekehrt. Kein Problem, obwohl üblicherweise zuerst die Fragestellung und dann die Methodik vorgestellt wird.

- Das umgekehrte Dreieck – von thematisch sehr breit bis hin zur Fokussierung auf die Forschungsfrage – ist in diesem Text gut zu erkennen.

- Übung 1: Ja, die Autorinnen und Autoren führen eine Studie *[4]* an, in der andere Forscherinnen und Forscher dieselbe Wissenslücke angepackt, d.h. versucht haben, Erythropoetine seltener zu verabreichen.

- Übung 2: Das Ergebnis der zitierten Studie (*A recent study demonstrated the effectiveness of once-weekly (QW) dosing of recombinant human erythropoietin … [4]*) ist insofern wichtig für die vorliegende Studie, als es einen ersten Hinweis dafür liefert, dass eine Verlängerung des Dosierungsintervalls prinzipiell möglich ist. Außerdem haben die Ergebnisse dieser

Studie dazu geführt, dass die wöchentliche Dosierung *(QW)* bereits zur üblichen Vorgehensweise in der klinischen Praxis geworden ist. Dies zeigt, dass Ärztinnen und Ärzte sehr wohl an einem längeren Dosierungsintervall interessiert sind und unterstreicht damit die Relevanz der vorliegenden Studie.

- Übungen 3 + 4: Ja, es besteht noch immer eine Wissenslücke, nämlich, ob das Intervall noch weiter auf drei Wochen ausgedehnt werden kann.

Beispieltext 18:
Einleitung aus einem agrarwissenschaftlichen Paper[26]. Aus Platzgründen wurden alle im Text angeführten Referenzen durch *(REF)* ersetzt.

1. Introduction

Pepper (Capsicum annuum L.) for paprika production is rather common in the Mediterranean area, a region where water supplies for irrigation are dwindling. However, irrigation is essential for pepper production, because it is considered one of the most susceptible crops to water stress in horticulture (REF). Such sensitivity has been documented in several reports that studied the yield reductions effected by water stress (REF). The flowering and fruit development phases are considered to be most sensitive to water deficits (REF).

Pepper normally behaves as an indeterminate crop, hindering the mechanical harvest required to reduce the production costs (REF). Hence, one important objective in pepper production is to concentrate fruit ripening within a short time period to allow for mechanical harvest. Water stress is known to hasten maturity in many indeterminate crops (e.g., REF in cotton). We hypothesize that, in southern Spain, a Mediterranean climate, manipulation of irrigation scheduling strategy in pepper might induce a more determinate behaviour leading to a concentrated ripening.

Deficit irrigation was proposed long ago as a technique that could reduce irrigation water use while maintaining farmers' net profits (REF). The decline in water availability for irrigation and the positive results obtained in some fruit tree crops have renewed the interest in developing information on deficit irrigation for a variety of crops (REF). Deficit irrigation should be applied at those phenological stages that are least sensitive to water deficits; in the case of vegetable crops such as pepper, water stress should be avoided during flowering and fruit set, a difficult task given the long duration of these processes in most pepper cultivars. REF et al. (1996) reported that the water saved from deficit irrigation did not compensate for the yield reduction in tomato when deficit irrigation was applied during flowering and fruit set.

The paprika-type pepper is quite different from pepper produced for fresh market or canning, as the economic yield is determined by favourable colour production (REF). Fruit quality for paprika production is defined by colour production and fruit water content (REF). Processing industries demand a fully coloured fruit with a reduced fruit water content to diminish transport and storage costs (REF). There are a number of studies published on the effect of postharvest processing and storage on colour stability and water loss (REF), but only few that have investigated the effect of preharvest management on colour production (REF).

Little is known about the effect of irrigation management on colour production and whether it is feasible to develop deficit irrigation strategies in paprika production. Therefore we conducted an experiment to evaluate three irrigation strategies: one that applied a mild water deficit during ripening; another that limited the water supply throughout the season, while the third one, contrary to the recommended practice of applying water stress during fruit ripening, did not impose any water limitation.

Kommentar

- **Übung 5:** Wie war Ihr Bauchgefühl? Meines war – *naja*. Ich habe zwar ungefähr verstanden, worum es geht, allerdings wiederholt den Faden verloren, weil sehr viele verschiedene Themen angesprochen wurden, die meine Gedanken immer wieder in eine andere Richtung gelenkt haben. Zuerst dachte ich, es geht um das Einsparen von Wasser, dann um die Vereinfachung des mechanischen Ernteprozesses, die Farbe des Paprikas, den Wassergehalt in den reifen Paprikafrüchten, den Profit aus der Paprikaproduktion ...? Erst im letzten Absatz, in dem Fragestellung und methodische Vorgehensweise vorgestellt wurden, habe ich schließlich verstanden, welche Wissenslücke in dieser Studie eigentlich angepackt wurde. Als vertrauensvolle Leserin mit der Erwartung, von den Autorinnen und Autoren durch den Textaufbau in die richtige Richtung geführt zu werden, bin ich allerdings jeder dieser „falschen Spuren" gefolgt – bis die Tomaten aufgetaucht sind. Da habe ich dann innerlich das Handtuch geworfen, weil ich nach mehr als der Hälfte der Einleitung immer noch nicht wusste, auf welches dieser vielen Themen ich mich eigentlich konzentrieren soll.

- Übung 6: Es wurde zu viel z. T. irrelevante Hintergrundinformation geliefert, z. B. die Tomaten. Ohne einen Hinweis darauf, dass Tomaten genauso empfindlich gegenüber *water stress* sind und das auch noch in den gleichen Wachstumsphasen wie Paprika, ist diese Information wertlos.
- Übung 7: Durch die vielen verwirrenden Informationen, die außerdem nicht so geordnet sind, dass sie zielgerichtet auf die konkrete Fragestellung hinführen, ist es schwer, das eigentliche Problem zu erkennen. Erst im letzten Absatz wird klar, welches dieser vielen Themen eigentlich in der vorliegenden Studie angepackt wurde. Entsprechend schlecht ist auch die Relevanz der Studie zu erkennen.
- Übungen 8+9: Wie schon durch mein Bauchgefühl ausgedrückt, führt der Text nicht zielgerichtet zur Fragestellung hin, sondern lenkt die Gedanken der Leserin bzw. des Lesers immer wieder in eine andere Richtung. Weder das umgekehrte Dreieck noch ein roter Faden sind klar zu erkennen.
- Schade um die Studie, denn sie ist sowohl interessant als auch relevant – und wird im weiteren Verlauf des Manuskripts übrigens wesentlich klarer präsentiert. Hoffentlich hat diese „anstrengende" Einleitung nicht allzu viele Leserinnen und Leser vom Weiterlesen abgehalten.

Zusammenfassung

Eine gute Einleitung ist so interessant geschrieben, dass Ihre Leserinnen und Leser bei deren Lektüre anbeißen, d. h. unbedingt weiter lesen möchten. Um das zu erreichen, führen Sie Ihre Leserschaft Schritt für Schritt an Ihre Arbeit heran. Beginnen Sie thematisch ganz breit, fokussieren Ihre Ausführungen dann aber kontinuierlich auf Ihre konkrete Fragestellung. Beschränken Sie sich dabei nur auf wirklich zum Verständnis Ihrer Überlegungen nötige Hintergrundinformationen und Literaturzitate, denn sonst verliert Ihre Leserschaft den Faden – und damit oft auch das Interesse. Vergessen Sie nicht, klarzumachen, warum Ihre Arbeit wichtig ist (Relevanz). Ihre Einleitung wird besonders überzeugend, wenn sie so geschrieben ist, dass sich Relevanz und Fragestellung Ihrer Leserschaft mehr oder weniger von selbst erschließen.

Aufbau und Inhalte der Einleitung sind in Paper und Studienarbeit prinzipiell vergleichbar. In einer Studienarbeit darf die Einleitung jedoch deutlich länger und meist durch Untertitel strukturiert sein.

Die in der Einleitung verwendeten Zeitformen sind Gegenwart und Vergangenheit.

9 Abstract

Der Abstract (alternative Bezeichnungen: *Zusammenfassung* oder *Summary*) ist eine kurze Zusammenfassung Ihrer Arbeit. Die Bedeutung des Abstracts für den **ersten Eindruck**, den Ihre Leserschaft von Ihrer Arbeit bekommt, kann gar nicht groß genug eingeschätzt werden. Ist der Eindruck gut, wird sie weiter lesen. Ist der Abstract dagegen uninteressant, nicht schlüssig, unklar oder Ähnliches, dann wird Ihre Leserschaft bereits mit eher kritischem Gefühl an die weitere Lektüre Ihres Manuskriptes gehen, oder, im Falle eines Papers, gleich einen anderen Artikel mit einem ansprechenderen Abstract suchen.

Nicht nur wegen seiner Wichtigkeit, sondern auch, weil es für diesen Manuskriptabschnitt meist sehr **strikte Längenvorgaben** gibt, stellt das Schreiben des Abstracts oft eine rechte Herausforderung dar. Die erlaubte Textlänge kann von einer Seite über 350, 250 bis zu lediglich 100 Worten variieren. Haben Sie viele Daten, werden Sie vielleicht schon eine Seite als zu knapp empfinden! Die genauen Längenvorgaben finden Sie in den *Internen Richtlinien zur Erstellung von Studienarbeiten* bzw. in den *Authors Instructions*. Einzuhalten sind diese Vorgaben auf jeden Fall, denn gerade Journale erlauben meist kein einziges Wort zu viel. Doch auch diese Herausforderung werden Sie meistern, wenn Sie – genauso wie bei allen anderen Manuskriptabschnitten bisher – auch beim Verfassen des Abstracts strukturiert vorgehen. Stellen Sie sich dafür einfach die folgenden **fünf Fragen** in der dargestellten Reihenfolge und schreiben Sie zu jeder dieser Fragen, in Abhängigkeit von der erlaubten Abstract-Länge, ein bis vier Sätze.

Bevor ich Ihnen diese Fragen im Einzelnen vorstelle, möchte ich noch kurz eine Anmerkung zu den beiden Beispieltexten machen, die Sie gegen Ende dieses Kapitels vorfinden und auf die ich mich im Folgenden immer wieder beziehen werde. Es handelt sich um einen Abstract aus einem Paper (Beispieltext 19) und aus einer Dissertation (Beispieltext 20) (und zwar meiner eigenen Dissertation, die ich vor vielen Jahren noch als recht unerfahrene Schreiberin verfasst habe). Wie schon öfter erwähnt, ist der Hauptunterschied zwischen diesen beiden Arten von wissenschaftlichem Text, dass sich die im Paper vorgestellte Arbeit meist nur auf <u>eine</u> große Fragestellung fokussiert (*Wie wirken sich verschiedene Bewässerungsstrategien auf die Produktion von Paprika aus?*), während in der Dissertation <u>meh-</u>

rere Fragestellungen behandelt werden (*verschiedene Proteine und deren Bedeutung als Markerproteine für klinisch relevante Temperaturen bzw. die Entwicklung von Thermotoleranz in verschiedenen Zelllinien bzw. Patientenmaterial*). Sie werden sehen, dass dieser Unterschied den Aufbau und Inhalt der Abstracts maßgeblich beeinflusst.

Frage 1: In welchem **Themenbereich** ist Ihre Arbeit angesiedelt und **welche Wissenslücken/welche Probleme,** die unbedingt angepackt werden müssen (**Relevanz**), gibt es? Hier sind natürlich die Wissenslücken/Probleme gemeint, die Sie in Ihrer Arbeit bearbeitet haben. Kommen Ihnen die einzelnen Aspekte in dieser Frage bekannt vor? Richtig, all diese Punkte haben Sie bereits in der Einleitung besprochen. Werfen Sie daher jetzt einen Blick in die Einleitung, suchen Sie dort Ihre Ausführungen zu diesen Aspekten und fassen Sie diese in ein bis zwei Sätzen zusammen. *Wie soll denn das gehen? Das ist doch viel zu viel für ein bis zwei Sätze?* Ja, das stimmt. Allerdings sollen Sie diese Themen im Abstract auch nur ganz kurz anreißen. Schauen Sie in Beispieltext 19, wie bravourös die Autoren dieses Papers zur Paprikazucht diese Aufgabe gelöst haben. In den ersten zwei Sätzen lernen wir den Themenbereich kennen (*pepper production, irrigation*), die Wissenslücke, die in der Studie bearbeitet wurde (*Deficit irrigation strategies in pepper for paprika could ...*) und die Relevanz (*... increase production and facilitate mechanical harvest and, at the same time, save water*). Obwohl Abstracts in Studienarbeiten meist deutlich länger sein dürfen (Beispieltext 20: über 400 Worte), muss man sich auch dort recht kurz halten. Denn da in solchen Arbeiten ja meist mehrere verschiedene Themengebiete behandelt werden, müssen auch mehrere Hintergründe, Probleme und Relevanzen geliefert werden.

Übung 1, 2 + 3

Lesen Sie bitte den Abstract in Beispieltext 20 durch und beantworten Sie folgende Fragen:
1: Wo und wie oft wird Hintergrundinformation geliefert?
2: Werden Probleme vorgestellt, die dann später in der Arbeit bearbeitet werden?
3: Wird die Relevanz der Arbeit klar?
Antworten auf diese Fragen finden Sie im Kommentar zu Beispieltext 20.

Frage 2: Was war die **Fragestellung** Ihrer Arbeit? In meist einem Satz, der sich von der in den einleitenden Sätzen aufgeworfenen Wissenslücke ableitet, stellen Sie als nächstes Ihre Fragestellung vor. Gibt es mehrere Wissenslücken, sind hier eventuell mehrere Sätze nötig. Typischerweise beginnen Sie diesen Teil des Abstracts mit Phrasen, wie *Ziel der vorliegenden Studie ...*, *In der vorliegenden Arbeit ...* (Beispieltext 20), *The aim of the present study ...* Diese Formulierungen helfen Ihrem Publikum, sofort zu erkennen, dass hier die Fragestellung folgt. Die Fragestellung selbst präsentieren Sie dann ganz knapp. In Beispieltext 19 ist das allerdings fast etwas zu knapp gemacht worden. Dort gibt es nämlich gar keinen expliziten Satz zur Fragestellung. Vielmehr muss sich die Leserin bzw. der Leser diese selber aus der Wissenslücke und der Relevanz ableiten. Erst daraus wird klar, dass die Fragestellung dieser Studie *die Auswirkung defizitärer Bewässerungsstrategien auf die Paprikaproduktion* war. In Beispieltext 20 werden die Fragestellungen wesentlich klarer präsentiert.

Übung 4, 5 + 6

Lesen Sie bitte die Beispieltexte 19 und 20 durch und beantworten Sie folgende Fragen:
4: Wie viele Fragestellungen wurden in Beispieltext 20 aufgeworfen?
5: Wie wurde dabei sprachlich/stilistisch zu diesen Fragen hingeführt?
6: Wie unterscheidet sich der Aufbau dieses Abstracts zu dem in Beispieltext 19?
Antworten auf diese Fragen finden Sie im Kommentar zu Beispieltext 20.

Frage 3: Mit welcher **Methodik** bearbeiteten Sie die Fragestellung? Wiederum aus Platzmangel wird die methodische Vorgehensweise im Abstract oft nur prinzipiell vorgestellt, wie in Beispieltext 19 *(We conducted a field experiment that imposed water deficits, either during ripening (T1) or throughout the season (T2), and compared them to a fully irrigated control (T3))*. Diese Vorgehensweise verwendet man auch häufig für den Abstract einer Studienarbeit, wo ja meist mehrere Fragestellungen und entsprechend mehrere Methoden beschrieben werden müssen. In Beispieltext 20 wurde wegen des Umfangs der Studie sogar fast gänzlich auf Details zur methodischen Vorgehensweise verzichtet.

Tipp

Die platzsparendste Darstellungsform der Methodik in einem Abstract besteht darin, die einzelnen Methoden plus das jeweils dazugehörige Ergebnis zusammen in einem Satz zu erwähnen (*Mit der Methode XY wurde ... beobachtet*).

Haben Sie ein bisschen mehr Platz in Ihrem Abstract, weil er länger sein darf, oder weil Sie nicht so viele Methoden/Daten präsentieren müssen, dann geben Sie natürlich etwas mehr Details zur Methodik an. Bereiten Sie Ihre Leserinnen und Leser auch hier sprachlich darauf vor, dass im Folgenden die Methoden vorstellt werden, indem Sie Formulierungen wie *For this ...*, *Dafür wurde ... durchgeführt*, *We conducted ... etc.* an den Anfang der Methodenbeschreibung stellen.

Frage 4: Was sind Ihre **Ergebnisse**? Im Verhältnis zu allen anderen Fragen nimmt die Antwort auf diese Frage den meisten Platz in Ihrem Abstract ein. Denn die Ergebnisse sind nun mal das Einzigartige und Wichtigste Ihrer Studie und sollen daher so ausführlich wie möglich dargestellt werden. In Beispieltext 19 erstreckt sich die Beschreibung der Ergebnisse von *Stem water potential varied from ... bis ... as the late water deficits imposed in T1 delayed harvest*, nimmt also fast die Hälfte des gesamten Abstracts ein. Wie Sie in diesem Beispiel sehen, sind hier sogar konkrete Zahlen (*456, 346 and 480 mm*) und Werte (*66% of T3*) angegeben. Wenn es der Platz erlaubt, ist dies durchaus üblich und sinnvoll, denn so kann sich Ihre Leserschaft ein vollständigeres Bild von Ihren Befunden machen. Bei sehr kurzen Abstracts bzw. bei umfangreicher Datenlage reduziert sich dagegen selbst die Darstellung der Ergebnisse auf einige wenige Sätze und ein bis zwei Schlüsselwerte, wie z. B. den wichtigsten p-Wert, oder es werden gar keine Werte erwähnt, wie in Beispieltext 20. Typische Anfangsphrasen für diesen Teil des Abstracts sind *Here ...*, *In der vorliegenden Studie...*, *We observed...* etc.

Unabhängig von der erlaubten Länge des Abstracts gilt in jedem Fall: **Mut zur Lücke!** Auch in längeren Abstracts werden Sie nie alle Ergebnisse aufführen können. Entscheiden Sie daher, welche Ihre Hauptbefunde sind und stellen Sie nur diese vor. Den Rest werden interessierte Leserinnen und Leser in Ihrem Manuskript finden.

Frage 5: Welche **Schlussfolgerung(en)** ziehen Sie aus Ihren Daten, haben sie eine **Bedeutung auf höherer Ebene** bzw. gibt es einen **Ausblick?** Als kleine Hilfe lesen Sie nochmals den letzten Absatz Ihrer Diskussion durch, wo Sie diese Aspekte bereits kurz abgehandelt haben, und fassen diesen dann für Ihren Abstract in ein bis zwei Sätzen zusammen. Beginnen Sie mit *We conclude ...*, *In conclusion ...*, *Zusammenfassend ... etc.* und fahren Sie dann mit Ihren(r) Schlussfolgerung(en) fort. Falls Sie Ihren Daten eine Bedeutung auf höherer Ebene zuordnen können bzw. es einen Ausblick gibt, dann erwähnen Sie dies hier ebenfalls kurz. In Beispieltext 19 wurde das alles in einem einzigen (dem letzten) Satz getan und der Abstract sogar mit einer Empfehlung – im Sinne eines Ausblicks – abgeschlossen (*... that pepper plants should be well supplied with water until harvest for maximum paprika production.*) In Beispieltext 20 wird zwar sehr schön auf die Bedeutung der Daten auf höherer Ebene hingewiesen (letzter Satz), eine Zusammenfassung aller Befunde fehlt jedoch.

Nachdem Sie zu jeder dieser Fragen einen bis einige Sätze geschrieben haben, beschäftigen wir uns jetzt mit der eigentlichen Herausforderung des Abstract-Schreibens: der Einhaltung der **Längenvorgabe.** Fast immer ist die erlaubte Länge genau angegeben (Wort- oder Zeichenzahl). Falls nicht, suchen Sie zu Ihrem Manuskript vergleichbare Arbeiten und orientieren Sie sich an deren Abstracts. Meist ist der Abstract-Entwurf zu lang (zu kurz ist kein Problem). Um zu kürzen, streichen Sie zuerst einmal alle Füll- und Verbindungsworte heraus (*however, importantly, In einer weiteren Analyse, etc.*). Oft ist es außerdem möglich, zwei Sätze zu einem zusammenzufassen oder Sätze so umzuformulieren, dass ein paar Worte wegfallen (bei englischsprachigen Manuskripten kann Ihnen eine Muttersprachlerin bzw. ein Muttersprachler da sehr gut helfen). Platz spart außerdem, die Fragen 3 (Methodik) und 4 (Ergebnisse) zusammen zu besprechen. Im „schlimmsten" Fall müssen Sie inhaltliche Streichungen vornehmen (Ausblick streichen, weniger Details zu Methodik/Ergebnissen, einen Befund ganz weglassen etc.). Manche dieser Maßnahmen sind der sprachlichen Qualität des Abstracts etwas abträglich, aber das macht nichts. Die Hauptsache ist, dass der Inhalt stimmt.

Beispieltext 19:

Abstract aus einem Paper (ca. 200 Worte)[26]. *MPa*: MegaPascal

Abstract

Pepper (Capsicum annuum L.) production is normally carried out under irrigation as the crop is very susceptible to water shortage. Deficit irrigation strategies in pepper for paprika could increase production and facilitate mechanical harvest and, at the same time, save water. We conducted a field experiment that imposed water deficits, either during ripening (T1) or throughout the season (T2), and compared them to a fully irrigated control (T3). Stem water potential varied from -0.6 MPa in T3, early in the season to -1.5 MPa in T2 prior to harvest. Applied irrigation water for T1, T2, and T3 was 456, 346 and 480 mm, respectively. Water deficits depress leaf area and biomass production but did not affect the proportion of flowers that set fruit. Dry fruit weight in T2 at harvest was 66% of T3, but did not differ significantly between T1 and T3. However, commercial yield (based on colour production) was significantly higher in T3 than in the other two treatments, as the late water deficits imposed in T1 delayed harvest. We concluded that water deficits, either sustained or applied at fruit ripening, required for mechanical harvest do not hasten ripening and are detrimental to commercial yields and that pepper plants should be well supplied with water until harvest for maximum paprika production.

Kommentar

In diesem Abstract finden Sie genau die Struktur wieder, die durch die im Text vorgestellten fünf Fragen entsteht: (1) *Hintergrund + Problem + Relevanz*, (2) *Fragestellung*, (3) *Methodik*, (4) *Ergebnisse*, (5) *Schlussfolgerung + Ausblick*. Dies ist auch die für einen Abstract gängige Struktur und wird vom Publikum erwartet. Lehnen Sie den Aufbau Ihres Abstract daher (wo passend) daran an, denn mit diesem immer gleichen Aufbau und hinführenden Formulierungen, wie *We conducted ...* oder *In conclusion ...*, unterstützen Sie Ihre Leserinnen und Leser bei der Orientierung im Text und erleichtern ihnen damit das Verständnis.

Beispieltext 20:

Abstract aus einer Doktorarbeit (429 Worte) [27].

Regionale Hyperthermie ist eine Antitumortherapie, bei der der Tumor lokal hohen Temperaturen ausgesetzt wird, die die Tumorzellen abtöten sollen.

Zusammenfassung

Während dem Einsatz von regionaler Hyperthermie zur Abtötung von Tumorzellen werden im Tumor Temperaturgradienten von 41 °C bis 45 °C gemessen. Innerhalb dieses Temperaturbereichs kann zwischen klonogen letalen Temperaturen (≥ 43 °C), die zum vollständigen Absterben der Zellen führen, und nonletalen Temperaturen (< 43°C), die das klonogene Überleben der Zellen reduzieren, gleichzeitig aber eine Thermotoleranzentwicklung induzieren, unterschieden werden. In der vorliegenden Arbeit sollte der Frage nachgegangen werden, inwieweit das Hitzeschockprotein-(HSP)-72 als Markerprotein für die Temperaturen, die in den Tumorzellen von hyperthermiebehandelten Patienten erreicht werden, verwendet werden kann.*

In Anlehnung an die klinische Situation wurden Zellen mit 44 °C (letal) und 41,8 °C (nonletal) behandelt. Für die Untersuchungen wurden drei Zelllinien ausgewählt, die sich in ihrer klonogenen Thermosensitivität und in ihrem HSP72-Ausgangsgehalt unterscheiden. Unabhängig vom Zelltyp erwies sich HSP72 anhand seiner Syntheserate, seiner zellulären Akkumulation und seines intrazellulären Verteilungsmusters als sensitiver Marker für verschiedene, biologisch wirksame Hitzebehandlungen (in vitro).

Darüber hinaus sollte der Frage nachgegangen werden, ob diese stressinduzierten Effekte (Induktion der HSP72-Synthese, zellulärer HSP72-Gesamtmengen und intrazelluläre Verteilung von HSP72) Auskunft über den Thermotoleranzstatus einer hyperthermiebehandelten Zelle geben. Im Gegensatz zu vorangegangenen Untersuchungen, in denen Syntheseraten und zelluläre Gesamtmengen von HSP72 mit einer Thermotoleranzexpression korreliert wurden, konnte in der vorliegenden Arbeit gezeigt werden, dass Thermotoleranzentwicklung in direktem Zusammenhang mit einer vorangehenden nukleären Translokation von HSP72 steht. Sowohl bei letaler als auch bei nonletaler Hitzebehandlung korreliert das Erreichen höchster Thermotoleranzexpression mit maximalen HSP72-Mengen im Kern. Des Weiteren lassen die Ergebnisse den Schluss zu, dass diese nukleäre Translokation vornehmlich für die Initiation der Thermotoleranzentwicklung verantwortlich ist, nicht aber für deren fortlaufende Expression, da Toleranz auch beobachtet werden konnte, nachdem HSP72 den Kern verlassen hatte.

Als geeigneter Marker für diese Fragestellung erwies sich das kleine HSP, HSP27. Es wurde beschrieben, dass anhand des Phosphorylierungsmusters dieses Proteins eine Aussage über die Fähigkeit von Zellen, eine Hitzebehandlung zu überleben, gemacht werden kann. Nach Bestätigung dieser Hypothese für das humane System (humane Ewing's Sarcoma-Zellen) sollte HSP27 als Markerprotein für den Thermotoleranzstatus von Zellen aus mit Hyperthermie behandelten Patienten verwendet werden. Dafür wurde das Phosphorylierungsmuster von peripheren Blutlymphozyten aus Patienten vor bzw. nach Behandlung untersucht.

In direkt nach Behandlung entnommenen Zellen konnte eine deutliche Veränderung dieses Musters beobachtet werden. Ein Vergleich mit dem Phosphorylierungsmuster von thermotoleranten Zellen in vitro lässt auf die Entwicklung einer Thermotoleranz in vivo (schon während der Behandlung) schließen. Des Weiteren konnte mithilfe dieses Assays gezeigt werden, dass periphere Blutlymphozyten noch zwei Tage nach Behandlung thermotolerant sind, nach vier Tagen aber wieder ihre ursprüngliche Thermosensitivität erreicht haben.

In der klinischen Situation könnte ein derartiger Ansatz zu einer Optimierung des Behandlungsprotokolls von Hyperthermiebehandlungen führen.

Kommentar

- Übung 1: An folgenden Stellen wird Hintergrundinformation geliefert: in Absatz 1 zu Beginn, in Absatz 3 im zweiten Satz (*Im Gegensatz zu ...*) und in Absatz 4 im zweiten Satz (*Es wurde beschrieben ...*), also dreimal.
- Übungen 2 + 3: Wir lernen zu Beginn des Textes zwar, dass nach Temperaturmarkern in Form von Hitzeschockproteinen (HSPs) gesucht wird, bekommen aber keine Erklärung, wozu man diese braucht. Der Grund dafür wäre, dass hitzebehandelte Tumorzellen HSPs produzieren, welche die Zellen vor weiterer Hitze schützen. Dadurch werden die Zellen thermotolerant und sprechen nicht mehr auf eine nachfolgende Hyperthermiebehandlung an. Dies sind eigentlich das in der vorliegenden Studie angepackte Problem und gleichzeitig auch die Relevanz der Studie. Beides hätte ganz einfach mit einem einzigen zusätzlichen Satz geliefert werden können: *Marker, um intratumorale Temperaturgradienten und damit Entstehung und Abklingen einer Thermotoleranz zu verfolgen, wären wichtig, um den optimalen Zeitpunkt für eine Folge-Hyperthermie zu definieren.*

- Übungen 4 + 5: Insgesamt wurden drei Fragestellungen aufgeworfen: Ist HSP72 als Temperaturmarker geeignet (Absatz 1, letzter Satz)? Ist HSP72 als Thermotoleranzmarker (Absatz 3, Anfang) geeignet? Ist HSP27 als Marker für die Thermotoleranzentwicklung (in vivo) geeignet (Absatz 4, Anfang)? Während die ersten beiden Fragestellungen explizit im Text ausformuliert sind und mit hinführenden Formulierungen darauf aufmerksam gemacht wird (*In der vorliegenden Arbeit sollte der Frage nachgegangen werden ...*), lässt sich letztere aus dem am Ende von Absatz 3 aufgeführten, ungelösten Problem ableiten (*... nicht aber für deren fortlaufende Expression, ...*).

- Übung 6: Ganz ähnlich wie in Beispieltext 19 findet sich auch hier die klassische Abstract-Struktur (siehe Kommentar zu Beispieltext 19). Da in der Hyperthermie-Arbeit jedoch mehrere Fragestellungen behandelt wurden, wiederholt sich diese Struktur immer wieder. Nach einem allgemeinen Hintergrund am Anfang des Abstracts, findet sich für jede der drei Fragestellungen hintereinander nochmals folgendes Muster: Fragestellung, Hintergrund, Methodik und Ergebnis.

Wenn Sie Ihren Abstract schreiben, gleich nachdem Sie Ihr Manuskript (Studienarbeit oder Paper) fertiggestellt haben, werden Sie mit der hier vorgestellten Vorgehensweise schnell einen gut strukturierten und klaren Abstract in der richtigen Länge generieren – ganz einfach deshalb, weil Sie sich zu allen Punkten, die in den Abstract gehören, bereits bei der Erstellung des Manuskripts ausführlich Gedanken gemacht haben. Ein bisschen anders verhält es sich, wenn Sie einen **Abstract für einen Kongress** schreiben müssen. Erstens haben Sie in diesem Fall nicht gerade vor Kurzem intensiv über das Thema nachgedacht und geschrieben, und zweitens muss man diese Abstracts oft ein halbes Jahr oder länger vor Kongressbeginn einreichen, ein Zeitpunkt, zu dem man meist erst wenige oder manchmal sogar noch gar keine Daten vorliegen hat. Wie behelfen Sie sich hier? Am besten, indem Sie sich die fünf oben vorgestellten Fragen stellen und jeweils ein paar Sätze dazu notieren. Die durch diese Fragen vorgegebene Struktur wird Ihnen nämlich helfen, auch ohne viel Vorarbeit einen klaren Abstract zu verfassen. Das Problem der dünnen Datenlage lösen Sie, indem Sie den Schwerpunkt Ihres Abstracts nicht, wie oben beschrieben, auf die Ergebnisse legen, sondern auf das Problem, die Relevanz und Ihren methodischen Ansatz. Führen Sie diese Punkte einfach etwas genauer aus, z. B. indem Sie beim Methodenteil zusätzlich noch

Ihre Überlegungen zur Auswahl der Methodik schildern. Die Präsentation der wenigen Ergebnisse beginnt man dann meist mit *Preliminary data* .... Liegen noch gar keine Ergebnisse vor, folgt nach der Methodik sofort der Ausblick, in dem Sie z. B. klar machen, wie wichtig Ihre Ergebnisse sein werden: *Die Ergebnisse unserer Untersuchungen werden wichtige Informationen zu ... liefern.* Dass die Inhalte im Abstract und die letztendlich am Kongress präsentierten Daten nicht hundertprozentig übereinstimmen, ist kein Problem. Jede/r Kongressteilnehmerin bzw. -teilnehmer und -veranstalterin bzw. -veranstalter kennt und versteht diese vertrackte Situation.

Zuletzt noch einige wenige Formatregeln für die Abstract-Erstellung. Abstracts werden üblicherweise nicht durch **Absätze** untergliedert. Auch das Angeben von **Referenzen** ist ungebräuchlich. Ausnahmen zu diesen beiden Regeln bilden Abstracts für Kongresse (dort sind manchmal sogar Abbildungen und Tabellen erlaubt) und manchmal Abstracts von Studienarbeiten. Konsultieren Sie dafür bitte in beiden Fällen die entsprechenden Instruktionen zur Abstract-Erstellung. Schließlich gibt es noch im Gegensatz zum bisher besprochenen unstrukturierten Abstract den **strukturierten Abstract**. Dieser wird durch Untertitel untergliedert. Übliche Untertitel sind *Background, Aim, Methods, Results, Conclusions.* Diese Abstract-Form ist sehr leicht zu schreiben, da die Untertitel, wie Sie vielleicht bemerkt haben, genau den fünf oben genannten Fragen entsprechen und Ihnen somit bereits eine sehr klare Struktur vorgeben. Allerdings dürfen Sie solche Untertitel nur verwenden, wenn es die entsprechenden Instruktionen auch erlauben.

Zusammenfassung

Anhand des Abstracts verschafft sich Ihre Leserschaft einen ersten Eindruck von Ihrer Arbeit – und der soll möglichst gut sein. Um dies zu erzielen, sollte Ihr Abstract möglichst klar und informativ sein. Halten Sie sich an die folgende Vorgehensweise, ist das relativ leicht zu bewerkstelligen.

Schreiben Sie zu den folgenden Aspekten in der aufgeführten Reihenfolge jeweils einige wenige Sätze: Zuerst geben Sie einen Hinweis auf den Themenbereich, in dem Ihre Arbeit angesiedelt ist, werfen anschließend das von Ihnen bearbeitete Problem auf, und machen klar, warum die Lösung dieses Problems und damit Ihre Studie wichtig ist (Relevanz). Als Nächstes schreiben Sie die sich aus dem Problem ableitende Fragestellung nieder. Anschließend werden Methodik und Ergebnisse vorgestellt. Bei diesen beiden Informationsblöcken ist es wichtig, nur die wirklich wesentlichen Punkte anzuführen, denn der Platz in einem Abstract ist knapp. Schließen Sie Ihren Abstract mit einer zusammenfassenden Schlussfolgerung und, wenn es der Platz erlaubt, mit einem Ausblick oder der Bedeutung Ihrer Arbeit auf höherer Ebene ab.

Die größte Herausforderung beim Abstract-Schreiben sind die meist sehr strikten Längenvorgaben. Halten Sie sich daran, indem Sie nicht zu viele Informationen in Ihren Abstract packen und einen knappen Schreibstil verwenden.

Absätze und Referenzen sind in Abstracts, mit Ausnahmen, ungebräuchlich.

10 Titel, Autorinnen/Autoren, Schlüsselwörter, Danksagung, Referenzen

10.1 Titel, Autorinnen/Autoren, Schlüsselwörter (*Key words*)
10.2 Danksagung (*Acknowledgements*)
10.3 Referenzliste

Ihr Manuskript ist (fast) fertig! Im folgenden Kapitel werden wir jetzt noch den *Eye-catcher* für Ihr Manuskript, den Titel, entwickeln, das bei Papers sehr heikle Thema der Autorschaft besprechen, unseren Dank aussprechen und einiges mehr.

10.1 Titel, Autorinnen/Autoren, Schlüsselwörter (*Key words*)

Das Kapitel 10.1.1 *Titel* betrifft sowohl Studienarbeiten als auch Papers, die Kapitel 10.1.2 *Autorinnen/Autoren* und 10.1.3 *Schlüsselwörter* sind nur für die Erstellung von Papers relevant.

10.1.1 Titel

Ein guter Titel ist **kurz, akkurat und informativ**. *Kurz* soll ein Titel sein, weil Ihr Publikum schnell eine erste Idee von Ihrer Arbeit bekommen und sich nicht erst durch eine drei Zeilen lange „Titelwurst" arbeiten möchte. In Papers gibt es außerdem meist klare Längenvorgaben für den Titel (z. B. *Title should not be longer than 150 signs including blanks* [Leerzeichen]), an die Sie sich halten müssen.

Akkurat ergibt sich einerseits aus *kurz*, denn in einem Titel haben „leere" Phrasen wie *Untersuchung von ...* oder *... konnte gezeigt werden* nichts zu suchen, sondern nur Worte und Formulierungen, die wirklich etwas über Ihre Studie aussagen (außer natürlich Artikel, Präpositionen etc.). Der folgende Titel ist generell gut: *Unraveling the function of Arabidopsis thaliana OS9 in the endoplasmic reticulum-associated degradation of glycoproteins*[28]. Das einleitende Wort *Unraveling* liefert allerdings keine zusätzliche Information und hätte daher weggelassen werden können. Akkurat meint aber auch, dass Ihre Leserinnen und Leser genau jene Informationen in Ihrem

Titel finden sollten, die sie benötigen, um sich ein erstes Bild von Ihrer Studie zu machen. Im folgenden Titel ist das ziemlich gut gelungen: *One-step triplex high-resolution melting analysis for rapid identification and simultaneous subtyping of frequently isolated salmonella serovars*[29]. Obwohl er gerade einmal aus 144 Zeichen besteht, also nicht übermäßig lang ist, lernen wir aus diesem Titel, dass hier eine neue Methode vorgestellt wird (*triplex high-resolution melting analysis*), wofür diese neue Methode gut ist (*... for rapid identification and simultaneous subtyping of ... salmonella serovars*), dass diese neue Methode zahlreiche Vorteile bietet: Alles geht in einem Schritt (*one-step*), schnell (*rapid*) und gleichzeitig (*simultaneous*) und außerdem ist der Bedarf für solch eine Methode hoch (*frequently isolated*), und schließlich auch, an welchem Organismus diese Untersuchung durchgeführt wurde (*salmonella serovars*).

Indem sich die Autorinnen und Autoren dieses Titels an die Attribute *kurz* und *akkurat* gehalten haben, ist automatisch auch ein äußerst *informativer* Titel entstanden. Informativ wird Ihr Titel auch, wenn Sie bereits das wichtigste Ergebnis Ihrer Studie darin zum Ausdruck bringen. Im Gegensatz zum ersten Titel (*Unraveling ...*), der rein beschreibend war, die Studie also nur prinzipiell vorstellt, erfahren wir im folgenden Titel bereits etwas über den wichtigsten Befund: *Exercise training reduces inflammatory mediators in the intestinal tract of healthy older adult mice*[30]. Welcher Titeltyp (rein beschreibend oder mit wichtigstem Ergebnis) besser zu Ihrem Manuskript passt, hängt von Inhalt und Art Ihrer Studie ab. Von der Wertigkeit her sind beide Varianten vergleichbar.

All diese Empfehlungen zur Erstellung eines Titels gelten sowohl für Studienarbeiten als auch für Papers. Der einzige Unterschied ist, dass der Titel für ein Paper inhaltlich meist sehr spezifisch ist, während er bei Studienarbeiten oft etwas allgemeiner gehalten wird. Grund dafür ist, dass in Papers üblicherweise nur ein Aspekt eines wissenschaftlichen Themas abgehandelt wird, der dann auch im Titel explizit erwähnt werden kann, während es in einer Studienarbeit meist mehrere sind, und man daher einen diesen vielen Aspekten übergeordneten Titel wählen muss.

Jetzt wissen Sie, wie ein guter Titel aussehen sollte. Aber wie kommen Sie jetzt zu so einem tollen Titel? Finden Sie zuerst heraus, welches die **wichtigsten Informationen** sind, die in Ihren Titel gehören – und zwar weder zu wenige noch zu viele. Was möglichst immer im Titel zu finden sein sollte, sind das Versuchsobjekt (Tierspezies/Zelltyp/Proband) und der Gegenstand der Untersuchung (Fragestellung oder Ergebnis). In den drei oben genannten Titeln sind die Versuchsobjekte *Arabidopsis thaliana, sal-*

monella serovars bzw. *healthy older adult mice,* die Gegenstände der Untersuchungen *the function of ... OS9, rapid identification and simultaneous subtyping* bzw. *reduces inflammatory mediators.* Ein Hinweis auf die verwendete Methodik ist ebenfalls von Vorteil (wenn möglich). Helfen Sie sich außerdem, indem Sie überlegen, welche Suchbegriffe potentielle Leserinnen bzw. Leser bei der Literatursuche nach Ihrer Arbeit verwenden würden und schon haben Sie weitere wichtige Begriffe identifiziert, die Sie in Ihrem Titel erwähnen könnten. Fragen Sie sich darüber hinaus: *Was erwarte ich von einem Titel?* Denn auch Sie sind eine potentielle Leserin bzw. ein potentieller Leser, und wollen anhand des Titels schnell gut informiert werden. Haben Sie die wichtigsten Informationen identifiziert, müssen Sie diese nun in **wenige Worte/Zeichen** packen. Dieses Ausformulieren geht hauptsächlich über Versuch und Irrtum bzw. relativ einfach mit dem folgenden Tipp:

> **Tipp**
>
> Sie sind nicht die oder der Erste, die/der sich mit dieser kniffligen Aufgabe auseinander setzen musste. Stöbern Sie ein bisschen in den Titeln anderer Studienarbeiten oder Publikationen zu Ihrem Thema. Sehr schnell werden Sie dort zahlreiche Anregungen zu Aufbau und Formulierungen finden und ebenso schnell Ihren Titel erstellt haben.

Bei Papers gilt es außerdem, Folgendes zu beachten. Im Titel eines Papers sollten keine **Abkürzungen** verwendet werden, d. h. Sie müssen alle Begriffe ausschreiben mit Ausnahme gängiger Abkürzungen wie z. B. DNA oder HIV. Außerdem muss noch ein *running title* angeben werden. Das ist der kleine Titel am Kopf der Folgeseiten des gedruckten Papers. Kürzen Sie dafür den Haupttitel (*Airway responsiveness in mild to moderate childhood asthma: sex influences on the natural history*[31]) einfach auf einige wenige Worte herunter (*Airway responsiveness in asthma*[31]). Dieser gekürzte Titel ist oft nicht mehr sehr aussagekräftig, aber das ist kein Problem.

10.1.2 Autorinnen/Autoren (nur für Papers)

Bei Studienarbeiten gibt es nur eine einzige Autorin bzw. einen einzigen Autor, und das sind Sie. Bei Papers wird dagegen jede Person als Autorin bzw. Autor gelistet, die zur im Artikel präsentierten Studie beigetragen hat. Da die Qualifikation von Wissenschaftlerinnen und Wissenschaftlern unter anderem anhand der Anzahl Ihrer Publikationen gemessen wird, versucht jede/r so viele Autorschaften wie möglich zu ergattern. Leider ist das Wort „ergattern" hier nur allzu passend, denn aufgrund dieses großen Publikations-Drucks sind die unlauteren Methoden, die dafür eingesetzt werden, zahlreich und oft hoch politisch. Darauf möchte ich in diesem Buch aber nicht eingehen, sondern Ihnen vielmehr eine Richtlinie vorstellen, die genau definiert, wer bei einem Paper Autorin bzw. Autor sein darf und wer nicht. Die Richtlinie stammt aus dem medizinischen Bereich und wurde vom *International Committee of Medical Journal Editors* (*www.icmje.org*; eingesehen im Juni 2012) erstellt. Neben Beschreibungen von Funktion, Aufbau, Qualität etc. von Publikationen, findet sich in diesen Richtlinien auch eine **Definition zur Autorschaft**. Im Folgenden nur die wichtigsten Punkte daraus:

Authorship credit should be based on 1) substantial contributions to conception and design, acquisition of data, or analysis and interpretation of data; 2) drafting the article or revising it critically for important intellectual content; and 3) final approval of the version to be published. Authors should meet conditions 1, 2, and 3. Acquisition of funding, collection of data, or general supervision of the research group alone does not constitute authorship.

D. h., nur eine Messung durchzuführen (1), nur die Sprache zu korrigieren (2) oder nur das fertige Manuskript ungelesen abzusegnen (3) reichen nicht für eine Autorschaft! Sollten Sie jemals in Streitigkeiten zur Autorschaft verwickelt werden, kann Ihnen diese Definition vielleicht weiterhelfen. Besser ist allerdings, es erst gar nicht so weit kommen zu lassen, indem Sie das Thema Autorschaft so früh wie möglich ansprechen: Idealerweise bereits bei der Projektplanung noch bevor irgendwelche Daten vorliegen.

Die einzelnen Positionen in der Autorenliste eines Papers haben eine Bedeutung. Die erste Stelle bedeutet, dass die dort aufgeführte Person (**Erstautorin bzw. Erstautor**) die Arbeit gemacht hat und das Paper geschrieben hat. Haben zwei Personen die Arbeit gemacht, aber nur ein Paper ist dabei entstanden, kann man die beiden ersten Autorinnen bzw. Autoren mit einer Fußnote als gleichwertig deklarieren (*These authors contributed equally to this work*). An letzter Stelle (**Letztautorin bzw. Letztautor**) steht die Person, die das Gesamtprojekt, zu dem das im Paper vorgestellte Teilprojekt gehört, geleitet hat (Gruppenleiterin bzw. -leiter oder Institutschefin bzw. -chef). Selbst wenn Sie als Erstautorin/Erstautor noch keinen Namen in Ihrem Forschungsgebiet haben, der Name einer anerkannten Kapazität an letzter Stelle der Autorenliste wird das Interesse für Ihr Paper erheblich steigern. Zwischen Erst- und Letztautorin bzw. -autor stehen alle anderen Mitarbeiterinnen und Mitarbeiter, die entsprechend der oben genannten Definition zur Studie beigetragen haben. Die Reihenfolge ist hierbei beliebig. Ausnahme gibt es hier natürlich auch: In der Mathematik z. B. werden alle Autorinnen und Autoren alphabetisch gereiht.

10.1.3 Schlüsselwörter und -phrasen (*key words/phrases*) (nur für Papers)

Reicht man ein Paper zur Veröffentlichung bei einem Journal ein, so müssen zusammen mit dem Text Schlüsselwörter (z. B. *allergy, adenocarcinoma*) bzw. Schlüsselphrasen (z. B. *squamous cell carcinoma, risk factors*) angegeben werden. Diese dienen Suchmaschinen zur Identifikation relevanter Artikel zu einem Thema. Daher sollten diese *key words/phrases* Ihre Arbeit möglichst gut skizzieren. Üblicherweise wählt man seine Schlüsselwörter aus gängigen Schlüsselwort-Verzeichnissen. Im klinisch-naturwissenschaftlichen Bereich wäre das z. B. die Liste der *Medical Subject Headings (MeSH)* herausgegeben von der *National Library of Medicine* (*http://www.nlm.nih.gov/mesh/MBrowser.html*; eingesehen im Juni 2012). Ist ein von Ihnen gewähltes Schlüsselwort dort gelistet, können Sie es bedenkenlos verwenden, falls nicht, finden Sie in dieser Liste zahlreiche Alternativvorschläge. Aber Sie können natürlich auch selbst entscheiden, welche Worte am besten zu Ihrer Arbeit passen. Helfen Sie sich bei der Auswahl der *key words* außerdem, indem Sie die *key-word*-Listen anderer Papers zu Ihrem Thema durchforsten – da finden Sie meist sehr gute Anregungen. Wie viele *key words* Sie für die Schlüsselwortliste liefern müssen, steht in den *Instructions to Authors* des Journals (üblicherweise zwischen drei und zehn).

Noch eine Empfehlung: *Key words*, die Sie in der Schlüsselwortliste anführen, sollten nicht nochmals im Titel erscheinen. Der Grund dafür ist, dass Suchmaschinen vor allem in Titel, Abstract und *key-word*-Liste suchen, um einen Artikel zu identifizieren. Je unterschiedlicher Titel und *key words* sind, desto mehr „Auswahl" hat die Suchmaschine. Diese Empfehlung müssen (und können) Sie allerdings nicht zu 100% befolgen, denn die allerwichtigsten Begriffe werden immer in beiden Elementen auftauchen. Schreiben Sie z. B. einen Artikel über Bananen, dann wird das *key word* „Banane" sowohl im Titel als auch in der Schlüsselwortliste aufscheinen.

Wo Sie Ihre *key words* allerdings durchaus wieder verwenden sollten, ist im Abstract. Denn Suchmaschinen erkennen *key words* unter anderem daran, dass sie dort wiederholt auftauchen.

10.2 Danksagung (*Acknowledgements*)

Bei **Studienarbeiten** ist die Danksagung einerseits meist sehr persönlich gehalten, denn das Erstellen einer so umfangreichen Arbeit hat oft erhebliche Auswirkungen auf Ihr Privatleben und Ihre Mitmenschen. Andererseits bedanken Sie sich bei all den Personen und Einrichtungen, die Sie bei Ihrer Arbeit unterstützt haben. Wie Sie das machen, lesen Sie im Folgenden bei der Besprechung der Danksagung für ein Paper.

In einem **Paper** bedanken Sie sich in den *Acknowledgements* bei all den Menschen, die zu Ihrer wissenschaftlichen Arbeit und zur Entstehung Ihres Papers beigetragen haben, sich aber nicht als Autorinnen bzw. Autoren qualifizieren. Erwähnen Sie dafür deren Namen und beschreiben Sie kurz, wobei Sie Unterstützung bekommen haben: *technical assistance, critical reading of the manuscript, helpful discussion*, etc. Dank gilt hier auch Kooperationspartnerinnen und -partnern (*members of the Weinberg and Lodish laboratories*) sowie Leuten, die für Sie eine Analyse durchgeführt haben, von denen Sie Reagenzien geschenkt bekommen haben oder deren Geräte Sie benutzt haben (*conducting sequencing analysis, gift of reagents, providing the electron microscope*). Bei den letzten drei Punkten (Analyse, Reagenzien, Geräte) ist zu beachten: Nur wenn diese Unterstützungen unentgeltlich waren, werden sie in den *Acknowledgemets* erwähnen, sonst im Methodenteil.

Falls Ihre Arbeit durch Fördermittel oder andere Geldgeberinnen und Geldgeber (Firmen etc.) finanziert wurde, muss das in einem Paper ebenfalls in den *Acknowledgements* angegeben werden (*This work was supported by the Canadian Institute of Health Research; This author is a recipient of a studentship from...*). Fördermittelagenturen möchten hier außerdem die Nummer des bewilligten Antrags sehen (*DFG-0815, FWF-0815*), als Nachweis dafür, dass ihr Geld erfolgreich eingesetzt worden ist.

Bei Publikationen zu **klinischen Studien** gibt es meist noch zwei weitere Abschnitte: *Conflict of interest* und *Appendix*. Im **Conflict of interest** wird deklariert, ob bei den einzelnen Autorinnen und Autoren Interessenskonflikte bestehen, die deren Objektivität bei Datenerhebung und -interpretation beeinträchtigt haben könnten. Wenn Sie z. B. Daten zu einem Produkt der Firma X publizieren, dann wären folgende Punkte ein *Conflict of inte-*

rest: membership in the board of X, consulting X, employment at X, receiving honoraria/royalties/grants etc. from X, holding stocks or stock options of X, being a testimonial or spokesperson for X. Bestehen *Conflicts of interest,* so müssen diese für jede/n einzelne/n Autorin bzw. Autor aufgelistet werden. An sehr großen klinischen Studien nehmen oft sehr viele Ärztinnen und Ärzte teil, die nicht alle in die Autorenliste aufgenommen werden können. Um deren Beitrag trotzdem zu würdigen, werden ihre Namen plus Abteilung in einem *Appendix* aufgelistet.

10.3 Referenzliste

Die Gegenüberstellung Ihrer Daten und bereits publizierter Daten ist ein Hauptbestandteil jeder wissenschaftlichen Arbeit. Entsprechend werden Sie zahlreiche Referenzen (auch *Zitat, Quelle* oder *Literaturverweis* genannt) in Ihr Manuskript einfügen, die Sie dann am Ende des Texts in der so genannten Literatur- oder Referenzliste bzw. *Literature* oder *References* im Detail aufführen müssen. „Im Detail" bedeutet hier, dass Sie in dieser Liste all die **Parameter** angeben müssen, die zum Auffinden jeder einzelnen Referenz nötig sind. Was hier dazugehört, kann man – sowohl für Papers als auch für Studienarbeiten – am besten den *Instructions to Authors* eines Journals entnehmen. Journale achten nämlich sehr genau auf korrektes Zitieren und geben daher immer sehr detaillierte Instruktionen, wie ein vollständiges Zitat auszusehen hat. Hierbei wird außerdem für jede Art von Referenz (Vollpublikation, Abstract, Buch(-kapitel), etc.) jeweils ein konkretes Beispiel gezeigt. Im Folgenden ein Ausschnitt aus den *Instructions to Authors* einer sehr renommierten Fachzeitschrift.

Beispieltext 21:

Leicht modifizierter Ausschnitt aus den *Instructions to Authors* des *Journal of Clinical Oncology (http://jco.ascopubs.org/,* eingesehen im August 2012). Beispiele für verschieden Arten von Referenzen.

(1) Journal article: Knox S, Hoppe RT, Maloney D, et al: Treatment of cutaneous T-cell lymphoma with chimeric anti-CD4 monoclonal antibody. *Blood* 87:893-899, 1996

(2) Journal article in press (manuscript has been accepted for publication): Scadden DT, Schenkein DP, Bernstein Z, et al: Combined immunotoxin and chemotherapy for AIDS-related non-Hodgkin's lymphoma. *Cancer (in press)*

(3) Supplement: Brusamolino E, Orlandi E, Morra E, et al: Analysis of long-term results and prognostic factors among 138 patients with advanced Hodgkin's disease treated with the alternating MOPP/ABVD chemotherapy. Ann Oncol 5:S53-S57, 1994 (suppl 2)

4) Book: Iverson C, Flanagin A, Fontanarosa PB, et al: American Medical Association Manual of Style (ed 9). Baltimore, MD, Williams & Wilkins, 1998

(5) Chapter in a book with editors: Seykora JT, Elder DE: Common acquired nevi and dysplastic nevi as precursor lesions and risk markers of melanoma, in Kirkwood JM (ed): Molecular Diagnosis and Treatment of Melanoma. New York, NY, Marcel Dekker, 1998, pp 55-86

(6) Abstract: Kaplan EH, Jones CM, Berger MS: A phase II, open-label, multicenter study of GW572016 in patients with trastuzumab refractory metastatic breast cancer. Proc Am Soc Clin Oncol 22:245, 2003 (abstr 981)

(7) Conference/meeting presentation: Dupont E, Riviere M, Latreille J, et al: Neovastat: An inhibitor of angiogenesis with anti-cancer activity. Presented at the American Association of Cancer Research Special Conference on Angiogenesis and Cancer, Orlando, FL, January 24-28, 1998

(8) Internet resource: Health Care Financing Administration: Bureau of data management and strategy from the 100% MEDPAR inpatient hospital fiscal year 1994: All inpatients by diagnosis related groups, 6/95 update. http://www.hcfa.gov/a1194drg.txt.

(9) Digital Object Identifier (DOI): Small EJ, Smith MR, Seaman JJ, et al: Combined analysis of two multicenter, randomized, placebo-controlled studies of pamidronate disodium for the palliation of bone pain in men with metastatic prostate cancer. J Clin Oncol 10.1200/JCO.2003.05.147

Kommentar

- Bestandteile, die in fast allen Referenztypen aufzuscheinen haben, sind:
  - die Autorinnen und Autoren (alle oder wie in diesem Beispiel nur die ersten drei gefolgt von *et al.*)
  - der Titel des Artikels, des Buch(-kapitel)s
  - das Medium (Zeitschrift, Buch, Kongressbuch, Website)
  - das Erscheinungsjahr
- Bei Zeitschriften (1 – 3) werden außerdem noch die Heftnummer (*volume*) und die Seitenzahlen angegeben: *Blood* (= Zeitschrift) *87* (= Heftnummer):*893-899* (= Seitenzahlen), *1996* (= Jahr). Bereits zur Publikation akzeptierte, aber noch nicht erschienene Artikel zitiert man mit *(in press)*.
- Bei Büchern (4 + 5) werden zusätzlich noch die Editionsnummer (*ed 9*), der Herausgeber (*in Kirkwood JM (ed)*) sowie der Verlag (*Marcel Dekker*) und dessen Sitz (Stadt und Land: *New York, NY*) angegeben.
- Bei Kongress-Abstracts (6) darf die Abstract-Nummer nicht fehlen (*abstr 981*) und bei auf Meetings vorgestellten Daten (7) der Kongressname plus Ort und Datum (*Presented at the American Association of Cancer Research Special Conference on Angiogenesis and Cancer, Orlando, FL, January 24-28, 1998*).
- Referenziert man Informationen aus dem Internet (8), ist neben Angabe des entsprechenden Links (*http://www.hcfa.gov/a1194drg.txt*) auch der Zeitpunkt des Zugriffs zu nennen (*eingesehen am 12. Dezember 2006*; *accessed December 12, 2006*), denn Inhalte von Webseiten können sich über die Jahre ändern. Fehlt in Beispieltext 21.
- Ein bisher noch nicht gedruckter, sondern nur elektronisch verfügbarer Artikel lässt sich anhand einer digitalen Signatur der DOI-Nummer (9) identifizieren.
- Die korrekten Kürzel für biomedizinische Journale (z. B. *Current opinion in virology = Curr Opin Virol*) finden Sie unter http://images.webofknowledge.com/WOK46/help/WOS/J_abrvjt.html oder *www.ncbi.nlm.nih.gov/nlmcatalog/journals* (beide eingesehen im Juni 2012).

Sämtliche in Beispieltext 21 gezeigten Referenzen enthalten alle für ein korrektes Zitat nötigen Parameter. Die in Beispieltext 21 plus Kommentar angeführten Regeln gelten sowohl für die Referenzen in **englisch-** als auch in **deutschsprachigen** Manuskripten. Da es aber noch eine Vielzahl weiterer Arten von Quellen gibt (Online-Journale, Studienarbeiten, Patentschriften etc.), deren erschöpfende Darstellung den Rahmen dieses Kapitels jedoch sprengen würde, möchte ich auf folgende sehr ausführliche Zusammenstellung all dieser Regeln verweisen: *www.nlm.nih.gov/bsd/uniform_requirements.html* (eingesehen im Juni 2012).

Das **Format** und auch die **Reihenfolge**, in der Sie die Zitate in der Referenzliste aufführen müssen (erstes Zitat im Text an erster Stelle der Liste oder alphabetisch nach Erstautorinnen bzw. Erstautoren), unterscheiden sich jedoch von Journal zu Journal meist etwas. Lesen Sie daher die Instruktionen zu den Referenzen Ihres angestrebten Journals genau durch und befolgen Sie diese. Wenn Sie die Referenzliste für eine Studienarbeit verfassen, sollten die Zitate dieselben Parameter enthalten, wie gerade für das Paper beschrieben. Beim Format halten Sie sich entweder an die von Ihrer Institution herausgegeben *Internen Richtlinien zur Erstellung von Studienarbeiten*, falls dort Vorgaben für die Erstellung der Referenzliste enthalten sind, oder – falls nicht vorhanden – orientieren sich am „Geschmack" Ihrer Betreuerin bzw. Ihres Betreuers.

Wie Sie im Text auf die Referenzen in der Literaturliste **verweisen** (mit dem Namen der Erstautorin bzw. des Erstautors plus Jahreszahl; mit einer Nummer, hoch- oder nicht hochgestellt; mit/ohne runder/eckiger/geschwungener Klammer etc.) ist bei Papers ganz genau in den *Instructions to Authors* vorgegeben. Bei der Studienarbeit haben Sie hier wieder relativ freie Hand, außer es liegen *Interne Richtlinien* vor.

> **Tipp**
>
> Verwenden Sie ein Literaturverwaltungsprogramm. Wie bereits in Kapitel 4.1.3 *Warum ist das Lesen für das Schreiben so wichtig?* erwähnt, generieren diese Programme die Literaturliste zu einem Manuskript automatisch und das auch noch im von Ihnen gewünschten Format. Das ist sehr hilfreich, zeitsparend und daher empfehlenswert.

Wenn Sie kein Literaturverwaltungsprogramm verwenden, sollten Sie die Literaturliste erst ganz **zum Schluss erstellen**, nachdem der Manuskripttext vollkommen fertiggestellt ist. Denn sonst müssen Sie jedes Mal, wenn Sie Textbausteine umstellen, auch die Literaturliste entsprechend umbauen – sehr mühsam.

In einem Paper ist oft nur eine beschränkte **Anzahl** von Referenzen erlaubt (siehe *Instructions to Authors*). Üblicherweise sind das 30 bis 40 Referenzen, eine Zahl, an die Sie sich auch halten sollten, wenn in den *Instructions to Authors* keine diesbezügliche Beschränkung zu finden ist. Bei einer Studienarbeit dürfen Sie dagegen so viele Referenzen angeben, wie Sie wollen. Viele Zitate deuten sogar auf fleißiges Lesen hin. Trotzdem sollten Sie es auch hier nicht übertreiben.

Tipp

Nach Fertigstellung eines Papers kontrollieren Sie alle Zitate in der Referenzliste nochmals ganz genau auf Korrektheit (korrekte Seitenzahlen, Jahreszahl, Zeitschrift, etc.), denn selbst in Zitaten, die direkt aus online-Datenbanken heruntergeladen wurden, sind oft Fehler. Ein fehlerhaftes Zitat ist nicht nur lästig für Ihre Leserschaft, manche Gutachterinnen bzw. Gutachter reagieren äußerst empfindlich auf solche Fehler.

Wörtliche Zitate sind in naturwissenschaftlichen Manuskripten eher unüblich. Wenn Sie das trotzdem machen wollen, dann kennzeichnen Sie dieses Zitat durch Anführungszeichen und geben danach die entsprechende Quelle an. Denn ohne Anführungszeichen und Quelle wäre es ein Plagiat.

Zusammenfassung

Der Titel eines wissenschaftlichen Manuskripts soll kurz, akkurat und informativ sein, sodass Ihre Leserinnen und Leser schnell einen ersten Eindruck von den Inhalten Ihrer Arbeit bekommen. Überlegen Sie dafür zuerst, welche Informationen Sie in Ihren Titel einbringen möchten und dann, wie Sie diese in möglichst wenigen Worten unterbringen. Titel von publizierten Artikeln/Studienarbeiten zu Ihrem Thema sind da eine gute Vorlage.

Wer sich bei einem Paper für die Autorschaft qualifiziert, ist durch internationale Richtlinien eindeutig geregelt. Trotzdem gibt es hier oft böse Streitigkeiten. Sprechen Sie dieses Thema daher so früh wie möglich an, um es erst gar nicht so weit kommen zu lassen. Die wichtigsten Positionen in der Autorenliste eines Papers sind die erste und die letzte Stelle. Suchmaschinen identifizieren Ihren Artikel unter anderem anhand der *key words*, welche Sie bei der Einreichung Ihres Manuskripts angeben müssen. Definieren Sie diese daher so, dass sie Ihre Arbeit möglichst gut skizzieren.

In der Danksagung bzw. im Paper in den *Acknowledgements* bedanken Sie sich bei all den Personen, die zur Entstehung Ihrer Ergebnisse und Ihres Manuskripts beigetragen haben, sich jedoch nicht als Autorinnen bzw. Autoren qualifizieren. Bei klinischen Studien müssen im Abschnitt *Conflict of interest* außerdem eventuell bestehende Interessenskonflikte von Autorinnen und Autoren deklariert werden.

In der Referenzliste listen Sie die Quellen sämtlicher im Text angesprochenen Literaturstellen auf. Geben Sie dafür all die Details an, die eine Leserin bzw. ein Leser benötigt, um das Originalzitat auch tatsächlich zu finden. Format, Reihenfolge und erlaubte Anzahl der Zitate in der Liste sind für Paper und Studienarbeit entweder genau vorgegeben oder können für Studienarbeiten frei gestaltet werden, wenn keine *Internen Richtlinien zur Erstellung von Studienarbeiten* vorliegen. Verwenden Sie Literaturverwaltungsprogramme zur Erstellung der Referenzliste.

11 Zahlen, Abkürzungen und geschlechtergerechtes Formulieren im naturwissenschaftlichen Manuskript

1.1 Zahlen
1.2 Abkürzungen
1.3 Geschlechtergerechtes Formulieren

Die Anzahl an Regeln für das richtige Format in einem naturwissenschaftlichen Text (welche Einheit verwendet man, wie kürzt man etwas ab, wie drückt man statistische Begriffe richtig aus u. v. m.) ist unendlich. Umfassend gesammelt und ausgeführt sind sie im *American Medical Association (AMA) Manual of Style: A Guide for Authors and Editors* (siehe Kapitel 13 *Sekundärliteratur*). Sie können und müssen diese Regeln nicht alle kennen, dafür sind es zu viele. Einige wenige davon möchte ich Ihnen hier aber trotzdem vorstellen, da Sie sie während des Schreibens häufig brauchen werden.

Heutzutage ist es allgemein üblich, geschlechtergerecht zu formulieren, d. h. sowohl weibliche als auch männliche Personen anzusprechen. Im Sprachgebrauch wird dieses Vorgehen in Anlehnung an den englischen Begriff *gender* (Geschlecht) als *Gendern* bezeichnet. Welche Formatoptionen Ihnen dafür zur Verfügung stehen wird, in diesem Kapitel ebenfalls kurz angesprochen.

11.1 Zahlen

Sowohl in deutsch- als auch in englischsprachigen Texten verwendet man bis zur Zahl 12 nicht die **Ziffer** (12), sondern das **Wort** (zwölf), danach (ab 13) verwendet man die Ziffer. *One, two, three, ... twelve, 13, 14, ... 2,345.00. The first three experiments were successful. The 16 participants of the study ...*

Zu dieser Regel gibt es (mindestens) zwei Ausnahmen. Ausnahme 1: Wenn der Zahl eine Einheit folgt, verwendet man immer die Ziffer: *3 mg, 7 h, 56 g, 150 %.* Ausnahme 2: Bei einer Aufzählung sollten die Zahlen ein einheitliches Format haben. Enthält sie Zahlen unter und über zwölf, wird daher durchgehend die Ziffer verwendet: *3 apples, 2 plums, 14 oranges, 33 figs.*

Zwischen Zahl und Einheit muss ein **Abstand** eingefügt werden (siehe Beispiele oben). Ausnahme: Bei % können Sie einen Abstand einfügen oder nicht. Wichtig ist hier nur, dass Sie das gewählte Format über das gesamte Manuskript hinweg beibehalten.

Steht eine Zahl **am Anfang des Satzes**, muss sie ausgeschrieben werden (gegebenenfalls auch die dazugehörige Einheit). *Four hundred and forty-five milligrams were added* ... Da sich das nicht sehr gut liest, versuchen Sie dies durch Umformulieren zu vermeiden: *In total, 445 mg were added* ...

Achtung, **im Englischen** werden **Komma und Punkt** bei Zahlen genau anders herum gesetzt als im Deutschen: Die Kommastelle wird im Deutschen durch ein Komma (,), im Englischen durch einen Punkt (.) gekennzeichnet. Die Stelle zwischen der 100er- und der 1000er-Zahl wird im Deutschen durch ein Komma (,), im Englischen durch einen Punkt (.) gekennzeichnet. Deutsch: *1.345,02*, Englisch: *1,345.02*.

11.2 Abkürzungen

Alle Abkürzungen müssen beim **ersten Auftreten** erläutert werden. Dafür schreiben Sie zuerst den Begriff in seiner ganzen Länge aus und setzen die Abkürzung dann dahinter in Klammern: *cyclin-dependent kinase (CDK), Herpes Simplex Virus (HSV)*. Danach verwenden Sie im gesamten Manuskript nur mehr die Abkürzung (*CDK, HSV*). Die meisten Begriffe tauchen das erste Mal im Einleitungstext auf, weshalb auch die meisten Abkürzungen schon dort definiert werden. **Gängige Abkürzungen** wie HIV, DNA etc. müssen nicht erklärt werden. Schreiben Sie ein Paper, finden Sie außerdem manchmal in den *Instructions to Authors* eine Liste von Abkürzungen, die Sie nicht erklären müssen. Für häufig verwendete Begriffe können Sie Abkürzungen auch **selbst definieren**. Achten Sie dabei allerdings darauf, dass die von Ihnen definierte Abkürzung nicht mit einer gängigen Abkürzung verwechselt werden kann, wie das in der Legende von Abbildung 11A in Kapitel 5.1.3 z. B. der Fall ist: *BMI, bone marrow involvement*, üblicherweise *body mass index*. Dürfen Sie für Ihr Manuskript ein **Abkürzungsverzeichnis** erstellen (bei Studienarbeiten üblich, bei Papers nur selten erlaubt), dann definieren Sie alle Abkürzungen dort.

11.3 Geschlechtergerechtes Formulieren

Wie bereits erwähnt, müssen Texte heutzutage geschlechtergerecht formuliert (*gegendert*) werden, d. h. sie müssen sowohl männliche als auch weibliche Personen ansprechen. Von den drei deutschsprachigen Ländern Deutschland, Österreich und der Schweiz wurden jeweils entsprechende Richtlinien entwickelt und herausgegeben[32-34]. Laut dieser Richtlinien *„sind Texte dann geschlechtergerecht, wenn sowohl Frauen als auch Männer sprachlich sichtbar werden, so dass sie sich gleichermaßen angesprochen fühlen. Ziel der Verwendung einer geschlechtergerechten Sprache ist es, sprachliche Asymmetrien bezüglich des Geschlechts abzubauen und eine diskriminierende Sprache zu vermeiden"* (wörtlich nach[32]). Entsprechend sollten auch Sie Ihre Studienarbeit oder Ihr deutschsprachiges Paper gendern. Im Folgenden möchte ich Ihnen auf Basis der oben erwähnten offiziellen Richtlinien die verschiedenen Möglichkeiten einer geschlechtergerechten Formulierung vorstellen. Informieren Sie sich jedoch auf alle Fälle auch, ob universitätsintern entsprechende Richtlinien existieren bzw. ob das von Ihnen gewählte deutschsprachige Journal dahingehende Vorgehensweisen vorschreibt.

Im Deutschen gibt es verschiedene Möglichkeiten, geschlechtergerecht zu formulieren:

- Paarformen
- Geschlechtsneutrale oder geschlechtsabstrakte Ausdrücke
- Umformulierungen
- Kreative Kombination

Bei den **Paarformen** werden Frauen und Männer explizit genannt. Paarformen treten als Vollformen (*die Mitarbeiterinnen und Mitarbeiter* oder *die Mitarbeiterinnen/Mitarbeiter*) und als Kurzformen (*Mitarbeiter/innen, die MitarbeiterInnen*) auf.

Geschlechtsneutrale und geschlechtsabstrakte Ausdrücke benennen Personen, ohne Auskunft über deren Geschlecht zu geben. Geschlechtsneutrale Ausdrücke existieren nur im Plural. Im Singular kommt das grammatikalische Geschlecht zum Ausdruck. Beispiele: *Zuerst wurden die Kranken gerettet. Die Leitenden der Unternehmen trafen sich zu einem Meeting.* Geschlechtsabstrakte Ausdrücke sind geschlechtsunspezifisch. Ihr grammatikalisches Geschlecht ist willkürlich und hat keinen Bezug zum natürlichen Geschlecht. Beispiel: *Personen, die am Seminar teilgenommen haben, bekommen eine Teilnahmebestätigung.* Weitere Beispiele: *das Mitglied, der*

Mensch, der Gast, das Kind, die Haushaltshilfe, die Leitung, der Lehrkörper, die Hilfskraft, die Belegschaft.

Mit **Umformulierungen** können Personenbezeichnungen und damit die Notwendigkeit der Geschlechtszuordnung vermieden werden. Im Folgenden einige Beispiele:

Statt: *Der/Die Antragsteller/in hat den Antrag vollständig auszufüllen.*

Geschlechtsneutral: *Der Antrag ist vollständig auszufüllen.*

Statt: *Die Mitarbeiterinnen und Mitarbeiter der Hochschülerschaft erarbeiteten einen neuen Stundenplan.*

Geschlechtsneutral: *Der Stundenplan wurde von der Hochschülerschaft neu erarbeitet.*

Satt: *Der Rat einer Therapeutin oder eines Therapeuten wäre einzuholen.*

Geschlechtsneutral: *Therapeutischer Rat wäre einzuholen.*

Durch eine **kreative Kombination** der oben vorgestellten Möglichkeiten für geschlechtergerechte Formulierung sollen alle bezeichneten Personen sichtbar gemacht werden.

Nicht dem geschlechtergerechten Sprachgebrauch entsprechen einerseits der Hinweise darauf, dass sich alle männlichen Personenbezeichnungen in einem Text auch auf Frauen beziehen und andererseits die Einklammerung der femininen Endung – z. B. Leiter(in) –, da Frauen bei dieser Form als Anhängsel der männlichen Form sichtbar gemacht werden.

Zusammenfassung

Wissenschaftliche Manuskripte unterliegen zahlreichen Formatregeln. Diese betreffen einerseits die Darstellung von Zahlen im Text, andererseits die Definition von Abkürzungen. Neben den wichtigsten hier genannten finden Sie weitere Regeln in entsprechenden Nachschlagewerken. Auch in einem wissenschaftlichen Manuskript sollte geschlechtergerecht formuliert werden. Dafür stehen Ihnen in der deutschen Sprache verschiedene Optionen zur Verfügung.

12 Zusammenfassung –
die wichtigsten Punkte

Der rote Faden: Mit Ihrem Manuskript erzählen Sie eine Geschichte. Durch diese soll sich ein durchgängiger roter Faden ziehen, der Ihre Leserschaft vom Hintergrund über die Methodik und die Ergebnisse bis hin zu Ihren Interpretationen und Schlussfolgerungen führt. Je deutlicher dieser rote Faden für Ihr Publikum ist, umso überzeugender wird es Ihre Geschichte finden.

Die Struktur: Eine klare, logische, gut nachvollziehbare Struktur ist das A und O eines guten wissenschaftlichen Manuskripts bzw. eines jeden Textes. Je besser Sie die Präsentation der Inhalte in Ihrem Manuskript planen – und zwar, bevor Sie mit dem Schreiben beginnen –, desto leichter wird Ihnen das Schreiben fallen. Je klarer Sie Ihr Mauskript außerdem strukturieren, desto besser wird es von Ihrem Publikum verstanden und umso höher geschätzt werden.

Ohne Lesen kein Schreiben: Die Literatur ist eine vielschichtige Ressource für das wissenschaftliche Schreiben. Neben wissenschaftlichen Aspekten, die Sie benötigen, um Ihre Daten, Interpretationen, Behauptungen, etc. in Ihrer Studie zu untermauern, finden Sie in der Literatur auch Anregungen zur Strukturierung Ihres Manuskripts, der Gestaltung Ihrer Abbildungen und Tabellen, sprachliche Unterstützung, Hinweise zu Stärken und Schwächen Ihrer Arbeit u. v. m.

Sie schreiben für eine Leserschaft: Mit dem Gedanken im Hinterkopf, dass Sie für ein Publikum schreiben, werden Sie automatisch einen viel verständlicheren Text schreiben. Dann werden Sie Ihre Studie nämlich nicht einfach dokumentieren, sondern sie Ihrem Publikum erklären, d. h. zu den einzelnen Themen hinführen, Hintergrundinformationen zu Ihren Daten und Schlussfolgerungen liefern, komplexe Dinge in einfachen Worten zusammenfassen, etc.

Kommen Sie auf den Punkt: Ihre Leserschaft will Information, hat aber meist wenig Zeit zu lesen. Beschränken Sie sich in Ihrem Manuskript daher auf das Wesentliche, sowohl inhaltlich als auch sprachlich. Denn sonst verliert Ihre Leserschaft leicht den Faden in Ihrer Story und damit oft auch das Interesse an Ihrer Arbeit.

Schreiben Sie nie allein: Holen Sie sich immer wieder Feedback zu Ihrem Text, Ihren Abbildungen, den Inhalten, Diskussionspunkten, etc. Durch ihren Blick von außen erkennen Testleserinnen und -leser nämlich sehr gut, ob Sie z. B. etwas vergessen, falsch ausgelegt oder zu umständlich erklärt haben. Außerdem zeigt Ihnen deren Feedback, wie Ihr Manuskript bei einer Leserschaft ankommt.

Geduld: Am Anfang wird das Schreiben vielleicht noch etwas mühsam sein und relativ lange dauern. Haben Sie Geduld mit sich selbst, denn Sie müssen die Technik des wissenschaftlichen Schreibens ja erst lernen. Je mehr Übung Sie haben, desto leichter wird es Ihnen fallen und desto schneller wird es gehen – und letztendlich hoffentlich auch Spaß machen.

13 Sekundärliteratur

Im Folgenden finden Sie einige Buchempfehlungen. Meine persönlichen Erfahrungen mit diesen Büchern habe ich jeweils in kursiver Schrift beigefügt.

Allgemeine Grundlagen des wissenschaftlichen Schreibens
- Helga Esselborn-Krumbiegel. **Richtig wissenschaftlich schreiben. Wissenschaftssprache in Regeln und Übungen.** UTB, Stuttgart; 2. durchgesehene Auflage (2012).
  Sehr hilfreicher Ratgeber für das wissenschaftliche Schreiben in Deutsch: Tipps zu Textaufbau, Wortschatz, wissenschaftlichem Schreibstil inklusive konkreter Formulierungshilfen u. v. m.
- Helga Esselborn-Krumbiegel. **Von der Idee zum Text. Eine Anleitung zum wissenschaftlichen Schreiben.** UTB, Stuttgart; 3. überarbeitete Auflage (2008).
  Von der Bearbeitung unübersichtlicher Mengen an Ausgangsmaterial, über die Gliederung des Textes oder den Kampf gegen die Schreibblockaden bis hin zum fertigen Text – alles anschaulich und leicht verständlich erklärt.

Verfassen von Manuskripten in Naturwissenschaft und Medizin (Studienarbeit und Paper)
- Hans Friedrich Ebel, Claus Bliefert, Walter Greulich. **Schreiben und Publizieren in den Naturwissenschaften.** Wiley-VCH Verlag GmbH & Co. KGaA; 5. Auflage (2006).
  Sehr umfangreiches Nachschlagewerk zur Erstellung jeglicher Art von naturwissenschaftlichem Manuskript. Hier steht wirklich alles drinnen!
- Hans Friedrich Ebel, Claus Bliefert. **Bachelor-, Master- und Doktorarbeit: Anleitungen für den naturwissenschaftlich-technischen Nachwuchs.** Wiley-VCH Verlag GmbH & Co. KGaA; 4. aktualisierte Auflage (2009).
  Von denselben Autoren – und Schreibprofis – wie das vorherige Buch, allerdings speziell für Studienarbeiten.
- Mimi Zeiger. **Essentials of Writing Biomedical Research Papers.** McGraw-Hill Professional; 2. Auflage (1999) (Englisch).
  Wollen Sie das Schreiben von der Pike auf lernen – dies ist das ideale Buch dafür! Diese Anleitung für's Paper-Schreiben ist so gut und so anschaulich, dass Sie einfach nichts falsch machen können.

- Tim Skern. **Writing Scientific English: A Workbook** UTB, Stuttgart; 1. Auflage (2009) (Englisch).
  Kurze, knappe und daher sehr übersichtliche Anleitung zum Paper-Schreiben mit vielen praktischen Übungen. Sehr praxisnah, da der Autor als aktiv forschender Naturwissenschaftler die mit dem wissenschaftlichen Schreiben verbundenen Herausforderungen nur zu gut aus eigener Erfahrung kennt.
- Harald Herkner, Marcus Müllner. **Erfolgreich wissenschaftlich arbeiten in der Klinik.** Springer, 2. überarbeitete und erweiterte Auflage (2005). *Speziell für die klinische Forschung. Kurz und leicht verständlich werden die wesentlichsten Punkte zu klinischen Studien vom Design über die Durchführung und Interpretation bis hin zum Schreiben vorgestellt.*
- JAMA & Archives Journals. **American Medical Association (AMA) Manual of Style: A Guide for Authors and Editors.** Oxford University Press, USA; 10. Auflage (2007) (Englisch).
  Thematisch vergleichbar mit dem Buch von Herkner + Müllner, allerdings wesentlich ausführlicher. DAS Nachschlagewerk für das Publizieren in der Medizin.

Englisch in Naturwissenschaft und Medizin

- Tim Skern. **Writing Scientific English: A Workbook** UTB, Stuttgart; 1. Auflage 2009 (Englisch).
  Neben der oben erwähnten Anleitung zum Paper-Schreiben gibt der Muttersprachler und Naturwissenschaftler Tim Skern in der zweiten Hälfte seines Buches unzählige praxisrelevante Tipps zum wissenschaftlichen Englisch.
- Christina Hrdina, Robert Hrdina. **Scientific English für Mediziner und Naturwissenschaftler.** Langenscheidt Fachverlag München; 2. erweiterte Auflage 2009.
  Alle Vokabeln, die man für ein wissenschaftliches Manuskript und Vorträge in den Bereichen Medizin und Naturwissenschaft benötigt! Clever strukturiert und daher sehr leicht zu handhaben.
- William I Strunk. **The Elements of Style.** Longman York Press; 4. Auflage 1999 (Englisch).
  Kleines Büchlein, in dem die wichtigsten Regeln für korrektes US-Englisch auf den Punkt gebracht sind.

14 Quellenverzeichnis

1) Liu X et al. Protein tyrosine thosphatase SHP-2 (PTPN11) in tematopoiesis and leukemogenesis. J Signal Transduct 2011:2011: Article ID 195239, 8 pages

2) Bulens I et al. Protocol: An updated integrated methodology for analysis of metabolites and enzyme activities of ethylene biosynthesis. Plant Methods 2011;7:17

3) Klocker J et al. Very low rates of neutropenic complications and chemotherapy dose modifications in early breast cancer patients receiving adjuvant FEC-100 or TAC and an individualised G-CSF and anti-infective support: results of a retrospective chart review. MEMO 2010;3:123-128

4) Onfroy C et al. Biotic factors affecting the expression of partial resistance in pea to ascochyta blight in a detached stipule assay. Eur J Plant Pathol 2007;119: 13-27

5) Ayyachamy M et al. Production of inulinase by Xanthomonas campestris pv phaseoli using onion (Allium cepa) and garlic (Allium sativum) peels in solid state cultivation. Lett Appl Microbiol 2007;45:439-444

6) Grigg A et al. Open-label, randomized study of pegfilgrastim vs. daily filgrastim as an adjunct to chemotherapy in elderly patients with Non-Hodgkin's lymphoma. Leukemia Lymphoma 2003;44:1503-1508

7) Müller E et al. Possible involvement of heat shock protein 25 in the angiotensin II-induced glomerular mesangial cell contraction via p38 MAP kinase. J Cell Physiol 1999;181:462-469

8) Glaspy J et al. Effects of chemotherapy on endogenous erythropoietin levels and the pharmacokinetics and erythropoietic response of darbepoetin alfa: A randomised clinical trial of synchronous versus asynchronous dosing of darbepoetin alfa. Eur J Cancer 2005;41:1136-1145

9) Sasaki K et al. Plants utilize isoprene emission as a thermotolerancem-Mechanism. Plant Cell Physiol 2007;48:1254-1262

10) Caamal-Velázquez JH et al. Low temperature induce differential expression genes in banana fruits. Sci Hortic-Amsterdam 2007;114:83-89

11) Kotasek D et al. Darbepoetin alfa administered every 3 weeks alleviates anaemia in patients with solid tumours receiving chemotherapy; re-

sults of a double-blind, placebo-controlled, randomised study. Eur J Cancer 2003;39:2026-2034

12) Kaltenhäuser J. Einfluss embryotoxischer Substanzen auf die Expression differenzierungsspezifischer Gene in murinen embryonalen Stammzellen. Etablierung molekularer Marker im Rahmen der Weiterentwicklung eines In-vitro-Embryotoxizitätstests. Dissertation, Medizinischen Fakultät der Charité – Universitätsmedizin Berlin 2010; http://www.diss.fu-berlin.de/diss/receive/FUDISS_thesis_000000002406 (eingesehen Juli 2012)

13) Steinborn F. Assoziation von glialen Hirntumoren mit dem HLA-System. Untersuchungen des Einflusses des HLA-Komplexes als genetischer Hintergrund bei Erkrankungen an glialen Hirntumoren. Dissertation, Medizinischen Fakultät der Martin-Luther-Universität Halle-Wittenberg 2001; http://sundoc.bibliothek.uni-halle.de/diss-online/01/01H108/index.htm (eingesehen Juli 2012)

14) Fujita R et al. Hsp-27 induction requires POU4F2/Brn-3b TF in doxorubicin-treated breast cancer cells, whereas phosphorylation alters its cellular localisation following drug treatment. Cell Stress Chaperones 2011;16:427-439

15) Raddatz F. Pathophysiologie der Signaltransduktion durch die Titin-kinase-Domäne. Dissertation, Fachbereich Biologie, Chemie, Pharmazie der Freien Universität Berlin 2006; http://www.diss.fu-berlin.de/diss/receive/FUDISS_thesis_000000002742 (eingesehen Juli 2012)

16) Tucker NR et al. HSF1 is essential for the resistance of zebrafish eye and brain tissues to hypoxia/reperfusion injury. PLoS One 2011;6:e22268

17) Pöhls W. Langzeitverlauf metastasierter neuroendokriner Tumore nach Polychemotherapie mit Streptozotocin, 5-Fluorouracil und Folinsäure. Dissertation, Medizinische Fakultät Charité – Universitätsmedizin Berlin 2008; http://www.diss.fu-berlin.de/diss/receive/FUDISS_thesis_000000006849 (eingesehen Juli 2012)

18) Ozer H et al. Neutropenic events in community practices reduced by first and subsequent cycle pegfilgrastim use. Oncologist 2007;12:484-494

19) Green MD et al. A randomized double-blind multicenter phase III study of mixed-dose single-administration pegfilgrastim versus daily filgrastim in patients receiving myelosuppressive chemotherapy. Ann Oncol 2003;14:29-35

20) Walter A. Expression und prognostische Relevanz von Tiam1 und Rac im humanen Prostatakarzinom: Eine semiquantitative immunhistochemische Untersuchung. Dissertation, Institut für Pathologie der Heinrich-Heine-Universität Düsseldorf 2006; http://docserv.uni-duesseldorf.de/servlets/DocumentServlet?id=3608 (eingesehen Juli 2012)

21) Maegerlein J. Brustkrebs bei Frauen ab 50: Prognosefaktoren und Therapie. Dissertation, Medizinische Fakultät der Ludwig-Maximilians-Universität zu München 2007; http://edoc.ub.uni-muenchen.de/7882/ (eingesehen Juli 2012)

22) Cazzola M et al. Once-weekly epoetin beta is highly effective in treating anaemic patients with lymphoproliferative malignancy and defective endogenous erythropoietin production. Brit J Haematol 2003;122:386-393

23) Glaeser C et al. Detection and molecular characterization of Cryptosporidium spp. isolated from diarrheic children in Switzerland. Pediatr Infect Dis J 2004;23:359-361

24) Heil G et al. A randomized, double-blind, placebo-controlled, phase III study of filgrastim in remission induction and consolidation therapy for adults with de novo acute myeloid leukemia. Blood 1997;90:4710-4718

25) Chan C-L et al. Effects of urea formaldehyde foam soil amendment on growth and response to transient water deficit stress of potted Flindersia schottiana saplings. Sci Hortic-Amsterdam 2007;114:112-120

26) González-Dugo V et al. Responses of pepper to deficit irrigation for paprika production. Sci Hortic-Amsterdam 2007;114:77-82

27) Müller E. Hitze-Schock-Proteine (HSP) als Marker für klinisch relevante Temperaturen in Tumorzellen. Unveröffentlichte Dissertation, Medizinische Fakultät der Ludwig-Maximilians-Universität München 1994

28) Huttner S et al. Unraveling the function of Arabidopsis thaliana OS9 in the endoplasmic reticulum-associated degradation of glycoproteins. Plant Mol Biol 2012;79:21-33

29) Zeinzinger J et al. One-Step triplex high-resolution melting analysis for rapid identification and simultaneous subtyping of frequently isolated Salmonella Serovars. Appl Environ Microb 2012;78:3352-3360

30) Packer N et al. Exercise training reduces inflammatory mediators in the intestinal tract of healthy older adult mice. Can J Aging 2012;31:161-171

31) Tantisira KG et al. Airway responsiveness in mild to moderate childhood asthma: sex influences on the natural history. Am J Respir Crit Care Med. 2008;178: 325-331

32) Leitfaden. Geschlechtergerechter Sprachgebrauch. Empfehlungen und Tipps. Bundeskanzleramt Österreich, BundesministerIin für Frauen und öffentlichen Dienst, 2012; http://www.frauen.bka.gv.at/DocView.axd?CobId=46671 (eingesehen Juli 2012)

33) Gender-Aspekte Sprache. GenderKompetenzZentrum, Humboldt-Universität zu Berlin; http://www.genderkompetenz.info/genderkompetenz-2003-2010/handlungsfelder/sprache/aspekte

34) Leitfaden zum geschlechtergerechten Formulieren. Schweizerische Bundeskanzlei 2009; http://www.bk.admin.ch/dokumentation/sprachen/04915/05313/index.html?lang=de (eingesehen Juli 2012)

15 Danksagung

Mein ganz besonderer Dank gilt Ulrike Posch für ihre großartige Unterstützung! Mit ihren unzähligen Kommentaren zu Inhalt, Sprache, Aufbau, Verständlichkeit u. v. m., aber auch durch ihre fortwährende moralische Unterstützung hat sie maßgeblich zur Entstehung dieses Buches beigetragen.

Weiters möchte ich Sabine Skopal und Johannes Krumpel ganz herzlich dafür danken, dass sie mir bei Rechtschreibung, Zeichensetzung und Formatierung – drei Dingen, mit denen ich ziemlich auf Kriegsfuß stehe – geholfen haben und Petra Puffer, die mir so wunderschöne Abbildungen „gebastelt" hat.

Helga Esselborn-Krumbiegel, die mir als Lektorin beigestanden hat, danke ich für ihre kritischen Kommentare zum Manuskript, aber vor allem auch für ihr Vertrauen in mich als Buchautorin – das hat mir das Schreiben dieses Buches sehr viel leichter gemacht!

Schließlich gilt mein ganz großer Dank all den Menschen, die an meinen Schreibseminaren teilgenommen haben und mir durch ihre Fragen, Kommentare, kritischen Anmerkungen und eigenen Erfahrungen erst deutlich gemacht haben, worin die wahren Herausforderungen des Schreibens in Naturwissenschaften und Medizin bestehen.

16 Register

A

Abbildungen   38, 71, 81ff
  Anzahl   72
  Arten von   72ff
  Beschriften   82
  Dreidimensionale   83, 86, 88
  Elektronisches Format   81
  Farbige   84
  Instruktionen   71
Abkürzungen   75f, 78, 80, 82, 97, 183, 194
Abkürzungsverzeichnis,
  List of abbreviations   194, 75, 82
Absatz   39ff, 44ff
Abschließender Satz   43
Appendix   186f
Autorin, Autor   181, 183ff, 186f
  Definition   184
  Erst-   184
  Letzt-   184

B

Bachelor-Arbeit   7f
Behauptungen   55
Brainstorming   13, 15ff

C

Conflict of interest   186f
CONSORT   23ff, 99f, 117f, 121, 126

D

Danksagung, *Acknowledgements*   181, 186f
Data not shown   92
Datenauswahl   77
Diagram   72ff, 107f
  Balken-   73, 81, 86, 88, 89f
  Fluss-   23, 26, 81
  Kurven-   73, 81, 87f
  Studiendesign   107f
  Torten-   83
Diplomarbeit   7f
Diskussion, *Discussion*   19, 31f, 37f, 40ff, 65f, 67f, 71,131ff
  Zeitform   132
Diskutieren   46, 97f, 132ff
Doktorarbeit   7ff

E

Einleitung, *Introduction*   29f, 31, 37f, 39f, 65, 67f, 151ff
  Zeitform   152
  Zielgerichtete   160
  Zu lange   68
Einreichung   53, 64f
Einschluss- / Ausschlusskriterien   117, 120
Elektronisches Format   81
EQUATOR Network   25ff
Ergebnisteil, *Results*   17ff, 20, 31f, 54f, 65f, 71ff, 117f
  Abbildungen / Tabellen   72ff
  Text   93ff
  Zeitform   93
Ethikkommission   118, 120

F

Fachzeitschrift   7, 9, 18, 57, 59ff, 76f, 92, 187ff
Feedback   33f
Format   9f, 59, 72f, 83, 193ff
  Abstract   178
  Artikel-   61f
  Darstellungs-   72ff
  Elektronisches   81
  Vorgaben   60
  -vorlage   82
  Zitate   190f
Forschungsüberblick   69, 154f
Fotos   73, 81f, 91
Fragestellung   13f, 16ff, 22, 125, 159ff, 171
Fußnoten   78

G

Geschlechtergerechtes Formulieren   195ff
Grafik-Software   81
Grenzen, *Limitations*   140ff
  Major   141
  Minor   141
Guidelines for Authors   10, 60, 71
Gutachterin, Gutachter   9, 57, 95, 114, 191

H

Hauptaussagen   45
Hintergrundinformation   31, 48, 54, 92, 138, 151ff, 154ff
Hypothese   20, 37f, 162

I
Impact Factor 57, 62ff
Instructions for Authors 10, 27, 60f, 71f, 81, 83f, 92, 94, 169, 185, 187f, 191, 194

J
Journal 9f, 48, 58ff

K
Kapitel 21
Nummerierung 69
Überschriften 69, 94f
Unterkapitel 30, 111ff, 115, 152, 155
Klinische Studie / Publikation 23ff, 94f, 98ff, 105ff, 117ff, 142, 186f
Kumulatives Format 9, 59

L
Legende 76, 82f, 84f,
Literatur 19f, 53ff
Recherche 20, 53
Sammlung 50f
Übersicht 65, 67f, 152, 154
Verwaltungsprogramm 59, 190f
Zitate 40, 42f, 53ff, 55ff, 113ff, 132, 141, 187ff
Literaturverzeichnis, References 187ff
Anzahl 191
Format 190
Reihenfolge 190

M
Master-Thesis 8
Methodenteil, Methods 17f, 23ff, 65f, 74, 96, 105ff, 162f
Grundlagenforschung 108ff
Klinische Forschung 117ff
Zeitform 106
Monographie 9

P
Patienteneinverständniserklärung 74, 118
Plagiat 59, 106, 154, 191
Primärer / Sekundärer Endpunkt 125
Publizieren 7, 9f, 59ff

Q
Querverweis 46f

R
Randomisierung 121
Redundanz 95f
Relevanz 17, 146, 151f, 156ff, 170

Richtlinien zur Erstellung von Studien-arbeiten 10, 69, 71f, 83, 153, 169, 190
Richtlinien für klinische Studien 23ff
Roter Faden 27ff, 37f, 41ff, 44ff

S
Satz 45f
-bau 45
Haupt- 45f
Hinführender 41f, 94f
Neben- 46
Überleitender 94f
Zusammenfassender 43f, 94f, 97
Schematische Übersicht 74
Schlüsselpapers 56
Schlüsselwörter, Key words 181, 185f
Schreibblockaden 48ff
Screening 121
Spannung aufbauen 144ff
Statistik 115ff
Story 14, 17, 21, 28, 30ff, 42f, 93
Struktur 27ff, 67, 117, 131, 153
Supplementary data 92f

T
Tabellen 72ff, 77ff, 97
Spalten 77f
Zeilen 77f
Text 37ff
Arten 7ff, 65
-fluss 44ff
im Ergebnisteil 93ff
-struktur 38
Titel 68, 110f, 115, 117, 146, 154, 181ff, 185
Running title 183
Spalten- 77f
Tabellen- 77
Zeilen- 77f

U
Überleitungen 44, 47
Überschriften 83
Unter- 69, 94f, 111
Überzeugungsstruktur 144
Untermauern 14, 16ff, 40, 43, 54f, 58, 92, 132ff

V
Vergleich 54, 73, 132f, 134
Veröffentlichung 9, 61
Vollpublikation 61f, 187

W

Widersprüchliche Daten   55, 134ff
Wissenschaftlicher Schreibstil   46
Wissenslücke   29, 41, 151ff, 155ff, 170f
Wortwahl   46

Z

Zeitformen   93, 106, 132, 152
Zielgruppe   48, 61

Zitieren   55ff, 113f, 187ff
Zusammenfassung, *Abstract*   41, 43, 64f, 68f,
                        74, 146, 148, 162, 169ff, 186ff
  Längenvorgaben   169, 173
  Für Kongresse   177f
  Strukturiert   178